中国自由贸易试验区协同创新中心

自贸区研究系列

谢锐 著

东亚区域生产网络与自由贸易区建设

综合测度与 CGE 模型评估研究

格致出版社 上海人民出版社

图书在版编目(CIP)数据

东亚区域生产网络与自由贸易区建设:综合测度与
CGE模型评估研究/谢锐著.—上海:格致出版社:
上海人民出版社,2015
(自贸区研究系列)
ISBN 978 - 7 - 5432 - 2572 - 5

Ⅰ.①东… Ⅱ.①谢… Ⅲ.①自由贸易区-经济发展
-研究-东亚 Ⅳ.①F752.731

中国版本图书馆 CIP 数据核字(2015)第 235083 号

责任编辑 王梦茜
装帧设计 路 静

自贸区研究系列

东亚区域生产网络与自由贸易区建设
——综合测度与 CGE 模型评估研究

谢锐 著

出 版	世纪出版股份有限公司 格致出版社 世纪出版集团 上海人民出版社 (200001 上海福建中路 193 号 www.ewen.co)	印 刷	苏州望电印刷有限公司
		开 本	787×1092 1/16
		印 张	15
		插 页	3
		字 数	243,000
		版 次	2016 年 1 月第 1 版
		印 次	2016 年 1 月第 1 次印刷

编辑部热线 021-63914988
市场部热线 021-63914081
www.hibooks.cn

发 行 上海世纪出版股份有限公司发行中心

ISBN 978 - 7 - 5432 - 2572 - 5/F • 886   定价:45.00 元

前　言

自上个世纪中期以来,东亚经济一直以其独特的活力出现在世界舞台。日本、中国等相继实施"出口导向型"战略,创造了东亚经济的奇迹。1997 年爆发亚洲金融危机之后,中国于 2001 年 12 月 11 日正式加入 WTO,中国制造逐步成为世界经济中的重要力量,引领了中国贸易和经济的繁荣,同时也深刻影响了东亚区域的生产分工网络。特别是随着中国—东盟自由贸易区协定的签订,中国和东盟的经济合作关系不断深化。2006 年中国商务部提出"以中国—东盟自贸区为依托,加快建立周边的自贸区平台",以及 2007 年中共十七大报告中明确提出"实施自由贸易区战略,加强双边多边经贸合作",预示着以自由贸易区推动东亚经济一体化的构想成为中国的国家战略。2008 年世界金融危机的爆发,为东亚区域经济的深化整合进一步提供了舞台。未来,中国经济与东亚经济将何去何从,区域经济一体化是否会带来共赢,能否构成东亚经济发展的新引擎是我们必须回答的问题? 而要回答这些问题,不但要深刻了解中国与东亚其他经济体的贸易结构是如何变迁的,更要剖析东亚区域经济一体化的各种方案对各经济体贸易结构的影响,以及这种传导对各经济体福利的影响,特别是对中国的福利效应是如何动态演进的。

在理论研究层面上,本书首先建立一套测度出口产品国内技术含量的方法,可较为准确地判断中国参与经济全球化以及区域经济一体化是否能促使中国相关产业升级。其次,为了使东亚区域经济一体化的经济效应评估结果更加贴近经济现实,本书把规模经济、垄断和产品多样化等新贸易理论引入到 MCHUGE 基础模型。在实证研究层面上,本书首先利用联合国贸易统计数据库详实的数据,应用贸易专业化指数、显示性比较优势指数、贸易互补性指数和产业内贸易指数测算了中国与东亚其他经济体的产业间、产业内贸易结构变迁。其次,应用 BEC 分类数据来计算中国出口的垂直专业化指数,实证分析了中国与东亚其他经济体的产品内贸易结构变迁。第三,对比研究日本、韩国和印度尼西亚以及中国出口产品的国内技术含量。第四,构建了中国吸收的东亚出口国中间产品增加值和加工贸易出口隐含的出口国增加值指标,测算中国的东亚中间产品市场提供者作用和加工贸易出口枢纽作用。最后,本书利用多国静态 CGE 模型(GTAP 模型)和单国动态 CGE 模型(MCHUGE 模型),从比较静态和动态两个角度实证研究了中国参与东亚区域经济一体化的各种方案的静态和动态经济效应及其变化轨迹,并在改变市场结构的基础上进一步研究了各种方案的动态经济效应。

主要研究结果显示:

(1) 东亚各经济体具有竞争优势和比较优势的产品有向资本密集型产品和技术密集型产品明显扩散的趋势。中国出口产业与东亚其他经济体的产业间互补性较弱,且呈下降趋势,产业内互补性逐渐加强,但在纺织服装等劳动密集型产品方面中国与日本、韩国、新加坡等发达经济体之间仍然以产业间贸易为主,而与东盟五国之间则以产业内贸易为主。至于电子电力产品,中国与东亚其他经济体之间以产业内贸易为主,形成了东亚各经济体共有的竞争优势和比较优势。

(2) 20 世纪 90 年代中期以来,中国与东亚其他经济体的产品内贸易快速发展。其中,中国从东亚其他经济体进口中间产品的比重均在 60% 以上,而向东亚其他经济体主要出口最终产品,形成了"东亚其他经济体—中国—欧美经济体"的"新贸易三角"。中国出口的垂直专业化指数呈上升趋势,来自东盟国家的中间产品的贡献率更为显著,相比之下来自日本和中国台湾的中间产品的贡献率有所下降。产业方面,垂直专业化指数最高的是通信设备、计算机及其他电子设备制造业,这进一步表明中国与东亚其他经济体在电子产品方面形成了深层分工网络。

出口产品的国内技术含量的测算结果表明,中国加入 WTO 短期内对中国出口产品的国内技术含量有负面影响,但从长期来看,中国出口产品的国内技术含量随着国内企业配套能力的增强而回升,出口产品实现升级,中国参与经济全球化和区域经济一体化并没有使中国的出口产品低端化。中国吸收的东亚出口国中间产品增加值($DVA\text{-}I$)和中国加工贸易出口隐含的东亚出口国增加值(DVP)呈现出波动上升,从规模上反映出中国的东亚中间产品市场提供者作用和加工贸易出口枢纽作用的整体加强。

(3) 从一般均衡的角度看,东亚区域经济一体化进程中,中国的居民消费、投资和出口等拉动经济增长的"三驾马车"对中国经济增长的贡献率均有所上升,其中投资的贡献最大。产业方面,服装皮革羽绒及其制品业和纺织业等中国具有传统比较优势的劳动密集型产业的产出均大幅增加。具体而言,由于日本、韩国在交通运输设备制造业具有较大的比较优势,中国与日本和韩国实现区域贸易自由化对中国交通运输设备制造业产出的负面影响较大,进而通过产业关联使金属冶炼及压延加工业的产出也减少。相对于东亚的日本、韩国和中国台湾等,中国大陆具有比较优势的农业和食品制造业的出口也实现较快增长。

如果考虑了规模经济、垄断定价和产品多样化等不完全竞争因素,中国参与东亚区域贸易自由化对中国经济增长的实际促进作用会更为显著,其中交通运输设备制造业、石油加工及炼焦业和金属冶炼及压延加工业三大产业的产出大幅度上升,其他关联产业从中受益,进而实际产出要大于完全竞争时的模拟结果。

最后,基于以上研究结论,本书就中国实施自由贸易区战略提出政策建议。

目　录

第 1 章
绪　　论

1.1　选题背景及意义

　　一方面,20 世纪 90 年代中期以来,由于世界经济和全球贸易体系中存在的矛盾与现实问题,世界多边贸易谈判陷入僵局,世界贸易组织(WTO,简称世贸组织)谈判受阻:1999 年西雅图谈判不欢而散,新一轮全球多边贸易谈判(多哈回合)自2001 年发起以来就举步维艰;2003 年坎昆会议陷入僵局,没有达成任何实质性的结果;2005 年香港会议也没有取得预期效果;2006 年 7 月 24 日,WTO 关键成员方美国、欧盟、日本、澳大利亚、巴西和印度在农业及非农业市场准入问题上僵持不下,世贸组织总干事拉米宣布全面中止多哈回合谈判,并且表示不为恢复谈判设置任何时间表(裴长洪,2009)。2009 年 11 月 30 日,世界贸易组织第七届部长级会议在日内瓦召开,这是继 2005 年世贸组织香港部长级会议后世贸组织所有成员的最高贸易官员 4 年来的首次聚会,会议主旨分别为:"审议世贸组织工作,包括多哈回合工作"和"世贸组织对经济复苏、增长和发展的贡献",但会议只对 WTO 当前的工作进行了审议,没有就多哈回合展开谈判(黄志瑾,2010)。另一方面,欧盟国家与美国等大的经济体把对外政策由以"多边合作为重心"转向以"双边合作为重心",引发了区域贸易协定(Regional Trade Agreement, RTA)的"多米诺骨牌效应"(Baldwin, 1995)。20 世纪 90 年代初期区域经济一体化进入第三次发展高潮,涌现了大量的区域贸易协定。根据 WTO 官方统计数据,截止至 2010 年 7 月 31

日，按货物贸易协定（Agreements on Trade in Goods）和服务贸易协定（Trade in Service Agreement，TISA）分别统计上报至 WTO 的区域贸易协定多达 474 个，其中有 351 个是根据《1947 年关税与贸易总协定》（General Agreement on Tariffs and Trade，GATT1947）或《1994 年关税与贸易总协定》（GATT1994）第 24 条签署的，有 31 个是根据授权条款签署的，另外 92 个是按服务贸易总协定（General Agreement on Trade in Services，GATS）第 5 条签署的。目前仍生效的有 283 个，其中自由贸易区（Free Trade Area，FTA，简称自贸区）占 80% 以上；区域贸易协定的数量还在稳定增长，有大量的区域贸易协定正在谈判进程中。当前全球贸易有一半以上发生在各种区域经济集团内部，以优于 WTO 最惠国待遇的条件进行。在全球多边贸易谈判由于议题和 WTO 成员的增加进展缓慢的背景下，越来越多的国家趋向于通过区域贸易协定框架，将在多边贸易谈判中就很多贸易条款很难达成共识的通过内部协调来解决，从而进一步获得贸易自由化带来的利益。

在区域经济一体化第三次浪潮中，包括中国、日本和韩国等在内的东亚①主要经济体也积极参与其中。据 WTO 统计，20 世纪 90 年代以来，截止至 2010 年 7 月 31 日，东亚经济体签署的区域贸易协定中仍有效的达 44 个，其中在 2000 年生效的达 41 个，占总数的 93.2%；东亚区域内部经济体之间签署 18 个 RTA，其中 15 个是 2000 年以后生效，占比 83.3%；东亚经济体与东亚区域外国家或地区签署 26 个 RTA，均是 2000 年以后签署。统计数据显示，2000 年以后东亚国家或地区签署的 RTA 占世界 RTA 的比重明显上升，东亚地区成为区域经济一体化第三次浪潮中非常活跃的地区。

东亚作为一个特殊的地区，其主要经济体先后实施出口导向型的经济发展战略，国内经济与国际经济越来越广泛和深入地融合在一起，对外贸易与引进外资迅猛增长，带动外贸依存度和外资依存度迅速提高。贸易是东亚经济的命脉，贸易的繁荣是东亚经济取得快速增长的重要特征，贸易同时也是加强东亚区域经济一体

---

① 本书中的东亚是指中国、日本、"亚洲四小龙"（Newly Industrial Economics 4，NIES4，包括中国台湾、中国香港、新加坡、韩国）、其他东盟九国（马来西亚、印度尼西亚、菲律宾、泰国、越南、文莱、老挝、缅甸、柬埔寨）等 15 个国家或地区。

化的主要中介工具(Yusuf，2004)。2002 年，东亚 15 个经济体相互之间的贸易，在其对外贸易总量中所占的比重平均高达 47.3%，其中比重最高的新加坡达到56.0%。在 20 世纪 90 年代后半期，东亚经济体相互间的直接投资年均为 351.36亿美元，占其引进外商直接投资(FDI)总额的 28.6%。东亚经济体的区域内贸易比重从 1980 年的 34.7%上升至 2002 年的 57.3%，虽然低于欧盟的区域内贸易比重，但明显高于北美自由贸易区的区域内贸易比重(Kawai，2005)。东亚区域内经济体相互依存度的飞速提高迫切需要建立更有效的合作机制来降低有关交易成本，消除彼此的制度障碍，规范不断扩大和深化的经贸关系。

就中国而言，尽管改革开放以来，对外贸易发展迅速，出口贸易激增，2009 年甚至超过德国成为全球最大的出口国，但中国与贸易强国还存在很大的差距。要缩小这样的差距，积极参与国际经济合作，加强自由贸易区建设是一条重要路径。一方面，实施自由贸易区战略不仅可以大幅度降低中国与相关贸易伙伴的关税和非关税贸易壁垒，极大地促进中国同自由贸易区伙伴的贸易规模增大，而且可以实现中国对外贸易市场的多元化，减少对美国、欧盟等主要贸易伙伴的经济依赖，从而改善中国对外贸易的环境。另一方面，自由贸易区战略也可以成为中国应对国外对华贸易摩擦的有效举措。中国已经连续多年成为全球遭遇贸易摩擦最多的国家，尤其是 2007 年美国次贷危机爆发以来，中国面对的对外贸易摩擦的形势更加严峻，2009 年中国遭受的反倾销案例占到全球的 40%，反补贴案例占到全球的75%，遭遇的贸易调查数约占同期全球案件总数的 43%。由于一些法规和条款的模糊性，WTO 贸易争端协调机制的作用受到限制。双边的自由贸易协定可为中国解决双边贸易摩擦提供一个有效的沟通渠道，促进中国出口市场多元化的实现，进而降低贸易摩擦的风险与损失。再者，中国在改革开放之初，就利用劳动力方面的优势积极承接日本和"亚洲四小龙"的产业转移，积极参与东亚区域经济一体化的进程，中国由此实现了在劳动力密集型产品方面的比较优势。20 世纪 90 年代以来，中国大量鼓励 FDI 进入，日本、韩国、新加坡、中国香港和中国台湾的大型企业在中国沿海地区投资建厂，1996—2009 年，来源于东亚经济体的直接投资占中国吸收 FDI 的比重保持在 55%以上。中国通过不断吸收外资以及进口半成品和零部件等方式参与东亚区域经济一体化，中国的产品内贸易获得空前的发展，并且推动中国的中小企业参与到东亚区域经济一体化的产业链中。然而，东亚区域的经济合作一直停留在市场驱动的松散组织形式上，随着东亚经济体的经济联系越来越密切，特别是东亚区域生产网络的形成，这种缺乏制度保障的组织形式严重制约着东亚经济的稳定发展。1997年亚洲金融危机爆发让东亚主要经济体意识到加强区域经济合作，共同应对危机的重要性，2007年爆发的美国次贷危机所带来的全球性金融动荡，加速了东亚区域经济整合的进程。自由贸易区建设有利于中国参与国际专业化分工，统筹规划国内外资源的配置，充分发挥中国及其贸易伙伴各自的技术、资金和劳动力等资源的优势，实现产业的跨境整合，从而优化中国的产业结构和贸易结构。

因此，中国在加入WTO后积极参与区域贸易协定的谈判和签署，且对外经济合作方式也逐渐由通过多边机制参与，向多边和双边"双轮"驱动参与转变。2004年，中国内地与中国港澳地区建立更紧密经贸关系的安排正式实施，涵盖了货物贸易、服务贸易和贸易投资便利化三大领域；中国—东盟自由贸易区于2005年7月全面启动自贸区降税进程；上海合作组织贸易投资便利化进程于2005年全面启动。此外，中国还相继启动中国—海合会、中国—挪威、中日韩、区域全面经济合作伙伴关系协定、中国—东盟自贸协定（"10＋1"）升级谈判、中国—斯里兰卡自由贸易区、中国—巴基斯坦和中国—马尔代夫自由贸易区谈判。在亚太经合组织、亚欧会议、中非论坛、大湄公河次区域合作等组织和活动中，中国都是积极和务实的参与者。在双边贸易投资自由化方面，中国也积极参与并取得了长足的进展。到2010年10月，中国已经签署了10个区域自由贸易协定，正在谈判或正在开展官产学联合研究的区域自由贸易协定达11个，中国与世界各国的双边经贸交流与合作不断深化。中国与东亚其他经济体的经济一体化在制度一体化上也取得了积极进展：除中国—东盟自由贸易区于2010年1月1日正式建成外，中国大陆还于2010年6月29日在重庆与中国台湾签署《海峡两岸经济合作框架协议》(ECFA)；中韩两国于2010年5月28日结束了两国自由贸易协定的官产学联合研究，并由双方经贸部长签署谅解备忘录；中日韩自由贸易区官产学联合研究也于2010年5月6日正式启动。

伴随着经济全球化、区域经济一体化的迅速发展和东亚经济体在市场驱动以及制度驱动下的经济一体化，中国与东亚其他经济体的贸易结构发生了深刻的变化，以传统贸易理论为基础的产业间贸易、以新贸易理论（以规模经济为主要特征）为基础的产业内贸易，与由于技术进步使产品标准化和贸易壁垒降低等引起的产品内贸易并行不悖,对中国与东亚其他经济体的贸易利益格局影响深远。因此,从不同的视角分析中国与东亚其他经济体的贸易结构成为本书的一个中心议题,其结论也为统筹考虑进一步参与东亚区域经济一体化的全局利益和产业利益、进攻利益和防守利益提供了重要实证依据。与此同时,鉴于目前东亚各经济体的经济发展状况和实现区域经济一体化的基础,自由贸易区建设是推进东亚区域经济一体化较为适当的选择,然而,通过自由贸易区协定等区域贸易协定实现区域经济一体化是一把双刃剑,会使发展中国家的经济和产业面临"馅饼"和"陷阱"的考验,尤其是像中国这样一个处于转型期的大国。中国的一部分产业已经具有较强的竞争力,实现区域贸易自由化有利于其获得规模效益,但中国也存在一部分竞争力较弱的产业,因此,区域贸易自由化会促使敏感产业面临进口商品和服务的激烈竞争,同时可能会对中国的对外贸易结构和整体经济福利产生很大的影响。本书选择合适的工具,有效评估了中国参与东亚区域经济一体化对中国经济社会发展的综合经济效应,尤其是对中国对外贸易结构的影响,为中国参与东亚区域经济一体化提供了定量决策依据,引导国内产业绕过"陷阱",获得"馅饼",以利于互利共赢的开放型战略的实施。这无疑是一个具有重要现实意义和应用价值的研究主题,因而构成了本书的另一个中心议题。

本书总体的研究意义如图 1.1 所示:

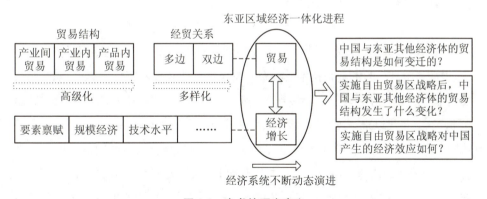

图 1.1　本书的研究意义

可见,本书的整体研究对指导中国积极参与东亚区域经济一体化进程具有较好的理论价值和现实借鉴意义。

1.2 东亚区域经济一体化进程

1.2.1 东亚区域经济一体化的阶段演变

东亚地区作为地缘上的连接体，是经济发展水平差异较大，经济联系紧密的地区。目前，东亚地区在内部已经形成了紧密的区域生产网络，是世界经济增长最为活跃的增长极。二战以来，东亚区域经济一体化经历了市场驱动一体化和制度一体化两个阶段。

第一阶段即二战以后至 1997 年亚洲金融危机爆发，为市场驱动一体化阶段。在这一阶段，由于东亚地区各经济体的发展差距较大且东亚经济体先后实施出口导向型战略，因而进出口贸易成为东亚经济体的命脉，贸易的繁荣是东亚经济取得快速增长的重要特征，贸易同时也成为加强东亚区域经济一体化的主要中介工具（Yusuf et al.，2004）。东亚经济体的区域内贸易比重从 1980 年的 34.7% 上升至 2002 年的 57.3%，虽然低于欧盟的区域内贸易比重，但明显高于北美自由贸易区的区域内贸易比重（Kawai，2005），区域内分工体系逐渐建立，东亚地区逐渐形成了以市场为导向，以相互谋取经济利益为目的的相互投资和贸易的经济一体化模式。由于市场机制的驱动，东亚地区的经济发展逐渐形成了"雁行模式"，在这一模式中，日本通过贸易、投资和货币政策发挥着领头雁的作用，"亚洲四小龙"作为雁身，积极利用日本的资金和技术发展资本密集型产业和技术密集型产业，同时将失去竞争力的劳动密集型产业转移到"亚洲四小虎"[①]和中国东部沿海地区。然而，20 世纪 90 年代以来，"雁行"发展模式由于东亚各国（地区）经济的迅速发展、产业结构的演变以及日本经济的持续低迷所造成的在技术转移方面的积极性减弱，特别是中国经济的快速发展而式微。加上信息技术、物流技术、贸易壁垒以及产品标准化等因素的影响，东亚各经济体之间通过相互贸易和投资所形成的垂直经济一体化的区域内生产流通网络，取代了雁行形态的国际分工模式。中国与东亚其他

① "亚洲四小虎"指泰国、马来西亚、印度尼西亚和菲律宾四国。

经济体的贸易结构也由以资源密集型产品为主,向以劳动密集型产品为主,再向以资本密集型和技术密集型产品为主不断转变,中国参与东亚区域的经济分工也由产业间分工向产业内分工和产品内分工不断演化,与东亚其他经济体的经济关系越来越密切。

第二阶段即 1997 年亚洲金融危机爆发后,为制度一体化阶段。东亚地区在市场机制的驱动下,形成了投资和贸易相互循环的雁行分工模式和东亚区域生产网络,这为东亚区域经济合作奠定了坚实的基础。然而,制度性合作因素的缺失在一定程度上阻碍了东亚区域内贸易和投资的进一步扩大。1997 年亚洲金融危机的爆发使东亚各经济体意识到,松散的、缺少制度保障的东亚区域经济一体化是非常脆弱的,其不确定性很高。在此背景下,东亚各经济体都认为只有通过有效的区域内合作,才能提高抵御国际经济、金融风险的整体能力。此后东亚各经济体之间积极开展区域经济合作,先后提出了"10＋1"①、"10＋3"②以及"10＋6"③等东亚区域经济合作模式,进入 21 世纪后,东亚区域经济一体化进程明显加速;2002 年 11 月中国与东盟签署《中国—东盟全面经济合作框架协议》;2003 年 11 月日本与东盟签署了《日本—东盟全面经济伙伴关系框架协议》;2005 年 12 月东盟与韩国也签署了《东盟—韩国双边自由贸易框架协议》;三个"10＋1"经济合作模式的基本形成,成为推动东亚区域经济一体化的重要力量。

1.2.2　东亚地区自由贸易区网络建设现状及其特点

随着经济全球化、区域经济一体化的迅猛发展,东亚各国积极、稳健推进自由贸易区网络的建设。截至 2015 年 6 月 30 日,东亚"10＋3"各国与世界上其他 20 余个国家、地区或组织签订了 65 个自由贸易协定(具体见表 1.1)。其中,东亚"10＋3"各国之间签订了 14 个自由贸易协定(具体见表 1.2)。当前,东亚地区自由贸易区网络建设在广度和深度上都有了新的突破。

---

① "10＋1"是指东盟 10 国加上中国、日本或韩国中的 1 个东亚国家。
② "10＋3"是指东盟 10 国加上中国、日本和韩国 3 个东亚国家。
③ "10＋6"是指东盟 10 国加上中国、日本、韩国、印度、澳大利亚、新西兰 6 个国家。

表 1.1　东亚"10＋3"各国与其他国家和地区签订的贸易协定

自由贸易区	签署/生效时间	涉及领域
亚太贸易协定	2001 年 4 月 12 日签署，2002 年 1 月 1 日生效	货物贸易、反倾销措施、反补贴措施、海关相关手续、争端解决等
中国内地与中国香港关于建立更紧密经贸关系安排	2003 年 6 月 29 日签署，2003 年 6 月 29 日生效	货物贸易、服务贸易、贸易投资便利化、产业合作、知识产权保护、品牌合作和金融合作等
中国内地与中国澳门关于建立更紧密经贸关系安排	2003 年 10 月 17 日签署，2003 年 10 月 17 日生效	货物贸易、服务贸易、贸易投资便利化、产业合作、知识产权保护、品牌合作和金融合作等
中国—东盟	2004 年 11 月 29 日签署货物贸易协定，2005 年 1 月 1 日生效；2007 年 1 月 14 日签署服务贸易协定，2007 年 7 月 1 日生效	货物贸易、服务贸易和投资自由化等
中国—智利	2005 年 11 月 18 日签署货物贸易协定，2006 年 10 月 1 日生效；2008 年 4 月 13 日签署服务贸易协定，2010 年 8 月 1 日生效	货物贸易和服务贸易等
中国—巴基斯坦	2006 年 11 月 24 日签署货物贸易协定，2007 年 7 月 1 日生效；2009 年 2 月 21 日签署服务贸易协定，2009 年 10 月 10 日生效	货物贸易、服务贸易和投资合作
中国—新加坡	2008 年 10 月 23 日签署，2009 年 1 月 1 日生效	货物贸易、服务贸易、投资、知识产权、技术性贸易壁垒等
中国—新西兰	2008 年 4 月 7 日签署，2008 年 10 月 1 日生效	货物贸易、服务贸易、人员流动和投资等
中国—秘鲁	2009 年 4 月 28 日签署，2010 年 3 月 1 日生效	货物贸易、服务贸易、知识产权合作、技术性贸易壁垒等
中国—哥斯达黎加	2010 年 4 月 8 日签署，2011 年 8 月 1 日生效	货物贸易、服务贸易、知识产权合作、技术性贸易壁垒等
海峡两岸经济合作框架协议	2010 年 6 月 29 日签署，2010 年 9 月 12 日生效	"早期收获计划"以及货物贸易、服务贸易、贸易投资便利化和产业合作等

自由贸易区	签署/生效时间	涉及领域
中国—冰岛	2013 年 4 月 15 日签署，2014 年 7 月 1 日生效	货物贸易、服务贸易、投资便利化、自然人移动、卫生与植物卫生措施、技术性贸易壁垒、原产地规则、海关程序、竞争政策、知识产权保护等
中国—瑞士	2013 年 7 月 6 日签署，2014 年 7 月 1 日生效	货物贸易自由化、服务贸易、海关程序与贸易便利化、贸易救济、技术性贸易壁垒等
中国—韩国	2015 年 6 月 1 日签署	货物贸易、服务贸易、投资、规则、电子商务、竞争政策、政府采购和环境等
中国—澳大利亚	2015 年 6 月 17 日签署，预计 2015 年 12 月生效	货物贸易、服务贸易、贸易投资便利化、电子商务、政府采购、知识产权保护等
日本—新加坡	2002 年 1 月 13 日签署，2002 年 11 月 30 日生效	货物贸易、服务贸易、出口限制、政府采购、知识产权保护、原产地原则、保障措施等
日本—墨西哥	2004 年 9 月 17 日签署，2005 年 4 月 1 日生效	货物贸易、服务贸易、投资、争端解决、竞争、环境保护、知识产权保护等
日本—马来西亚	2005 年 12 月 13 日签署，2006 年 7 月 13 日生效	货物贸易、服务贸易、投资、知识产权保护、竞争、环境等
日本—菲律宾	2006 年 9 月 9 日签署，2008 年 12 月 11 日生效	货物贸易、服务贸易、投资、知识产权保护、反补贴措施、国内规制和环境等
日本—智利	2007 年 3 月 27 日签署，2007 年 9 月 3 日生效	货物贸易、服务贸易、投资、环境保护、知识产权保护、原产地原则、相互承认等
日本—泰国	2007 年 4 月 3 日签署，2007 年 11 月 1 日生效	货物贸易、服务贸易、竞争、反补贴措施、反倾销措施、政府采购等
日本—文莱	2007 年 6 月 18 日签署，2008 年 7 月 31 日生效	货物贸易、服务贸易、投资、收支平衡措施、海关相关手续、环境保护、出口限制等

续表

自由贸易区	签署/生效时间	涉及领域
日本—印度尼西亚	2007 年 8 月 20 日签署，2008 年 7 月 1 日生效	货物贸易、服务贸易、投资、反倾销措施、反补贴措施、收支平衡措施、争端解决、政府规制、环境保护、知识产权保护等
日本—东盟	2008 年 3 月 26 日签署，2008 年 12 月 1 日生效	货物贸易、服务贸易、投资、关税减免
日本—越南	2008 年 12 月 25 日签署，2009 年 10 月 1 日生效	货物贸易、服务贸易、海关相关手续、争端解决、政府规制、知识产权保护、相互承认、补贴等
日本—瑞士	2009 年 2 月 19 日签署，2009 年 9 月 1 日生效	货物贸易、服务贸易、竞争、争端解决、国内规制、环境保护、出口限制等
日本—印度	2011 年 2 月 16 日签署，2011 年 8 月 1 日生效	货物贸易、服务贸易、投资、知识产权保护、补贴、相互承认、原产地原则等
日本—秘鲁	2011 年 5 月 31 日签署，2012 年 3 月 1 日生效	货物贸易、服务贸易、收支平衡措施、竞争、国内规制、政府采购、知识产权保护等
日本—澳大利亚	2014 年 7 月 8 日签署，2015 年 1 月 15 日生效	货物贸易和服务贸易等
贸易谈判协定(PTN)	1971 年 12 月 8 日签署，1973 年 2 月 11 日生效	货物贸易、原产地原则、收支平衡措施、对特定产品的紧急行动、争端解决等
韩国—智利	2003 年 2 月 1 日签署，2004 年 4 月 1 日生效	货物贸易、服务贸易、竞争、投资、政府采购、知识产权保护、补贴、收支平衡措施等
韩国—新加坡	2005 年 8 月 4 日签署，2006 年 3 月 2 日生效	货物贸易、服务贸易、反补贴、反倾销、竞争、环境、知识产权、出口限制、政府采购等
韩国—欧洲自由贸易联盟	2005 年 12 月 15 日签署，2006 年 9 月 1 日生效	货物贸易、服务贸易、投资、收支平衡措施、竞争、争端解决、原产地原则、相互承认、保障措施等

自由贸易区	签署/生效时间	涉及领域
韩国—东盟	2006 年 8 月 24 日签署货物贸易协定,2010 年 1 月 1 日生效;2008 年 11 月 21 日签署服务贸易协定,2009 年 5 月 1 日生效	货物贸易、服务贸易、投资及争端解决机制
韩国—美国	2007 年 6 月 30 日签署,2012 年 3 月 15 日生效	货物贸易、服务贸易、竞争、争端解决、国内规制、环境保护、出口限制、知识产权保护、投资等
韩国—印度	2009 年 8 月 7 日签署,2010 年 1 月 1 日生效	货物贸易、服务贸易
韩国—欧盟	2010 年 10 月 6 日签署,2011 年 7 月 1 日生效	货物贸易、投资、知识产权保护、相互承认、保障措施、关税率配额、卫生与植物卫生措施等
韩国—秘鲁	2011 年 3 月 21 日签署,2011 年 8 月 1 日生效	货物贸易、服务贸易、反倾销措施、收支平衡措施、竞争、反补贴措施等
韩国—土耳其	2012 年 8 月 1 日签署,2013 年 5 月 1 日生效	货物贸易、反倾销、收支平衡措施、竞争、反补贴、海关相关手续、争端解决、环境保护等
韩国—澳大利亚	2014 年 4 月 8 日签署,2014 年 12 月 12 日生效	货物贸易、服务贸易
韩国—加拿大	2014 年 9 月 22 日签署,2015 年 1 月 1 日生效	货物贸易、服务贸易
发展中国家全球贸易优惠制(GSTP)	1988 年 4 月 13 日签署,1989 年 4 月 19 日生效	货物贸易、关税减让、消除关税和非关税壁垒、实施中长期直接贸易措施和部门间协议等
东盟自由贸易区	1992 年 1 月签署,1992 年 1 月 28 日生效	货物贸易、关税措施、投资、原产地原则、推进服务业自由化进程、相互认证、运输便捷化等
跨太平洋战略经济伙伴关系协定	2005 年 7 月 18 日签署,2006 年 5 月 2 日生效	货物贸易、服务贸易、竞争、投资、海关相关手续、争端解决、国内规制、出口限制、政府采购、投资、劳动力等

续表

自由贸易区	签署/生效时间	涉及领域
东盟—澳大利亚—新西兰	2009 年 2 月 27 日签署，2010 年 1 月 1 日生效	货物贸易、服务贸易、竞争、反倾销、反补贴、收支平衡措施、海关相关手续、争端解决、国内规制、出口限制、知识产权保护、投资、相互承认等
东盟—印度	2009 年 8 月 13 日签署，2010 年 1 月 1 日生效	货物贸易等
新加坡—新西兰	2000 年 11 月 14 日签署，2001 年 1 月 1 日生效	货物贸易、服务贸易、竞争、反补贴、反倾销、争端解决、政府采购、补贴、投资、知识产权保护、相互承认等
新加坡—欧洲自由贸易联盟	2002 年 6 月 26 日签署，2003 年 1 月 1 日生效	货物贸易、服务贸易、竞争、争端解决、政府采购、国内规制、知识产权保护、投资、原产地原则
新加坡—澳大利亚	2003 年 2 月 17 日签署，2003 年 7 月 28 日生效	货物贸易、服务贸易、竞争、争端解决、政府采购、国内规制、知识产权保护、投资、原产地原则等
新加坡—美国	2003 年 5 月 6 日签署，2004 年 1 月 1 日生效	货物贸易、服务贸易、竞争、出口限制、争端解决、政府采购、投资、劳动力、原产地原则、相互承认等
新加坡—约旦	2004 年 5 月 16 日签署，2005 年 8 月 22 日生效	货物贸易、服务贸易、收支平衡措施、争端解决、国内规制、出口限制、政府采购、知识产权保护、投资等
新加坡—印度	2005 年 6 月 29 日签署，2005 年 8 月 1 日生效	货物贸易、服务贸易、反补贴、反倾销、收支平衡措施、争端解决、国内规制、投资、出口限制等
新加坡—巴拿马	2006 年 3 月 1 日签署，2006 年 7 月 24 日生效	货物贸易、服务贸易、反补贴、反倾销、竞争、争端解决、国内规制、出口限制、政府采购、投资、相互承认等
新加坡—秘鲁	2008 年 5 月 29 日签署，2009 年 8 月 1 日生效	货物贸易、服务贸易、反补贴、反倾销、收支平衡措施、保障措施、出口限制、政府采购、投资、相互承认等

续表

自由贸易区	签署/生效时间	涉及领域
新加坡—哥斯达黎加	2010 年 4 月 6 日签署,2013 年 7 月 1 日生效	货物贸易、服务贸易、补贴、卫生与植物卫生措施、原产地原则、保障措施、投资、相互承认、知识产权保护等
新加坡—中国台湾	2013 年 11 月 7 日签署,2014 年 4 月 19 日生效	货物贸易、服务贸易、收支平衡措施、争端解决、出口限制、知识产权保护、投资、补贴、相互承认等
马来西亚—巴基斯坦	2007 年 11 月 8 日,2008 年 1 月 1 日生效	货物贸易、服务贸易、收支平衡措施、竞争、反补贴、反倾销、争端解决、投资、相互承认、知识产权保护等
马来西亚—新西兰	2009 年 10 月 26 日签署,2010 年 8 月 1 日生效	货物贸易、服务贸易、竞争、反补贴、反倾销、海关相关手续、环境、国内规制、投资、劳动力、相互承认等
马来西亚—智利	2010 年 11 月 13 日签署,2012 年 2 月 25 日生效	货物贸易、反补贴、反倾销、收支平衡措施、争端解决、国内规制、环境保护、出口限制、知识产权保护、相互承认等
马来西亚—印度	2011 年 2 月 18 日签署,2011 年 7 月 1 日生效	货物贸易、服务贸易、投资、收支平衡措施、争端解决、国内规制、原产地原则、相互承认、补贴等
马来西亚—澳大利亚	2012 年 5 月 22 日签署,2013 年 1 月 1 日生效	货物贸易、服务贸易、投资、竞争、劳动力、相互承认、原产地原则、保障措施、关税配额、环境等
泰国—老挝	1991 年 6 月 20 日签署,1991 年 6 月 20 日生效	货物贸易
泰国—澳大利亚	2004 年 7 月 5 日签署,2005 年 1 月 1 日生效	货物贸易、服务贸易、竞争、争端解决、补贴、国内规制、知识产权保护、政府采购、原产地原则等
泰国—新西兰	2005 年 4 月 19 日签署,2005 年 7 月 1 日生效	货物贸易、服务贸易、竞争、出口限制、争端解决、政府采购、知识产权保护、原产地原则、补贴等
越南—智利	2011 年 11 月 11 日签署,2014 年 1 月 1 日生效	货物贸易、关税减免等

资料来源:根据世界贸易组织官网(https://www.wto.org)资料整理。

表 1.2 东亚"10＋3"内部签订的自由贸易协定

自由贸易区	签署/生效时间	涉及领域
中国—东盟	2004 年 11 月 29 日签署货物贸易协定，2005 年 1 月 1 日生效；2007 年 1 月 14 日签署服务贸易协定，2007 年 7 月 1 日生效	货物贸易、服务贸易和投资自由化等
中国—新加坡	2008 年 10 月 23 日签署，2009 年 1 月 1 日生效	货物贸易、服务贸易、投资、知识产权、技术性贸易壁垒等
中国—韩国	2015 年 6 月 1 日签署	货物贸易、服务贸易、投资、规则、电子商务、竞争政策、政府采购和环境等
日本—新加坡	2002 年 1 月 13 日签署，2002 年 11 月 30 日生效	货物贸易、服务贸易、出口限制、政府采购、知识产权保护、原产地原则、保障措施等
日本—马来西亚	2005 年 12 月 13 日签署，2006 年 7 月 13 日生效	货物贸易、服务贸易、投资、知识产权保护、竞争、环境等
日本—菲律宾	2006 年 9 月 9 日签署，2008 年 12 月 11 日生效	货物贸易、服务贸易、投资、知识产权保护、反补贴措施、国内规制和环境等
日本—泰国	2007 年 4 月 3 日签署，2007 年 11 月 1 日生效	货物贸易、服务贸易、竞争、反补贴措施、反倾销措施、政府采购等
日本—文莱	2007 年 6 月 18 日签署，2008 年 7 月 31 日生效	货物贸易、服务贸易、投资、收支平衡措施、海关相关手续、环境保护、出口限制等
日本—印度尼西亚	2007 年 8 月 20 日签署，2008 年 7 月 1 日生效	货物贸易、服务贸易、投资、反倾销措施、反补贴措施、收支平衡措施、争端解决、政府规制、环境保护、知识产权保护等
日本—越南	2008 年 12 月 25 日签署，2009 年 10 月 1 日生效	货物贸易、服务贸易、海关相关手续、争端解决、政府规制、知识产权保护、相互承认、补贴等
韩国—新加坡	2005 年 8 月 4 日签署，2006 年 3 月 2 日生效	货物贸易、服务贸易、反补贴、反倾销、竞争、环境、知识产权、出口限制、政府采购等

自由贸易区	签署/生效时间	涉及领域
韩国—东盟	2006 年 8 月 24 日签署货物贸易协定,2010 年 1 月 1 日生效;2008 年 11 月 21 日签署服务贸易协定,2009 年 5 月 1 日生效	货物贸易、服务贸易、投资及争端解决机制
老挝—泰国	1991 年 6 月 20 日签署,1991 年 6 月 20 日生效	货物贸易
东盟自由贸易区	1992 年 1 月签署,1992 年 1 月 28 日生效	货物贸易、关税措施、投资、原产地原则、推进服务业自由化进程、相互认证、运输便捷化等

资料来源:根据世界贸易组织官网(https://www.wto.org)资料整理。

总体而言,东亚地区的自由贸易区建设呈现如下特点:

第一,合作地域范围不断从周边向跨洲范围扩散。以中国为例,自 2003 年签订了中国内地与中国香港关于建立更紧密经贸关系安排之后,截至 2015 年 6 月底,中国已经同 30 多个国家和地区签署了 14 个自由贸易协定。自由贸易区合作伙伴国(地区)的辐射范围从中国港澳台地区、东盟十国及巴基斯坦等周边临近国家或地区,稳步拓展到澳大利亚、瑞士和智利等大洋洲、欧洲和拉美国家,逐渐实现了由"南南合作"向"南南合作"与"南北合作"并存局面的转变。

第二,合作内容和领域不断深化。随着世界贸易自由化的深度发展,区域经济联系的不断增强,东亚地区自由贸易区网络建设深度不断加强。东亚地区自由贸易区建设由最初的货物贸易合作逐渐转向货物和服务贸易的双向合作,并不断拓展合作内容的深度,涵盖货物贸易、服务贸易、投资和规则等领域,包含了电子商务、竞争政策、政府采购、环境等"21 世纪经贸议题"。以日本为例,2002 年,日本与澳大利亚签订了自由贸易协定,内容仅涉及货物及服务贸易等。而在随后签订的贸易协定中,除涉及基本的货物和服务贸易合作以外,还新增了投资、知识产权保护、环境保护和政府采购等方面的合作。

第三,多边和双边 FTA 迅速增长,双边合作模式不断深化。由于东亚"10+3"各国之间的经济发展存在差异性,使得各国对于自由贸易区网络的建设存在不同的诉求,在 FTA 推动方式上,除国家与国家集团之间签订自由贸易协定以外,同时也以"1+1"模式深化自由贸易协定的合作领域。以日本为例,在日本签订的 14 个自由贸易协定中,仅与东盟签订了多边贸易协定,余下 13 个都是双边自由贸易协定。尤其在东亚地区内部,中日韩三国纷纷把目标转向建立双边自由贸易协定,并于 2015 年,中国和韩国签订了自由贸易协定。

第四,东亚内部合作不断加强。自东盟成立和扩展为包含印度尼西亚、马来西亚、菲律宾、新加坡、泰国、文莱、越南、老挝、缅甸和柬埔寨十国的国家联盟之后,积极参与亚洲经济合作,并积极构建东亚地区自由贸易区网络建设,同中国、韩国和日本打造了"10＋1"和"10＋3"的合作模式。除此之外,内部双边贸易协定发展迅猛。日本同菲律宾、文莱、印度尼西亚等七国签订了双边贸易协定,中国和新加坡及韩国签订了双边自由贸易协定,并推动与印度自由贸易协定的签订。

总之,伴随着东亚各国签署自由贸易协定的增多,东亚地区自由贸易区网络建设在广度和深度上都实现了新的突破,合作地域范围不断扩大,合作深度不断加强,双边自由贸易协定的合作模式即"1＋1"合作模式成为新热点,并且内部合作也不断加强。

1.3 研究思路和本书研究框架

本书主要围绕东亚区域经济一体化进程中,中国贸易结构变迁和中国参与东亚区域经济一体化进程对中国对外贸易结构及整体经济社会福利效应的影响两个核心,首先从产业间贸易、产业内贸易、产品内贸易、出口品的国内技术含量和贸易增加值五个角度测算东亚区域经济一体化进程中,中国对东亚主要经济体贸易结构的演变;而后利用多国可计算一般均衡模型(GTAP 模型)和单国动态可计算一般均衡模型(MCHUGE),分别从比较静态和动态两个层面,预测研究中国在参与东亚区域贸易自由化的不同现实模拟场景下,中国对外贸易结构变化和整体经济社会福利的影响效应。

本书的总体章节安排如下:

第 1 章绪论作为开篇,介绍本书的选题背景和意义、研究思路和论文框架等内容。

第 2 章至第 5 章旨在利用可观测的历史数据,从产业间贸易结构、产业内贸易结构、出口品的技术结构和东亚区域生产网络四个角度,研究东亚区域经济一体化背景下中国与东亚经济体贸易结构、出口品技术含量变迁和中国融入东亚生产网络对中国的影响。其中,第 2 章首先利用详细的贸易数据,深入地研究中国与其他东亚经济体的产业间和产业内贸易现状及贸易结构变迁。从实证的角度分析了中国与东亚经济体的贸易竞争性和互补性,为接下来的研究提供详实的背景资料。第 3 章基于产品内贸易的视角,研究在东亚区域一体化背景下中国对东亚经济体的贸易结构的变迁。在第 3 章研究的基础上,进一步从技术含量的角度比较研究中国与东业各国在产业链中的地位,为此,第 4 章首先建立一套测度出口产品国内技术含量的方法,利用投入产出表数据和 STTC REV.2 三位码水平上的出口贸易数据,选择日本、韩国和印度尼西亚等具有代表意义的先后实行出口导向战略的经济体,实证研究日本、韩国、印度尼西亚和中国等东亚经济体若干年份出口产品的全部技术含量、国内技术含量和国内技术含量指数,从而揭示中国和其他东亚经济体出口品的国内技术含量的动态变迁过程,审视中国在东亚产业链中的地位。第 5 章基于 WWZ(2013)的双边贸易出口分解方程,构建中国吸收的东亚出口国中间产品增加值和加工贸易出口隐含的出口国增加值指标,以此分别反映中国的东亚中间产品市场提供者作用和加工贸易出口枢纽作用。

第 6 章至第 9 章旨在基于现实数据和文献搜集的基础上,利用一般均衡模型,通过设定中国参与东亚区域经济一体化的各种模拟场景,预测研究东亚区域经济一体化对中国对外贸易结构和整体经济福利效应的影响及其变化轨迹。第 6 章具体包括对区域经济一体化的理论文献和实证文献进行综述;第 7 章系统介绍可用于评估区域经济一体化经济效应的模型。本书重点介绍选取用来评估区域经济一体化静态效应的 GTAP 模型(global trade analysis project model)和用来评估动态经济效应的动态可计算一般均衡模型(MCHUGE)。第 8 章,在完全竞争市场条件下,应用 GTAP7.1 数据库,模拟了中韩自由贸易区、中日韩自由贸易区和海峡两岸框架协议(ECFA)签署促使海峡两岸贸易逐步自由化等场景的静态福利效应。第 9 章首先在完全竞争和规模报酬不变的假设下,重新刻画模型历史基线和模拟预测基线,以反映中国贸易自由化和区域贸易自由化的进程以及金融危机对中国宏观经济的影响,研究中国参与东亚区域贸易自由化的动态经济效应;其次,把不完全竞争、规模经济以及产品多样化等新贸易理论因素，引入到动态可计算一般均衡模型（MCHUGE）中对模型进行拓展，在考虑交通运输设备制造业、石油加工及炼焦业和金属冶炼及压延加工业三大产业存在不完全竞争和规模经济的假设下，进一步对中国参与东亚区域贸易自由化的相关模拟场景的动态经济效应进行研究。

最后一部分为本书的结论部分，并根据结论对中国实施自由贸易区战略提出一些政策建议。

第2章
中国与东亚其他经济体的
产业间与产业内贸易结构分析

东亚经济体发展水平呈梯度差距,自 20 世纪 50 年代以来,在市场机制的驱动下相互之间开展了广泛的贸易和投资合作,并由此形成了东亚经济增长特有的"雁行模式",使东亚各国(地区)通过产业间合作,发挥各自的比较优势,获得分工利益。中国正是利用劳动力成本优势,积极承接相关产业的转移,从而获得了劳动密集型产业方面的比较优势,使中国成为了东亚雁行发展模式中的重要一员。20 世纪 80 年代以后,通信、物流等技术促使国际分工进一步深化,东亚经济体之间的贸易合作模式也从产业间向产业内转变。20 世纪 90 年代中期以来,东亚雁行发展模式由于日本经济的衰退、"亚洲四小龙"以及中国经济的崛起而走向破裂,东亚经济体分工向产业内和产品内分工深化,但在东亚区域的分工和贸易结构中,以传统的资源禀赋和技术差距为理论基础的产业间贸易,在东亚区域内贸易中仍然发挥着重要的作用。因此,中国与东亚其他经济体之间的产业间贸易、产业内贸易和产品内贸易并行不悖,2007 年中国与日本、韩国、东盟国家的产业内贸易指数分别达 0.60、0.50 和 0.65(余振,2010)。本章选取相关的指标,应用详实的贸易数据分析中国与东亚其他主要经济体之间自 20 世纪 90 年代中期以来贸易结构的变迁。[1]

---

[1] 本章的贸易数据来源于联合国商品贸易统计数据库(UN Comtrade),因此缺失中国台湾地区的数据,文中不对中国大陆与中国台湾的贸易结构变迁进行研究。

2.1 中国与东亚其他经济体的总体贸易关系分析

就整体而言,1995—2009 年,中国对外贸易总额增长 7.86 倍,由 2 809 亿美元上升至 22 072 亿美元,年增长率达 15.87％,其中总出口额由 1 488 亿美元增长至 12 016 亿美元,增长率达 14.81％,总进口额由 1 321 亿美元增长至 10 056 亿美元,增长率达 15.60％,并于 2009 年超过德国成为全球第一出口大国。

就东亚而言,中国对东亚其他主要经济体的出口总额占中国总出口额的比重以及进口总额占中国总进口额的比重都在不断下降,但至 2009 年仍然分别达到 36.7％和 43.1％(表 2.1 和表 2.2),且根据联合国商品贸易统计数据库中的数据,中国对东亚其他经济体的进口额和出口额分别从 1992 年的 474.01 亿美元和 570.74 亿美元增长至 2009 年的 4 333.02 亿美元和 4 409.29 亿美元,分别增长 9.14 倍和 7.73 倍。中国从东亚其他经济体整体的进口占中国总进口的比重明显高于中国对东亚整体的出口占中国总出口的比重。按与中国的贸易关系的变化趋势可将各东亚其他经济体分为三类:第一类是东盟五国。①伴随着中国加入 WTO 和中国—东盟自由贸易区建设进程的展开,中国与东盟五国的分工进一步加深,中国对东盟五国的进出口比重都明显上升。第二类是日本和中国香港,中国内地对日本和中国香港的进出口比重都出现较大程度的下降。随着中国内地积极参与经济全球化,进一步削减关税和非关税壁垒,中国内地通过中国香港的转口贸易逐步减少。第三类是中国台湾、新加坡和韩国,中国与这三大新兴经济体的进出口贸易比较稳定。

表 2.1　1995—2009 年中国对东亚其他经济体出口的比重(％)

	1995	2000	2001	2002	2003	2004	2005	2006	2007	2008	2009
日　　本	19.1	16.7	16.9	14.9	13.6	12.4	11.0	9.5	8.4	8.1	8.1
中国香港	24.2	17.9	17.5	18.0	17.4	17.0	16.3	16.0	15.1	13.3	13.8
中国台湾	2.1	2.0	1.9	2.0	2.1	2.3	2.2	2.1	1.9	1.8	1.7

---

① 东盟五国由印度尼西亚、马来西亚、菲律宾、泰国和越南组成。

续表

	1995	2000	2001	2002	2003	2004	2005	2006	2007	2008	2009
韩　国	4.5	4.5	4.7	4.8	4.6	4.7	4.6	4.6	4.6	5.2	4.5
新加坡	2.4	2.3	2.2	2.1	2.0	2.1	2.2	2.4	2.5	2.3	2.5
东盟五国	4.2	4.4	4.4	4.8	4.7	4.8	4.9	4.7	5.1	5.5	6.0
东　亚	56.4	47.8	47.6	46.5	44.4	43.3	41.2	39.4	37.6	36.2	36.7

注:中国台湾进出口数据来自中国商务部网站。
资料来源:根据联合国商品贸易统计数据库(UN Comtrade)数据计算所得。

表 2.2　1995—2009 年中国从东亚其他经济体进口的比重(%)

	1995	2000	2001	2002	2003	2004	2005	2006	2007	2008	2009
日　本	22.0	18.4	17.6	18.1	18.0	16.8	15.2	14.6	14.0	13.3	13.0
中国香港	6.5	4.2	3.9	3.6	2.7	2.1	1.9	1.4	1.3	1.1	0.9
中国台湾	11.2	11.3	11.2	12.9	12.0	11.5	11.3	11.0	10.6	9.1	8.5
韩　国	7.8	10.3	9.6	9.7	10.4	11.1	11.6	11.3	10.9	9.9	10.2
新加坡	2.6	2.2	2.1	2.4	2.5	2.5	2.5	2.2	1.8	1.8	1.8
东盟五国	4.8	7.5	7.3	8.0	8.8	8.6	8.8	9.0	9.4	8.5	8.7
东　亚	54.8	54.0	51.7	54.8	54.4	52.7	51.3	49.6	48.0	43.7	43.1

资料来源:同表 2.1。

从贸易差额来看(表 2.3),中国对日本、中国台湾、韩国和东盟五国保持着大量的贸易逆差,这四大贸易逆差的总和由 1995 年的 159.5 亿美元上升至 2007 年的 1 850.7 亿美元,受 2008 年爆发全球,金融危机的影响,该逆差在 2009 年下降至 1 621.5 亿美元。

表 2.3　1995—2009 年中国对东亚其他经济体的贸易差额(亿美元)

	1995	2000	2001	2002	2005	2006	2007	2008	2009
日　本	−5.4	1.4	21.5	−50.3	−164.2	−240.5	−318.9	−344.7	−330.3
中国香港	273.9	350.9	371.2	477.4	1 122.5	1 445.3	1 716.3	1 778.1	1 575.1
中国台湾	−116.8	−204.5	−223.4	−314.9	−581.3	−663.7	−775.6	−774.6	−652.1
韩　国	−36.1	−119.2	−108.6	−130.3	−417.1	−452.0	−473.2	−382.1	−488.7
新加坡	1.0	7.0	6.6	−0.6	1.2	55.1	124.0	121.3	122.7
东盟五国	−1.2	−60.0	−59.5	−81.9	−208.4	−253.5	−283.0	−173.8	−150.4

资料来源:同表 2.1。

总之,东亚依然是中国贸易利益最重要的地区:20 世纪 90 年代以来,在东亚区域经济一体化进程中,中国对东亚其他发展中经济体的依赖性逐渐增强,对东亚发达经济体(日本)的依赖程度逐渐降低。

为了进一步了解中国与东亚其他经济体在贸易方面的密切程度及其变迁过程,本章利用贸易结合度(Degree of Trade Connection,TCD)指数来测度中国与东亚其他经济体之间贸易的紧密程度。其计算公式如下:

$$TCD_{ij} = (X_{ij}/X_i)/(M_j/M_w) \qquad (2.1)$$

其中,TCD_{ij} 表示 i 国对 j 经济体的贸易结合度,即 i 经济体出口对 j 经济体进口的依赖程度,X_{ij}、X_i、M_j、M_w 分别表示 i 经济体对 j 经济体的出口额、i 经济体总出口额、j 经济体总进口额和世界总进口额。若 $TCD_{ij} > 1$,表明 i、j 两经济体在贸易方面联系紧密,且 i 经济体出口对 j 经济体进口的依赖程度较高,反之若 $TCD_{ij} < 1$,表明 i、j 两经济体在贸易方面联系松散,且 i 经济体出口对 j 经济体进口的依赖程度较低。计算结果如表 2.4 所示,主要结论为:

表 2.4　中国与东亚其他经济体的贸易结合度

	1995	2000	2002	2004	2005	2006	2007	2008
中国对日本	2.82	2.75	2.75	2.37	2.11	1.88	1.75	1.55
日本对中国	2.36	2.40	2.71	2.59	2.53	2.59	2.55	2.48
中国对韩国	1.65	1.76	1.96	1.82	1.74	1.71	1.68	2.11
韩国对中国	2.98	3.73	3.72	3.81	4.04	4.00	3.80	3.89
中国对新加坡	0.94	1.07	1.15	1.07	1.05	1.12	1.20	1.03
新加坡对中国	1.04	1.02	1.19	1.09	0.95	0.94	0.80	0.76
中国对东盟五国	0.95	1.19	1.27	1.22	1.20	1.24	1.36	1.52
东盟五国对中国	1.23	1.66	1.76	2.13	1.87	2.16	2.17	2.29

资料来源:同表 2.1。

(1)中国出口与东亚其他经济体进口的贸易结合度要明显低于相应东亚其他经济体出口与中国进口的贸易结合度,表明东亚其他经济体对中国的贸易依存度超过中国对东亚贸易伙伴国的贸易依存度,东亚其他经济体出口对中国市场的依赖程度明显高于中国出口对东亚其他经济体的依赖程度。

（2）在样本期间内，中国对日本、韩国的贸易结合度高于中国对新加坡、东盟五国和中国台湾的贸易结合度，但中国加入 WTO 后，中国对日本的贸易结合度明显下降，而中国对韩国及东盟五国的贸易结合度却明显上升，至 2008 年，中国对韩国和东盟五国两经济体的贸易结合度分别达到最大值 2.11 和 1.52，而中国对新加坡的贸易结合度始终保持在 1 附近，即中国出口贸易对新加坡的依赖程度较低。从伙伴国方面来看，日本、韩国和东盟五国对中国的贸易结合度一直保持高位运行，且韩国和东盟五国对中国的贸易结合度呈上升趋势，但新加坡对中国的贸易结合度呈下降趋势。总体而言，中国与东亚其他经济体之间的贸易关系依然很紧密，且与韩国和东盟五国的贸易紧密程度呈上升趋势，这为中国进一步参与推进东亚区域经济一体化提供了良好的基础。

2.2　中国与东亚其他经济体的产业间贸易竞争性

2.2.1　产品分类和数据说明

为了进一步分析中国与东亚其他经济体之间的贸易关系及其贸易结构变迁，本章选取 Lall(2000) 的贸易产品分类方法作为分类标准，重新把 SITC(Rev.2)[①]三位代码分类水平上的 239 类产品按照技术构成分成五类：初级产品(PP)、资源性产品(RB)、低技术产品(LT)、中技术产品(MT)和高技术产品(HT)，然后再将后四类制成品分成了九类(见表 2.5)。

该分类同时结合了生产方式与研发投入的密集度两个方面，其优势在于反映了产品的技术结构区别，有利于更深入地揭示产品之间的比较优势和技术变化，从而从产品的角度真实地反映两国贸易结构的变化。杨汝岱(2008)进一步将产品归类为资源密集型产品、劳动密集型产品、资本密集型产品、技术密集型产品四大类。

---

① 即国际贸易标准分类(Standard International Trade Classification，SITC)的第二次修订版(Revision 2，Rev.2)。

表 2.5 Lall(2000)对贸易产品的分类

初级产品		PP		新鲜鱼类、肉类、大米、茶叶、咖啡、木材、煤炭、原油、天然气等	资源密集型产品
制成品	资源性产品	RB1	农业加工产品	经加工的肉类鱼类、饮料、木制品、植物油等	资源密集型产品
		RB2	其他资源性产品	金属精矿、石化产品、水泥、玻璃、石材等	
	低技术制成品	LT1	纺织服装产品	纺织产品、衣物、皮革制造、箱包等	劳动密集型产品
		LT2	其他低技术产品	陶瓷、金属铸件、家具、珠宝、玩具、塑料制品等	
	中技术制成品	MT1	汽车工业产品	汽车及配件、摩托车及配件等	资本密集型产品
		MT2	中技术加工产品	合成纤维、化工制品、颜料、合成肥料、钢、塑料、管道制品等	
		MT3	工程机械产品	引擎、制造业机器设备、水泵、轮船、钟表、常用家电等	
	高技术制成品	HT1	电子电力产品	办公自动设备、视频接收发送器、发电机等	技术密集型产品
		HT2	其他高技术产品	制药业、航空设备、精密光学仪器等	

资料来源：笔者根据 Lall(2000)与杨汝岱(2008)综合而成。

　　本节数据库主要包括两类：一类是 1995—2008 年全世界 160 个国家对世界按 SITC(Rev.2)三位代码分类的进出口数据、中国与东亚其他经济体双边按 SITC (Rev.2)三位代码分类的进出口等贸易数据，数据来源为联合国商品贸易统计数据库(UN Comtrade)。另一类为 1995—2008 年全世界 160 个国家的人均 GDP (PPP)数据和美国的 CPI 数据，数据来源为国际货币基金组织(IMF)数据库。本节以美国 2000 年的 CPI 为基准年，CPI 对人均 GDP(PPP)进行调整以消除通货膨胀的影响，样本期间为 1995—2008 年。

2.2.2 基于贸易专业化指数的贸易竞争性分析

　　本节应用贸易专业化系数(Trade Specialization Coefficient，TSC)即贸易特

化系数来分析东亚各经济体在各类产品上的贸易竞争优势,从而揭示中国与东亚其他经济体的贸易竞争关系。

　　贸易专业化指数是指一经济体净出口占该经济体总进出口的比重,该指标用于考察一经济体某种产品是否具有竞争优势。其取值范围为[−1,1],当取值大于 0 时,表明该产品在国际市场上具有较强竞争优势,反之,表明该产品在国际市场上处于竞争劣势。具体公式为:

$$TSI_{ia} = (X_{ia} - M_{ia})/(X_{ia} + M_{ia}) \tag{2.2}$$

其中 i、a 分别表示经济体和产品,X、M 分别表示出口额和进口额。

　　根据式(2.2),本节计算了 1995—2008 年东亚各主要经济体十大类产品(按表 2.5 中的分类标准划分)的贸易专业化指数,结果如表 2.6 至表 2.10 所示。

表 2.6　1995—2008 年中国对世界的贸易专业化指数

	PP	RB1	RB2	LT1	LT2	MT1	MT2	MT3	HT1	HT2
1995	0.01	−0.06	−0.02	0.62	0.44	−0.31	−0.33	−0.33	−0.08	−0.13
1996	−0.05	−0.03	−0.07	0.59	0.40	−0.21	−0.43	−0.32	0.00	−0.23
1997	−0.03	−0.05	−0.07	0.64	0.51	−0.04	−0.35	−0.14	0.04	−0.21
1998	0.02	−0.11	−0.06	0.65	0.54	−0.03	−0.37	−0.07	0.01	−0.18
1999	−0.10	−0.19	−0.15	0.65	0.51	0.00	−0.43	−0.07	−0.04	−0.20
2000	−0.31	−0.14	−0.20	0.66	0.51	0.03	−0.38	−0.04	−0.05	−0.16
2001	−0.25	−0.10	−0.21	0.66	0.50	−0.04	−0.43	−0.07	−0.02	−0.36
2002	−0.26	−0.11	−0.18	0.68	0.49	−0.12	−0.45	−0.05	0.01	−0.42
2003	−0.35	−0.13	−0.23	0.71	0.42	−0.25	−0.40	−0.05	0.04	−0.47
2004	−0.47	−0.10	−0.31	0.73	0.48	−0.11	−0.29	−0.05	0.04	−0.47
2005	−0.49	0.01	−0.30	0.76	0.52	0.09	−0.24	0.08	0.12	−0.42
2006	−0.51	0.07	−0.32	0.79	0.61	0.08	−0.18	0.12	0.14	−0.43
2007	−0.57	0.05	−0.36	0.81	0.63	0.14	−0.11	0.17	0.18	−0.35
2008	−0.64	−0.01	−0.36	0.82	0.66	0.15	−0.06	0.22	0.22	−0.31

资料来源:同表 2.1。

表 2.7　1995—2008 年日本对世界的贸易专业化指数

	PP	RB1	RB2	LT1	LT2	MT1	MT2	MT3	HT1	HT2
1995	−0.91	−0.56	−0.26	−0.71	0.22	0.73	0.37	0.67	0.48	0.08
1996	−0.92	−0.57	−0.29	−0.73	0.15	0.70	0.37	0.61	0.38	0.10
1997	−0.91	−0.55	−0.26	−0.70	0.19	0.77	0.38	0.60	0.40	0.07
1998	−0.89	−0.47	−0.21	−0.69	0.21	0.82	0.41	0.59	0.40	0.02
1999	−0.90	−0.47	−0.23	−0.68	0.21	0.81	0.43	0.59	0.36	0.04
2000	−0.91	−0.49	−0.26	−0.70	0.14	0.79	0.40	0.60	0.30	0.18
2001	−0.90	−0.50	−0.25	−0.72	0.06	0.79	0.39	0.52	0.24	0.15
2002	−0.90	−0.45	−0.23	−0.70	0.11	0.81	0.44	0.52	0.25	0.05
2003	−0.91	−0.44	−0.24	−0.71	0.10	0.80	0.42	0.52	0.25	0.08
2004	−0.91	−0.44	−0.24	−0.70	0.12	0.80	0.42	0.53	0.25	0.15
2005	−0.91	−0.42	−0.24	−0.72	0.12	0.80	0.41	0.51	0.22	0.08
2006	−0.89	−0.42	−0.29	−0.73	0.11	0.82	0.42	0.49	0.21	0.02
2007	−0.88	−0.37	−0.27	−0.73	0.13	0.83	0.40	0.49	0.22	0.01
2008	−0.91	−0.33	−0.23	−0.74	0.17	0.83	0.35	0.50	0.21	0.01

资料来源：同表 2.1。

表 2.8　1995—2008 年韩国对世界的贸易专业化指数

	PP	RB1	RB2	LT1	LT2	MT1	MT2	MT3	HT1	HT2
1995	−0.81	−0.32	−0.45	0.44	0.26	0.66	0.15	−0.15	0.30	−0.70
1996	−0.84	−0.27	−0.35	0.38	0.18	0.71	0.12	−0.14	0.21	−0.74
1997	−0.83	−0.20	−0.21	0.44	0.24	0.77	0.18	−0.04	0.18	−0.52
1998	−0.73	0.09	−0.09	0.65	0.51	0.88	0.33	0.29	0.26	−0.19
1999	−0.77	−0.03	−0.11	0.56	0.38	0.84	0.19	0.19	0.21	−0.21
2000	−0.85	−0.12	−0.05	0.51	0.33	0.82	0.15	0.13	0.21	−0.58
2001	−0.85	−0.12	−0.10	0.44	0.29	0.81	0.14	0.24	0.19	−0.59
2002	−0.85	−0.15	−0.18	0.35	0.19	0.75	0.11	0.22	0.24	−0.64
2003	−0.85	−0.10	−0.20	0.32	0.20	0.77	0.10	0.17	0.26	−0.50
2004	−0.84	−0.07	−0.15	0.29	0.17	0.81	0.09	0.18	0.32	−0.39
2005	−0.86	−0.06	−0.09	0.21	0.14	0.81	0.08	0.18	0.31	−0.11
2006	−0.84	−0.08	−0.07	0.10	0.10	0.79	0.09	0.20	0.30	0.05
2007	−0.84	−0.10	−0.08	0.04	0.05	0.77	0.05	0.20	0.28	0.24
2008	−0.88	−0.08	−0.03	0.03	−0.02	0.75	0.05	0.28	0.25	0.29

资料来源：同表 2.1。

表 2.9　1995—2008 年新加坡对世界的贸易专业化指数

	PP	RB1	RB2	LT1	LT2	MT1	MT2	MT3	HT1	HT2
1995	−0.45	−0.11	0.23	−0.17	−0.28	−0.39	−0.18	−0.12	0.12	−0.36
1996	−0.53	−0.11	0.23	−0.19	−0.31	−0.34	−0.16	−0.18	0.15	−0.44
1997	−0.54	−0.12	0.19	−0.18	−0.30	−0.30	−0.12	−0.18	0.15	−0.45
1998	−0.51	−0.04	0.32	−0.08	−0.19	−0.25	−0.05	−0.13	0.18	−0.38
1999	−0.52	−0.13	0.26	−0.10	−0.18	−0.34	−0.01	−0.15	0.15	−0.30
2000	−0.63	−0.15	0.23	−0.11	−0.10	−0.49	0.00	−0.13	0.13	−0.22
2001	−0.64	−0.14	0.14	−0.10	−0.07	−0.49	0.05	−0.10	0.15	−0.30
2002	−0.63	−0.14	0.16	−0.11	−0.10	−0.40	0.09	−0.10	0.16	−0.21
2003	−0.63	−0.19	0.22	−0.13	−0.08	−0.39	0.10	−0.11	0.13	−0.25
2004	−0.64	−0.11	0.27	−0.08	−0.03	−0.23	0.20	−0.04	0.15	−0.23
2005	−0.72	−0.09	0.27	−0.12	−0.04	−0.19	0.19	−0.01	0.15	−0.12
2006	−0.69	−0.08	0.23	−0.13	0.00	−0.18	0.18	−0.03	0.15	−0.05
2007	−0.66	−0.06	0.19	−0.16	−0.02	−0.14	0.17	−0.06	0.16	0.03
2008	−0.77	−0.07	0.12	−0.18	−0.06	−0.14	0.19	−0.06	0.16	−0.08

资料来源:同表 2.1。

表 2.10　1995—2008 年东盟五国对世界的贸易专业化指数

	PP	RB1	RB2	LT1	LT2	MT1	MT2	MT3	HT1	HT2
1995	0.22	0.43	−0.34	0.61	−0.07	−0.77	−0.42	−0.38	0.01	−0.49
1996	0.18	0.45	−0.28	0.63	−0.08	−0.75	−0.41	−0.38	0.04	−0.44
1997	0.17	0.47	−0.30	0.53	−0.11	−0.62	−0.41	−0.39	0.06	−0.50
1998	0.22	0.52	−0.25	0.58	0.07	−0.15	−0.28	−0.19	0.15	−0.43
1999	0.20	0.49	−0.23	0.59	0.07	−0.17	−0.29	−0.11	0.22	−0.50
2000	0.20	0.44	−0.21	0.57	0.09	−0.31	−0.27	−0.13	0.18	−0.42
2001	0.15	0.43	−0.19	0.57	0.12	−0.26	−0.28	−0.15	0.11	−0.39
2002	0.16	0.45	−0.23	0.53	0.10	−0.18	−0.28	−0.14	0.11	−0.26
2003	0.15	0.47	−0.21	0.54	0.09	−0.18	−0.26	−0.14	0.11	−0.28
2004	0.11	0.43	−0.25	0.56	0.07	−0.09	−0.29	−0.11	0.10	−0.33
2005	0.13	0.43	−0.27	0.57	0.03	−0.02	−0.27	−0.10	0.10	−0.33
2006	0.11	0.45	−0.18	0.57	0.04	0.12	−0.22	−0.10	0.12	−0.32
2007	0.14	0.50	−0.14	0.56	0.04	0.16	−0.23	−0.11	0.02	−0.30
2008	0.02	0.52	−0.21	0.48	−0.05	0.12	−0.25	−0.15	0.14	−0.33

资料来源:同表 2.1。

计算结果表明：中国在纺织服装产品（LT1）和其他低技术产品（LT2）等劳动密集型产品方面具有竞争优势。汽车工业产品（MT1）、工程机械产品（MT3）和电子电力产品（HT1）由 1995 年的竞争劣势转化为竞争优势，其中汽车工业产品（MT1）、工程机械产品（MT3）于 2005 年开始具有竞争优势，电子电力产品（HT1）于 2004 年开始取得竞争优势。而初级产品（PP）在 1995 年具有竞争优势，1996 年开始转变为竞争劣势，且劣势一直在扩大，2008 年贸易专业化指数为−0.64。中国在其他产品上一直具有比较劣势。总体而言，中国竞争优势最弱的产品为资源密集型产品，竞争优势最强的仍然是纺织服装产品（LT1）等具有传统优势的劳动密集型产品，而在资本密集型产品甚至技术密集型产品方面逐渐取得竞争优势。

日本在其他低技术产品（LT2）、汽车工业产品（MT1）、中技术加工产品（MT2）、工程机械产品（MT3）、电子电力产品（HT1）和其他高技术产品（HT2）方面具有竞争优势，其他产品具有竞争劣势。在样本期间内，日本具有竞争优势和竞争劣势的产品基本保持稳定，但在其他低技术产品（LT2）、工程机械产品（MT3）、电子电力产品（HT1）和其他高技术产品（HT2）方面的贸易竞争优势在减弱。日本具有竞争优势的产品主要集中在资本密集型和技术密集型产品方面，但在技术密集型产品方面的竞争优势有减弱的趋势。

韩国的纺织服装产品（LT1）、其他低技术产品（LT2）、汽车工业产品（MT1）、中技术加工产品（MT2）和电子电力产品（HT1）具有竞争优势，工程机械产品（MT3）、其他高技术产品（HT2）由竞争劣势转变为竞争优势，2008 年贸易专业化指数分别达 0.28 和 0.29，其余产品都具有竞争劣势。韩国的两类劳动密集型产品（LT1，LT2）的贸易竞争优势一直在减弱，贸易专业化指数分别从 1995 年的 0.44 和 0.26 下降至 2008 年的 0.03 和−0.02，而资本密集型产品和技术密集型产品的竞争优势一直在加强。

新加坡在其他资源性产品（RB2）和电子电力产品（HT1）方面保持较稳定的贸易竞争优势，而在中技术加工产品（MT2）方面由 1995 年具有竞争劣势，从 2001 年开始转变为竞争优势，至 2008 年贸易专业化指数达 0.19。新加坡除初级产品（PP）外的其他具有竞争劣势的产品的竞争劣势正在减弱。

东盟五国的初级产品（PP）、农业加工产品（RB1）、纺织服装产品（LT1）和电子电力产品（HT1）具有竞争优势，而汽车工业产品（MT1）由具有比较劣势转化为具有竞争优势,至 2008 年贸易专业化指数为 0.12。初级产品的贸易竞争优势一直在减弱,2008 贸易专业化指数为 0.02,而东盟的其他低技术产品(LT2)贸易竞争优势经历了上升至下降两个阶段,2008 年转变为竞争劣势。

　　总体来看,表 2.11 显示,包括中国在内的所有东亚经济体具有贸易竞争优势的产品都往高端发展,其中发展速度最快的是中国和韩国。

表 2.11　1995 年和 2008 年东亚各经济体具有竞争优势的产品($TSI_{ia} > 0$)

	1995	2008
中　　　国	PP;LT1;LT2	LT1;LT2;MT1;MT3;HT1
日　　　本	LT2;MT1;MT2;MT3;HT1;HT2	LT2;MT1;MT2;MT3;HT1;HT2
韩　　　国	LT1;LT2;MT1;MT2;HT1	LT1;LT2;MT1;MT2;MT3;HT1;HT2
新 加 坡	RB;HT1	RB2;MT2;HT1
东盟五国	PP;RB1;LT1;MT1	PP;RB1;LT1;MT1;HT1

资料来源:同表 2.1。

　　1995—2008 年,中国在初级产品和其他资源性产品方面的贸易竞争力在减弱。中国加入 WTO 的短时间内削弱了初级产品(PP)、其他低技术产品(LT2)、汽车工业产品(MT1)、中技术加工产品(MT2)、工程机械产品(MT3)以及电子电力产品(HT1)的贸易竞争优势,特别是在工程机械产品(MT3)方面的贸易竞争优化速度较快。日本作为工业化国家,其贸易竞争优势一直体现在资本密集型产品和技术密集型产品方面,韩国具有贸易竞争力的产品已顺利地从劳动密集型产品向资本密集型和技术密集型产品转型。新加坡具有贸易竞争优势的产品主要集中在电子电力等技术密集型产品上。而东盟五国,由于集团内各国资源禀赋、技术水平差距都较大,因此具有贸易竞争优势的既有初级产品(PP)和农业加工产品(RB1)等资源密集型产品,纺织服装产品(LT1)等劳动密集型产品,也有汽车工业产品(MT1)和电子电力产品(HT1)等资本密集型和技术密集型产品。

　　以 2008 年为例进行横向比较来看(见表 2.12),五大经济体在电子电力产品方面都取得了竞争优势。东亚总体在电子电力产业方面取得了较大的优势,同时东亚区域内部各经济体在电子产品方面也存在较大的竞争。东亚经济体中只有日韩两国在电子电力产品(HT1)和其他高技术产品(HT2)两类技术密集型产品上都取得了竞争优势。

表 2.12　2008 年东亚各经济体具有竞争优势的产品(TSI_{ia} >0)

	PP	RB1	RB2	LT1	LT2	MT1	MT2	MT3	HT1	HT2
中　国	×	×	×	✓	✓	✓	×	✓	✓	×
日　本	×	×	×	×	✓	✓	✓	✓	✓	✓
韩　国	×	×	✓	✓	✓	✓	✓	✓	✓	✓
新加坡	×	×	✓	×	×	×	✓	×	✓	×
东盟五国	✓	✓	✓	✓	×	✓	×	✓	✓	×

资料来源:同表 2.1。

从上面的分析可以发现,目前,东亚各经济体在资本密集型产品和技术密集型产品方面的竞争优势明显增强,为进一步深化东亚区域内分工提供了条件。

2.2.3　基于显示性出口比较优势指数的贸易竞争性分析

在上一节中,简单的应用贸易专业化指数无法全面地反映贸易竞争优势,且一国的贸易竞争优势不但受贸易专业化指数所能反映的贸易额大小的影响,同时也受国际市场份额的影响。因此,本部分应用 Balassa(1965)提出的显示性比较优势指数(Revealed Comparative Advantage Index, RCA)来判定一经济体的哪些产业更具出口竞争力,从而揭示一经济体在国际贸易中的比较优势。其具体公式如下:

$$RCA_{ia} = \frac{X_{ia}}{X_i} \Big/ \frac{X_{wa}}{X_w} \qquad (2.3)$$

其中,RCA_{ia} 表示 i 经济体 a 产品的显示性比较优势指数,X_{ia}、X_i、X_{wa}、X_w 分别为某一时期内 i 经济体 a 产品出口额、i 经济体总出口额、a 产品世界总出口额和世界总出口额。一般而言,RCA 值大于 1 表明该国的此产品在国际市场上具有比较优势,具有一定的国际竞争力;RCA 值小于 1,则表示在国际市场上不具有比较优势,国际竞争力相对较弱。应用(2.3)计算了 1995—2008 年按 Lall(2000)分类的各东亚主要经济体的显示性比较优势指数,计算结果见表 2.13 至表 2.17。同时,为了便于比较,特将 1995 年和 2008 年各国拥有比较优势的产业汇总到表 2.18。

表 2.13　1995—2008 年中国各类产品的显示性比较优势指数

	PP	RB1	RB2	LT1	LT2	MT1	MT2	MT3	HT1	HT2
1995	0.69	0.63	0.77	4.07	1.67	0.11	0.88	0.67	0.72	0.49
1996	0.67	0.66	0.72	3.98	1.71	0.11	0.76	0.70	0.83	0.49
1997	0.67	0.58	0.71	3.93	1.78	0.10	0.79	0.70	0.83	0.46
1998	0.67	0.52	0.71	3.74	1.81	0.11	0.75	0.72	0.96	0.45
1999	0.59	0.54	0.65	3.77	1.84	0.12	0.71	0.77	1.03	0.46
2000	0.51	0.60	0.60	3.74	1.83	0.17	0.82	0.82	1.07	0.45
2001	0.49	0.58	0.61	3.52	1.73	0.17	0.71	0.86	1.27	0.35
2002	0.44	0.54	0.60	3.30	1.72	0.16	0.64	0.90	1.49	0.31
2003	0.39	0.49	0.57	3.15	1.56	0.17	0.66	0.92	1.73	0.35
2004	0.33	0.49	0.54	2.99	1.54	0.18	0.76	0.91	1.89	0.40
2005	0.28	0.52	0.51	3.06	1.57	0.21	0.75	0.95	1.96	0.45
2006	0.25	0.56	0.46	3.16	1.62	0.24	0.75	0.99	2.01	0.43
2007	0.21	0.54	0.46	3.01	1.59	0.27	0.77	0.99	2.14	0.50
2008	0.20	0.50	0.49	3.07	1.68	0.30	0.75	1.08	2.13	0.53

资料来源:同表 2.1。

表 2.14　1995—2008 年日本各类产品的显示性比较优势指数

	PP	RB1	RB2	LT1	LT2	MT1	MT2	MT3	HT1	HT2
1995	0.08	0.26	0.55	0.16	0.75	2.04	0.84	1.69	1.86	0.84
1996	0.08	0.28	0.56	0.16	0.76	2.05	0.91	1.69	1.78	0.89
1997	0.09	0.29	0.55	0.16	0.78	2.14	0.93	1.64	1.68	0.84
1998	0.11	0.30	0.56	0.15	0.74	2.15	0.93	1.57	1.59	0.75
1999	0.10	0.32	0.55	0.17	0.77	2.11	0.99	1.61	1.49	0.79
2000	0.09	0.32	0.50	0.17	0.72	2.14	1.01	1.74	1.45	0.94
2001	0.11	0.33	0.55	0.18	0.71	2.26	1.06	1.67	1.43	0.83
2002	0.09	0.35	0.55	0.18	0.73	2.40	1.09	1.65	1.37	0.72
2003	0.09	0.34	0.55	0.17	0.72	2.34	1.06	1.70	1.37	0.78
2004	0.09	0.34	0.55	0.18	0.74	2.23	1.05	1.75	1.35	0.85
2005	0.09	0.36	0.56	0.18	0.82	2.37	1.13	1.78	1.28	0.82
2006	0.11	0.37	0.56	0.17	0.81	2.63	1.17	1.78	1.25	0.76
2007	0.13	0.37	0.61	0.16	0.79	2.60	1.12	1.75	1.27	0.66
2008	0.12	0.39	0.65	0.17	0.85	2.74	1.10	1.78	1.23	0.65

资料来源:同表 2.1。

表 2.15 1995—2008 年韩国各类产品的显示性比较优势指数

	PP	RB1	RB2	LT1	LT2	MT1	MT2	MT3	HT1	HT2
1995	0.17	0.39	0.59	1.53	1.03	0.86	1.65	0.97	2.00	0.26
1996	0.16	0.45	0.73	1.47	0.94	1.05	1.67	1.05	1.83	0.24
1997	0.19	0.47	0.89	1.43	0.92	1.05	1.69	0.98	1.69	0.36
1998	0.26	0.50	0.89	1.40	0.99	0.94	1.57	1.00	1.61	0.43
1999	0.22	0.47	0.90	1.40	0.89	0.96	1.41	0.95	1.78	0.44
2000	0.16	0.46	1.01	1.34	0.85	1.00	1.39	0.98	1.86	0.20
2001	0.16	0.48	1.00	1.32	0.86	1.11	1.40	1.15	1.75	0.17
2002	0.15	0.46	0.87	1.19	0.78	1.09	1.32	1.18	1.99	0.14
2003	0.14	0.44	0.80	1.00	0.79	1.22	1.26	1.11	2.12	0.22
2004	0.15	0.41	0.83	0.82	0.76	1.32	1.22	1.08	2.17	0.31
2005	0.13	0.42	0.90	0.71	0.79	1.44	1.28	1.11	2.03	0.62
2006	0.16	0.41	0.97	0.63	0.79	1.51	1.27	1.18	1.88	0.87
2007	0.16	0.39	1.02	0.56	0.74	1.46	1.20	1.23	1.88	1.04
2008	0.14	0.41	1.12	0.52	0.77	1.36	1.24	1.42	1.70	1.10

资料来源：同表 2.1。

表 2.16 1995—2008 年新加坡各类产品的显示性比较优势指数

	PP	RB1	RB2	LT1	LT2	MT1	MT2	MT3	HT1	HT2
1995	0.30	0.51	1.19	0.33	0.53	0.11	0.66	0.96	3.07	0.33
1996	0.24	0.50	1.31	0.31	0.51	0.11	0.62	0.90	3.15	0.34
1997	0.24	0.48	1.23	0.31	0.52	0.11	0.64	0.85	3.21	0.37
1998	0.20	0.47	1.26	0.30	0.54	0.09	0.67	0.83	3.25	0.38
1999	0.18	0.38	1.39	0.31	0.53	0.08	0.71	0.76	3.25	0.46
2000	0.16	0.30	1.50	0.29	0.51	0.07	0.71	0.74	3.30	0.42
2001	0.16	0.33	1.37	0.30	0.54	0.07	0.79	0.77	3.23	0.55
2002	0.15	0.33	1.50	0.30	0.51	0.08	0.86	0.75	3.16	0.56
2003	0.15	0.28	1.88	0.27	0.54	0.10	0.86	0.70	3.04	0.54
2004	0.15	0.27	2.03	0.23	0.52	0.13	0.90	0.75	2.94	0.50
2005	0.13	0.26	2.28	0.19	0.50	0.13	0.87	0.78	2.83	0.57
2006	0.15	0.25	2.30	0.18	0.51	0.12	0.84	0.75	2.80	0.70
2007	0.17	0.28	2.38	0.16	0.54	0.13	0.87	0.78	2.65	0.79
2008	0.15	0.30	2.90	0.14	0.58	0.14	0.86	0.81	2.40	0.71

资料来源：同表 2.1。

表 2.17　1995—2008 年东盟五国各类产品的显示性比较优势指数

	PP	RB1	RB2	LT1	LT2	MT1	MT2	MT3	HT1	HT2
1995	1.46	1.61	0.60	1.58	0.79	0.10	0.55	0.66	1.60	0.38
1996	1.36	1.57	0.61	1.51	0.74	0.09	0.52	0.63	1.83	0.35
1997	1.38	1.63	0.60	1.30	0.70	0.12	0.54	0.60	1.92	0.31
1998	1.39	1.48	0.53	1.29	0.70	0.13	0.57	0.62	2.10	0.25
1999	1.28	1.47	0.54	1.34	0.69	0.15	0.56	0.58	2.13	0.18
2000	1.18	1.39	0.61	1.32	0.72	0.17	0.62	0.62	1.99	0.18
2001	1.24	1.38	0.62	1.37	0.74	0.19	0.63	0.63	2.03	0.21
2002	1.22	1.44	0.61	1.21	0.74	0.21	0.64	0.61	2.13	0.25
2003	1.25	1.49	0.62	1.24	0.74	0.23	0.67	0.66	2.10	0.25
2004	1.20	1.50	0.63	1.35	0.77	0.27	0.70	0.66	2.04	0.25
2005	1.28	1.47	0.62	1.36	0.76	0.33	0.71	0.69	1.90	0.25
2006	1.21	1.58	0.70	1.39	0.76	0.36	0.73	0.64	1.86	0.25
2007	1.35	1.85	0.79	1.37	0.77	0.38	0.76	0.63	1.59	0.28
2008	1.17	2.02	0.67	1.01	0.72	0.51	0.75	0.64	1.92	0.28

资料来源:同表 2.1。

表 2.18　1995 年和 2008 年东亚各经济体具有比较优势的产业(RCA_{ia}＞1,且按指数从大到小排列)

	1995	2008
中　国	LT1；LT2；	LT1；HT1；LT2；MT3；
日　本	MT1；HT1；MT3；	MT1；MT3；HT1；MT2；
韩　国	HT1；MT2；LT1；LT2；	RB2；HT1；MT1；MT3；MT2；HT2；
新加坡	RB2；HT1；	RB2；HT1；
东盟五国	PP；RB1；LT1；HT1；	PP；RB1；LT1；HT1；

资料来源:同表 2.1。

　　计算东亚 1995—2008 年各经济体在十大类产品上的显示性比较优势指数,结果表明,东亚各经济体具有比较优势的产业差异较大,变化趋势也存在很大不同。

　　1995 年,中国具有比较优势的产品是纺织服装产品(LT1)和其他低技术产品(LT2)。在样本期间内,虽然中国在低技术产品方面的比较优势有所减弱,但从 1999 年起技术密集型产品中的电子电力产品(HT1)取得了比较优势,2008 年工程机械产品(MT3)取得比较优势。总体而言,中国的劳动密集型产品仍是具有较强比较优势的产品,且工程机械产品(MT3)和电子电力产品(HT1)等资本密集型产品和技术密集型产品的比较优势已逐渐显现出来。

在样本期间内日本保持了在汽车工业产品(MT1)、电子电力产品(HT1)以及工程机械产品(MT3)方面的比较优势,同时,从 2000 年起在中技术加工产品(MT2)方面也取得了比较优势。从变化趋势来看,日本的汽车工业产品(MT1)的比较优势一直在增强,2008 年显示性比较优势指数高达 2.74,但其电子电力产品的比较优势在减弱,显示性比较优势指数由 1995 年的 1.86 下降至 2008 年的 1.23。总体来看,日本在资源密集型产品和劳动密集型产品方面存在比较劣势,在资本密集型产品方面的比较优势较强且呈上升趋势。

在 1995 年,韩国具有比较优势的产品还主要集中在低技术制成品(LT1,LT2)等劳动密集型产品、电子电力产品(HT1)等技术密集型产品和中技术加工产品(MT2)等资本密集型产品上。在样本期间内,韩国具有比较优势的产品发生了较大的变化,劳动密集型产品比较优势在逐渐减弱,其中,纺织服装产品(LT1)从 2004 年起不具有比较优势,而其他低技术产品(LT2)从 1996 年起不具有比较优势;资本密集型产品方面,汽车工业制品(MT1)和工程机械产品(MT3)比较优势明显增强,而中技术加工产品(MT2)比较优势稍微减弱;技术密集型产品方面,电子电力产品(HT1)显示性比较优势指数在 1.88—2.17 之间窄幅波动,比较优势一直很稳定。在样本期间内,韩国具有比较优势的产品实现了从劳动密集型为主向资本密集型和技术密集型为主的跨越。

新加坡具有比较优势的产品比较稳定,主要包括电子电力产品(HT1)和其他资源性产品(RB2),其中,电子电力产品(HT1)的比较优势在 2000 年以后出现了轻微的下降,而其他资源性产品(RB2)出现了一定程度的上升,至 2008 年时,其显示性比较优势值达 2.90。

东盟五国具有比较优势的产品非常稳定,一直集中在初级产品(PP)、农业加工产品(RB1)、纺织服装产品(LT1)和电子电力产品(HT1)方面。在样本期间内,初级产品(PP)和纺织服装产品(LT1)的比较优势在减弱。

从总体上来看(表 2.19),由于东亚各经济体的资源禀赋、技术发展水平和经济发展水平都存在一定的差距,东亚地区各经济体拥有比较优势的产品相差较大,给东亚地区各经济体之间进行产业间分工合作带来了很大的空间。但在电子电力产品方面,随着东亚区域生产网络的形成,导致在电子电力方面都取得了比较优势,给产品内分工带来了巨大的空间。

表 2.19　2008 年东亚各经济体具有比较优势的产品($RCA_{ia} > 1$)

	PP	RB1	RB2	LT1	LT2	MT1	MT2	MT3	HT1	HT2
中　　国	×	×	×	√	√	×	×	√	√	×
日　　本	×	×	×	×	×	√	√	√	√	×
韩　　国	×	×	×	√	√	√	√	√	√	√
新 加 坡	×	×	√	×	×	×	×	×	√	√
东盟五国	√	√	×	√	√	×	×	×	√	×

资料来源:同表 2.1。

在 1995—2008 年的样本期间内,中国、日本、韩国、新加坡和东盟等东亚经济体具有竞争优势和比较优势的产品都实现了向资本密集型和技术密集型产品的拓展,东亚经济体的对外贸易结构实现了升级,为东亚区域经济一体化提供了更加广阔的空间。然而,中国与东亚其他经济体之间的优势产业存在一定的重叠,在目前东亚各经济体的对外贸易结构整体水平提升的情况下,中国与东亚其他经济体之间的贸易互补性如何,有待下节的进一步研究。

2.3　中国与东亚其他经济体的贸易互补性分析

2.3.1　产业间贸易互补性分析

贸易互补性指数用于衡量两经济体贸易互补的程度,考察两经济体贸易发展的潜力。本节采用于津平(2003)提出的产业贸易互补性指数和综合贸易互补性指数。某产业的贸易互补性指数的具体公式为:

$$C_{ij}^{a} = RCA_{xi}^{a} \cdot RCA_{mj}^{a} \tag{2.4}$$

$$RCA_{xi}^a = \frac{X_i^a}{X_i} \bigg/ \frac{M_w^a}{M_w}$$

$$RCA_{mj}^a = \frac{M_j^a}{M_j} \bigg/ \frac{X_w^a}{X_w}$$

(2.5)

其中，C_{ij}^a 为 i 经济体和 j 经济体 a 产品的贸易互补性指数，RCA_{xi}^a 表示用出口来衡量的 i 经济体在 a 产品上的比较优势，RCA_{mj}^a 表示用进口来衡量的 j 经济体在 a 产品上的比较劣势，X_i^a、X_w^a 分别为 i 经济体和世界 a 产品的出口额；M_j^a、M_w^a 分别为 j 经济体和世界 a 产品的进口额；M_j、M_w 分别为 j 经济体和世界的总进口额。

综合贸易互补性指数的具体公式为：

$$C_{ij} = \sum_a C_{ij}^a \times \frac{X_w^a}{X_w}$$

(2.6)

X_i、X_w 分别为 i 经济体和世界的总出口额；$C_{ij} > 1$ 表明两经济体的贸易互补性较强，且该指数越大，说明一经济体出口与其贸易伙伴方进口的吻合程度越大，两经济体贸易合作的潜力越大；$C_{ij} < 1$ 表明两经济体的贸易互补性较弱，且指数值越小互补性越弱。同时应该注意到这一指数的另一优点是能够间接反映产业间贸易在两经济体贸易中所占的比例，如果两经济体以产业内贸易为主，该互补性指数越小，反之，则越大。

表 2.20 显示了中国与东亚其他经济体的综合贸易互补性指数的变化走势。以中国出口衡量的综合贸易互补性指数来看，中国与日本的综合贸易互补性指数呈下降趋势，贸易互补性指数已经由 1995 年的 1.25 降至 2008 年的 0.89，由贸易互补性较强转变为贸易竞争性较强；中国与新加坡的综合贸易互补性指数呈上升趋势；与韩国的综合贸易互补性指数稳定保持在 0.80 左右；在样本期间内，中国与东盟五国的综合贸易互补性指数有所上升，但贸易互补性指数始终小于 1，因此，以中国出口衡量的综合贸易互补性指数来看，中国出口与日本进口的贸易互补性较强，但近年来下降得很快，而与另外三大经济体的贸易互补性较弱，说明中国出口对韩国、新加坡和东盟五国市场的依赖程度较弱，而对日本市场的依赖性较强，但对东盟五国的依赖程度上升。

表 2.20　1995—2008 年中国与东亚其他经济体的综合贸易互补性指数

	以中国出口衡量的贸易互补性指数				以中国进口衡量的贸易互补性指数			
	韩国	日本	新加坡	东盟五国	韩国	日本	新加坡	东盟五国
1995	0.76	1.25	0.83	0.66	1.28	1.10	0.90	1.00
1996	0.76	1.25	0.85	0.67	1.28	1.10	0.87	1.00
1997	0.76	1.19	0.85	0.71	1.32	1.02	0.94	1.02
1998	0.70	1.19	0.84	0.74	1.36	1.03	1.06	1.09
1999	0.74	1.19	0.87	0.76	1.35	1.07	1.16	1.15
2000	0.76	1.16	0.85	0.76	1.29	1.07	1.19	1.14
2001	0.79	1.18	0.89	0.78	1.30	1.13	1.31	1.17
2002	0.82	1.16	0.95	0.81	1.33	1.19	1.49	1.29
2003	0.81	1.14	1.00	0.82	1.38	1.25	1.57	1.33
2004	0.83	1.13	1.03	0.86	1.46	1.28	1.70	1.33
2005	0.81	1.08	1.01	0.84	1.69	1.24	1.76	1.35
2006	0.79	1.01	1.00	0.87	1.78	1.20	1.88	1.38
2007	0.80	0.97	1.00	0.90	1.82	1.18	1.89	1.23
2008	0.82	0.89	0.92	0.87	1.71	1.09	1.62	1.36

资料来源:同表 2.1。

　　以中国进口衡量的综合贸易互补性指数来看(表 2.20),中国与韩国、日本、东盟五国的综合贸易互补性指数一直大于 1,表明中国进口与这三个经济体的出口的吻合度都较高。与新加坡的综合贸易互补性指数从 1998 年开始大于 1,中国与韩国、新加坡和东盟五国的综合贸易互补性指数呈上升趋势,而与日本的综合贸易互补性指数先上升后下降,说明韩国、新加坡和东盟五国出口对中国进口的吻合程度在加强,而中国进口与日本出口经历了吻合程度由上升到下降的过程。总体来看,中国进口与东亚其他主要经济体出口的综合贸易互补性指数普遍高于中国出口与相应东亚其他经济体进口的综合贸易互补性指数,表明东亚其他经济体的出口对中国的依赖性较强。从总体趋势来看,中国出口与除日本外的东亚伙伴国的进口的吻合度保持窄幅震荡,但在中国加入 WTO 以后,中国进口与除日本外的东亚伙伴国的出口的吻合度迅速提高,表明中国加入 WTO 后中国与韩国、新加坡和东盟五国等东亚经济体的紧密程度进一步加强。2008 年,中国出口与新加坡进口的贸易互补性最强,其次是日本、东盟五国和韩国,而中国进口与韩国出口的贸易互补性最强,其次是新加坡、东盟五国和日本。

进一步从产品按技术分类的角度来考察中国与东亚其他经济体的贸易互补性程度及其变迁,发现中国与东亚其他经济体在各类产品方面的贸易互补性存在较大的差异。

表2.21显示,中国的纺织服装产品(LT1)和其他低技术产品(LT2)这两类劳动密集型产品的出口与日本进口的贸易互补性较强,初级产品(PP)与农业加工产品(RB1)的出口与日本进口的贸易互补性由强转弱,而电子电力产品(HT1)的出口与日本进口的贸易互补性由较弱转变为较强,表明中国在劳动密集型产品出口方面与日本进口的吻合度较高,在电子电力产品(HT1)出口方面与日本进口的吻合度在提高。中国在纺织服装产品(LT1)出口上的比较优势在减弱是导致与日本进口的吻合度降低的主因。同样,中国在初级产品(PP)出口方面的比较优势的减弱导致了中国初级产品(PP)的出口与日本进口的吻合度一直在降低,至2008年贸易互补性指数为0.46。

表2.21 1995—2008年以中国出口与日本进口衡量的贸易互补性指数

	PP	RB1	RB2	LT1	LT2	MT1	MT2	MT3	HT1	HT2
1995	2.12	1.02	0.91	5.99	1.49	0.05	0.76	0.40	0.60	0.65
1996	1.94	1.11	0.81	6.05	1.56	0.04	0.53	0.44	0.78	0.60
1997	1.95	0.96	0.80	5.30	1.62	0.05	0.62	0.44	0.75	0.59
1998	2.02	0.85	0.82	5.18	1.70	0.05	0.48	0.49	0.92	0.58
1999	1.76	0.93	0.74	5.50	1.69	0.07	0.40	0.54	0.99	0.56
2000	1.42	1.06	0.66	5.48	1.68	0.10	0.46	0.58	1.06	0.51
2001	1.44	1.02	0.65	5.33	1.62	0.10	0.37	0.68	1.27	0.36
2002	1.29	0.96	0.64	4.78	1.61	0.10	0.32	0.73	1.52	0.35
2003	1.09	0.81	0.66	4.53	1.48	0.12	0.34	0.76	1.88	0.41
2004	0.95	0.85	0.77	4.31	1.43	0.12	0.42	0.80	2.05	0.52
2005	0.74	0.81	0.64	4.34	1.49	0.11	0.42	0.82	1.97	0.61
2006	0.54	0.84	0.53	4.52	1.48	0.13	0.38	0.80	1.84	0.71
2007	0.45	0.71	0.58	4.17	1.40	0.13	0.42	0.79	2.00	0.56
2008	0.46	0.54	0.58	4.05	1.25	0.15	0.42	0.74	1.85	0.43

资料来源:同表2.1。

表2.22显示了以日本出口和中国进口衡量的各类产品的贸易互补性指数,结

果表明,日本的中技术加工产品(MT2)、工程机械产品(MT3)、电子电力产品(HT1)、其他高技术产品(HT2)的出口与中国进口的贸易互补性较强,其中,中技术加工产品(MT2)和工程机械产品(MT3)的贸易互补性在减弱,而电子电力产品(HT1)和其他高技术产品(HT2)的贸易互补性在增强,而在其余产品方面的贸易互补性一直较弱。这表示日本在资本密集型产品和技术密集型产品出口方面与中国进口的吻合度较高,依赖性较强。

表 2.22　1995—2008 年以中国进口与日本出口衡量的贸易互补性指数

	PP	RB1	RB2	LT1	LT2	MT1	MT2	MT3	HT1	HT2
1995	0.09	0.15	0.45	0.40	0.81	0.53	1.61	3.00	1.83	0.96
1996	0.11	0.18	0.43	0.44	0.97	0.40	1.87	2.90	1.68	1.06
1997	0.12	0.22	0.46	0.42	0.93	0.30	1.96	2.25	1.76	1.04
1998	0.17	0.23	0.51	0.39	0.83	0.29	1.98	1.95	2.00	1.05
1999	0.19	0.29	0.59	0.39	0.88	0.28	2.15	1.87	2.05	0.98
2000	0.16	0.26	0.57	0.36	0.82	0.35	2.15	1.94	1.99	1.13
2001	0.17	0.25	0.64	0.35	0.81	0.42	2.20	2.06	2.23	1.12
2002	0.18	0.26	0.59	0.30	0.91	0.50	2.16	2.05	2.47	1.43
2003	0.16	0.24	0.61	0.24	0.99	0.64	1.95	2.18	2.65	2.04
2004	0.15	0.22	0.61	0.22	0.80	0.52	1.71	2.29	2.78	2.93
2005	0.14	0.23	0.62	0.22	0.86	0.47	1.76	2.10	2.93	2.44
2006	0.14	0.26	0.56	0.21	0.66	0.62	1.65	2.10	3.02	2.04
2007	0.21	0.26	0.65	0.18	0.61	0.65	1.49	1.99	3.33	1.68
2008	0.19	0.28	0.63	0.16	0.61	0.80	1.28	1.92	2.91	1.68

资料来源:同表 2.1。

表 2.23 显示了以中国出口与韩国进口衡量的各类产品的贸易互补性指数,结果显示,中国的纺织服装产品(LT1)出口与韩国进口的贸易互补性较强。中国的其他低技术产品(LT2)和电子电力产品(HT1)出口与韩国进口的贸易互补性由弱变强,至 2008 年贸易互补性指数分别达 1.23 和 2.09,而在其他产品方面中国与韩国的贸易互补性较弱。中国的汽车工业产品(MT1)出口与韩国进口方面的贸易互补性很低,主要原因是中国在汽车工业产品(MT1)方面的比较优势很弱,而韩国的比较优势较强。

表 2.23　1995—2008 年以中国出口与韩国进口衡量的贸易互补性指数

	PP	RB1	RB2	LT1	LT2	MT1	MT2	MT3	HT1	HT2
1995	1.06	0.32	0.97	1.73	0.83	0.02	1.47	0.53	0.60	0.72
1996	1.07	0.34	0.87	1.78	0.87	0.02	1.15	0.57	0.69	0.71
1997	1.25	0.31	0.84	1.60	0.84	0.02	1.39	0.49	0.69	0.61
1998	1.39	0.21	0.87	1.05	0.64	0.01	1.08	0.44	0.84	0.66
1999	1.14	0.23	0.83	1.28	0.72	0.02	0.97	0.45	1.12	0.68
2000	0.98	0.27	0.67	1.41	0.74	0.03	1.06	0.53	1.15	0.64
2001	1.03	0.30	0.75	1.66	0.80	0.04	0.78	0.57	1.32	0.42
2002	0.92	0.30	0.77	1.81	0.90	0.05	0.64	0.64	1.54	0.40
2003	0.78	0.25	0.72	1.66	0.82	0.04	0.65	0.69	1.73	0.53
2004	0.67	0.24	0.70	1.47	0.82	0.05	0.99	0.71	1.84	0.76
2005	0.53	0.26	0.65	1.50	0.89	0.06	0.96	0.74	1.80	0.73
2006	0.40	0.28	0.57	1.69	1.02	0.07	0.91	0.75	1.77	0.59
2007	0.34	0.27	0.60	1.59	1.12	0.08	0.96	0.81	1.94	0.52
2008	0.30	0.26	0.58	1.77	1.23	0.10	0.86	0.90	2.09	0.56

资料来源：同表 2.1。

表 2.24 显示了以中国进口与韩国出口衡量的各类产品的贸易互补性指数，结果表明韩国出口与中国进口在中技术加工产品(MT2)和电子电力产品(HT1)方面的贸易互补性较强，但随着韩国在中技术加工产品(MT2)方面比较优势减弱，两国在中技术加工产品(MT2)的贸易互补性减弱。两国在其他高技术产品(HT2)方面的贸易互补性由弱变强，2008 年贸易互补性指数达 10.27。而在两类劳动密集型产品(LT1，LT2)方面的贸易互补性减弱。研究结论表明，韩国出口与中国进口在技术密集型产品和中技术加工产品(MT2)等资本密集型产品方面的吻合度较高。

表 2.24　1995—2008 年以中国进口与韩国出口衡量的贸易互补性指数

	PP	RB1	RB2	LT1	LT2	MT1	MT2	MT3	HT1	HT2
1995	0.14	0.19	0.56	2.64	1.00	0.17	5.25	1.38	1.85	0.25
1996	0.14	0.24	0.64	2.97	1.06	0.12	5.63	1.25	1.65	0.23
1997	0.19	0.33	1.04	3.09	1.04	0.11	5.71	0.97	1.73	0.39
1998	0.32	0.40	0.99	2.60	1.21	0.10	4.89	0.79	2.16	0.48
1999	0.31	0.42	1.07	2.46	1.16	0.10	4.43	0.76	2.71	0.50
2000	0.24	0.36	1.06	2.22	1.08	0.13	4.17	0.79	2.67	0.20

续表

	PP	RB1	RB2	LT1	LT2	MT1	MT2	MT3	HT1	HT2
2001	0.21	0.33	1.02	2.04	1.07	0.17	4.01	1.06	2.86	0.22
2002	0.22	0.29	0.91	1.67	0.99	0.22	3.41	1.07	3.52	0.34
2003	0.22	0.25	0.91	1.21	1.12	0.33	2.89	1.06	3.93	1.21
2004	0.22	0.22	0.93	0.95	0.85	0.30	2.61	1.03	4.17	3.25
2005	0.19	0.23	0.84	0.84	0.89	0.30	2.69	0.92	4.46	7.18
2006	0.20	0.24	0.91	0.77	0.64	0.40	2.43	0.98	4.36	9.51
2007	0.23	0.25	1.03	0.64	0.55	0.43	2.15	1.00	4.78	10.69
2008	0.20	0.25	1.00	0.63	0.53	0.53	1.89	0.97	4.52	10.27

资料来源：同表 2.1。

　　表 2.25 显示中国出口与新加坡进口在纺织服装产品（LT1）和电子电力产品（HT1）方面的贸易互补性较强，且电子电力产品（HT1）方面的贸易互补性增强趋势明显，但在中技术加工产品（MT2）方面的贸易互补性在减弱，在其他低技术产品（LT2）和工程机械产品（MT3）方面则由贸易互补性较强转变为贸易互补性较弱，其余产品方面的贸易互补性较弱。

表 2.25　1995—2008 年以中国出口与新加坡进口衡量的贸易互补性指数

	PP	RB1	RB2	LT1	LT2	MT1	MT2	MT3	HT1	HT2
1995	0.44	0.38	0.55	1.75	1.20	0.06	0.50	1.00	1.63	0.51
1996	0.44	0.41	0.56	1.65	1.26	0.06	0.45	1.02	1.77	0.51
1997	0.48	0.37	0.53	1.72	1.32	0.05	0.46	1.02	1.61	0.45
1998	0.45	0.29	0.50	1.35	1.10	0.06	0.39	0.96	2.06	0.46
1999	0.33	0.27	0.51	1.50	1.15	0.05	0.40	0.96	2.11	0.48
2000	0.29	0.28	0.50	1.48	1.03	0.08	0.45	0.88	2.08	0.43
2001	0.29	0.28	0.53	1.39	0.95	0.07	0.42	0.90	2.53	0.36
2002	0.23	0.27	0.58	1.36	0.94	0.07	0.37	0.93	3.03	0.29
2003	0.21	0.23	0.57	1.30	0.88	0.08	0.34	0.88	3.60	0.33
2004	0.20	0.20	0.46	1.17	0.83	0.09	0.35	0.86	4.04	0.48
2005	0.16	0.20	0.46	1.09	0.85	0.09	0.37	0.91	4.01	0.44
2006	0.16	0.20	0.41	1.18	0.84	0.09	0.40	0.91	4.05	0.37
2007	0.12	0.20	0.45	1.09	0.91	0.10	0.41	0.98	4.26	0.37
2008	0.10	0.19	0.50	0.98	1.01	0.12	0.37	1.08	3.74	0.34

资料来源：同表 2.1。

表 2.26 显示新加坡出口与中国进口在其他资源性产品（RB2）、中技术加工产品（MT2）和电子电力产品（HT1）方面的贸易互补性较强，且三类产品的贸易互补性指数都呈上升趋势，特别是在电子电力产品（HT1）方面 2008 年的贸易互补性指数高达 8.89，在其余产品方面的贸易互补性都较弱。

表 2.26　1995—2008 年以中国进口与新加坡出口衡量的贸易互补性指数

	PP	RB1	RB2	LT1	LT2	MT1	MT2	MT3	HT1	HT2
1995	0.27	0.29	1.12	0.36	0.30	0.04	0.94	1.19	2.85	0.42
1996	0.29	0.29	1.19	0.33	0.31	0.04	0.98	1.08	2.73	0.45
1997	0.26	0.29	1.40	0.34	0.30	0.03	1.24	0.95	2.80	0.38
1998	0.25	0.26	1.47	0.26	0.28	0.02	1.23	0.81	3.83	0.41
1999	0.25	0.24	1.43	0.25	0.32	0.02	1.42	0.85	4.15	0.41
2000	0.20	0.18	1.14	0.23	0.34	0.03	1.43	0.85	4.21	0.40
2001	0.18	0.17	1.06	0.21	0.35	0.02	1.48	0.88	5.15	0.53
2002	0.17	0.15	1.13	0.20	0.35	0.02	1.64	0.93	6.25	0.67
2003	0.17	0.14	1.31	0.14	0.35	0.04	1.44	0.89	6.96	0.94
2004	0.16	0.13	1.43	0.13	0.35	0.04	1.44	0.94	7.69	1.42
2005	0.14	0.11	1.21	0.11	0.36	0.04	1.44	0.89	8.56	0.95
2006	0.14	0.11	1.22	0.10	0.37	0.04	1.31	0.90	9.56	0.78
2007	0.15	0.12	1.21	0.09	0.39	0.05	1.27	0.86	10.42	0.77
2008	0.13	0.15	1.36	0.08	0.35	0.05	1.10	0.81	8.89	0.73

资料来源：同表 2.1。

从表 2.27 可以看出，中国出口与东盟五国进口在电子电力产品（HT1）和纺织服装产品（LT1）方面的贸易互补性较强，而近年来在中技术加工产品（MT2）和其他低技术产品（LT2）方面的贸易互补性增强，在其他产品方面的贸易互补性较弱。

表 2.27　1995—2008 年以中国出口与东盟五国进口衡量的贸易互补性指数

	PP	RB1	RB2	LT1	LT2	MT1	MT2	MT3	HT1	HT2
1995	0.52	0.22	0.85	0.92	0.95	0.15	1.14	0.64	0.93	0.33
1996	0.57	0.24	0.82	0.81	0.96	0.14	0.90	0.67	1.11	0.35
1997	0.62	0.22	0.82	1.06	1.00	0.15	0.99	0.70	1.13	0.32
1998	0.86	0.20	0.75	1.03	0.99	0.11	0.85	0.66	1.33	0.32
1999	0.87	0.23	0.76	1.10	1.01	0.12	0.93	0.64	1.35	0.28

续表

	PP	RB1	RB2	LT1	LT2	MT1	MT2	MT3	HT1	HT2
2000	0.61	0.25	0.68	1.11	0.98	0.26	1.06	0.68	1.34	0.24
2001	0.53	0.24	0.67	1.06	0.90	0.27	0.92	0.72	1.69	0.20
2002	0.49	0.22	0.66	1.01	0.89	0.19	0.80	0.68	2.12	0.18
2003	0.44	0.20	0.60	0.97	0.85	0.18	0.82	0.71	2.36	0.20
2004	0.38	0.20	0.55	0.98	0.91	0.18	1.14	0.73	2.56	0.23
2005	0.31	0.22	0.55	0.99	0.95	0.18	1.10	0.78	2.48	0.20
2006	0.30	0.27	0.47	1.09	1.11	0.19	1.12	0.84	2.55	0.20
2007	0.27	0.28	0.48	1.05	1.17	0.19	1.25	0.87	2.84	0.22
2008	0.26	0.26	0.48	0.99	1.27	0.26	1.00	0.97	2.69	0.27

资料来源:同表 2.1。

从表 2.28 可知,东盟五国出口与中国进口在初级产品(PP)、农业加工产品(RB1)、中技术加工产品(MT2)和电子电力产品(HT1)方面的贸易互补性较强,其中电子电力产品(HT1)方面的贸易互补性上升很快,2008 年贸易互补性指数高达 4.74,在其余三类产品方面的贸易互补性基本保持稳定。

表 2.28　1995—2008 年以中国进口与东盟五国出口衡量的贸易互补性指数

	PP	RB1	RB2	LT1	LT2	MT1	MT2	MT3	HT1	HT2
1995	1.20	2.98	0.62	0.97	0.36	0.04	1.47	0.63	1.47	0.33
1996	1.50	2.14	0.69	1.07	0.35	0.04	1.51	0.58	1.66	0.44
1997	1.32	2.38	0.75	0.95	0.31	0.03	1.53	0.51	1.92	0.40
1998	1.17	2.22	0.69	0.88	0.31	0.03	1.57	0.54	2.69	0.30
1999	1.09	2.22	0.68	0.83	0.31	0.04	1.59	0.54	3.04	0.21
2000	1.30	1.80	0.75	0.77	0.31	0.05	1.65	0.55	2.76	0.19
2001	1.18	1.46	0.81	0.75	0.30	0.05	1.57	0.61	3.31	0.26
2002	1.12	1.66	0.74	0.64	0.32	0.06	1.52	0.63	4.10	0.38
2003	1.21	1.81	0.76	0.54	0.34	0.08	1.37	0.65	4.48	0.30
2004	1.31	1.70	0.81	0.52	0.33	0.08	1.40	0.71	4.49	0.31
2005	1.29	1.55	0.83	0.52	0.33	0.08	1.40	0.76	4.58	0.33
2006	1.32	1.73	0.93	0.51	0.31	0.10	1.31	0.71	4.73	0.37
2007	1.39	2.02	1.14	0.45	0.30	0.11	1.25	0.65	3.78	0.33
2008	1.38	2.55	0.98	0.38	0.30	0.15	1.15	0.66	4.74	0.34

资料来源:同表 2.1。

从总体来看，以中国进口衡量的综合贸易互补性指数明显高于以中国出口衡量的综合贸易互补性指数。中国与日本的双向综合贸易互补性指数都呈下降趋势，说明从产业间贸易来看，中日两国贸易的吻合度在降低。而中国与东亚其他经济体的双向综合贸易互补性指数都呈上升趋势，比如，中国与东亚的韩国、新加坡和东盟五国等经济体的贸易互补性增强，双方通过发挥各自的比较优势进行产业间合作来获得利益。

进一步考察产品按技术分类的结果（见表 2.29 和表 2.30），在 2008 年，中国的其他低技术产品（LT2）和电子电力产品（HT1）出口与日本、韩国、新加坡、东盟五国（以下简称东亚四大经济体）进口的贸易互补性都较强，表明中国在这两大类产品方面的出口与东亚四大经济体进口的吻合度较高，东亚是中国这两类产品的重要出口市场；而东亚四大经济体的中技术加工产品（MT2）和电子电力产品（HT1）出口与中国进口的贸易互补性较强，中国通过与东亚四大经济体在其他低技术产品（LT2）和中技术加工产品（MT2）方面实现良好的产业间分工，达到双赢。而在电子电力产品（HT1）方面双向的贸易互补性都较强，说明中国与东亚四大经济体在电子电力产品方面已经实现了良好的差异化发展。从 1995—2008 年的趋势来看，中国与东亚其他经济体贸易互补性强的产品向高端发展的趋势明显，这为中国与东亚其他经济体的分工合作奠定了良好的基础。

表 2.29　1995 年和 2008 年以中国出口衡量的贸易互补性较强的产品（$C_{ij}^{a} > 1$）

		PP	RB1	RB2	LT1	LT2	MT1	MT2	MT3	HT1	HT2
日　　本	1995	√	√	×	√	√	×	×	×	×	×
韩　　国	1995	√	×	×	√	×	×	√	×	×	×
新 加 坡	1995	√	×	×	×	×	×	√	×	√	×
东盟五国	1995	×	√	×	×	√	×	√	×	×	×
日　　本	2008	×	×	×	√	√	×	×	×	√	×
韩　　国	2008	×	×	×	√	√	×	×	×	√	×
新 加 坡	2008	×	×	×	√	√	√	×	×	√	√
东盟五国	2008	×	×	×	√	√	×	√	×	√	×

资料来源：同表 2.1。

表 2.30　1995 年和 2008 年以中国进口衡量的贸易互补性较强的产品($C_{ij}^{a}>1$)

			PP	RB1	RB2	LT1	LT2	MT1	MT2	MT3	HT1	HT2
日	本	1995	×	×	×	×	×	×	√	√	√	×
韩	国	1995	×	×	×	√	√	×	√	√	√	×
新 加 坡		1995	×	×	√	×	×	×	×	√	√	×
东盟五国		1995	√	√	×	×	×	×	√	√	√	×
日	本	2008	×	×	×	×	×	×	√	√	√	√
韩	国	2008	×	×	√	×	×	×	×	√	√	√
新 加 坡		2008	×	×	√	√	×	×	×	√	√	√
东盟五国		2008	√	√	×	×	×	×	√	√	√	×

资料来源:同表 2.1。

2.3.2　产业内贸易互补性分析

上节中所反映的是产业间贸易互补性,互补性强则可以通过发挥各自的比较优势进行产业间分工合作。但对于有些产品,两国的比较优势都较明显,这样就导致了贸易互补性指数很低。此时,如果两国之间能够加强产业内贸易,同样可以通过发挥各自的优势,实现规模经济,从而实现双赢。

传统国际贸易理论认为,劳动生产率和资源禀赋条件的不同是产生贸易的原因,其贸易模式是产业间贸易,贸易利益的主要来源是产业间分工带来的专业化。但这不能很好地解释为什么二战后发达国家之间的相互贸易迅速增长,以及 20 世纪 80 年代以来,发达国家与发展中国家之间、发展中国家与发展中国家之间存在相当份额的产业内贸易。产业内贸易的利益来源主要是规模经济的实现和产品多样化所带来的消费者福利的增加。产业内贸易理论是以水平分工与合作为主要基础的,发展产业内贸易可促进中国的对外贸易由外延式扩张向内涵式发展转变。因此,研究中国与东亚其他经济体产业内贸易的现状以及趋势,会对中国参与东亚区域自由贸易区建设带来积极意义。

Grubel 和 Lloyd(1971)提出的 GL 指数通常被用于度量两国的产业内贸易情况,其具体公式为:

$$GL_a = \left[1 - \frac{|X_a - M_a|}{(X_a + M_a)}\right] \cdot 100\% \qquad (2.7)$$

$$GL = \sum_{a=1} GL_a \cdot \frac{X_a + M_a}{\sum\limits_{a=1}(X_a + M_a)} \qquad (2.8)$$

其中，a 表示产业，X 和 M 分别表示出口额和进口额。GL 指数取值范围为[0，1]，越接近 1 表示产业内贸易程度越高。但是上述 GL 指数在贸易不平衡时，有可能发生下偏，出现低估的情况。Greenaway 和 Milner(1994)提出了修正后的 GL 指数，但 Aquino 认为修正后的 GL 指数有高估现象。为此，Aquino(1978)提出了 Aquino 指数。所以本章选择 Aquino 指数来计算 1995—2008 年中国与东亚其他经济体的总体产业内贸易指数和按 Lall(2000)分类的十类产品的产业内贸易指数。

Aquino 指数的具体公式为：

$$A = 1 - \frac{\sum\limits_{a=1}|X_a^e - M_a^e|}{\sum\limits_{a=1}(X_a^e + M_a^e)} \qquad (2.9)$$

其中，$X_a^e = 0.5 \cdot X_a \cdot \left[\dfrac{\sum\limits_{a=1}(X_a + M_a)}{\sum\limits_{a=1} X_a}\right]$，$M_a^e = 0.5 \cdot M_a \cdot \left[\dfrac{\sum\limits_{a=1}(X_a + M_a)}{\sum\limits_{a=1} M_a}\right]$，$X_a$ 和 M_a 分别表示 a 产业的双边出口贸易额和进口贸易额。

计算结果显示(见图 2.1)，除与新加坡外，中国与其他三大经济体产业内贸易

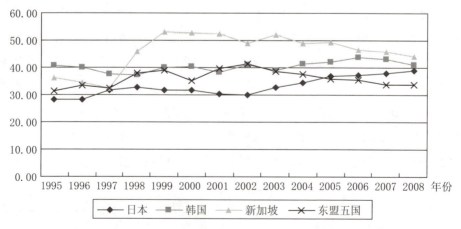

图 2.1　中国与东亚其他经济体的总体产业内贸易指数及其变迁

指数都呈上升趋势,但与新加坡的产业内贸易指数一直很高。中国与东亚其他经济体的产业内分工越来越密切,为中国继续通过实施自由贸易区战略来参与东亚区域经济一体化奠定了良好的基础。

表 2.31 显示,中国与日本在资本密集型产品和技术密集型产品方面的产业内贸易水平较高,且两国在汽车工业产品(MT1)、中技术加工产品(MT2)、工程机械产品(MT3)和其他高技术产品(HT2)方面的产业内贸易水平呈上升趋势。2008年,其他高技术产品(HT2)的产业内贸易指数达 0.71,但两国在电子电力产品(HT1)方面产业内贸易指数呈下降趋势,两国在资本密集型产品和技术密集型产品方面的产业内分工水平较高,产业内分工得到不断地深化。

表 2.31 中国与日本各类产品的产业内贸易指数及其走势

	PP	RB1	RB2	LT1	LT2	MT1	MT2	MT3	HT1	HT2
1995	0.24	0.15	0.34	0.14	0.40	0.46	0.35	0.37	0.66	0.50
1996	0.16	0.13	0.39	0.12	0.37	0.45	0.39	0.41	0.63	0.54
1997	0.19	0.14	0.40	0.13	0.38	0.36	0.38	0.50	0.64	0.62
1998	0.19	0.14	0.37	0.12	0.38	0.22	0.47	0.51	0.63	0.65
1999	0.22	0.12	0.35	0.11	0.38	0.47	0.46	0.53	0.59	0.68
2000	0.22	0.14	0.38	0.11	0.39	0.47	0.45	0.54	0.59	0.66
2001	0.17	0.15	0.40	0.11	0.37	0.50	0.41	0.48	0.51	0.59
2002	0.19	0.13	0.42	0.11	0.36	0.36	0.45	0.48	0.45	0.63
2003	0.25	0.14	0.39	0.12	0.40	0.46	0.44	0.47	0.49	0.64
2004	0.24	0.14	0.40	0.14	0.38	0.56	0.43	0.49	0.50	0.74
2005	0.27	0.15	0.43	0.14	0.40	0.63	0.51	0.55	0.49	0.81
2006	0.30	0.15	0.46	0.13	0.38	0.66	0.50	0.58	0.49	0.71
2007	0.24	0.14	0.44	0.12	0.39	0.60	0.48	0.58	0.46	0.71
2008	0.20	0.16	0.43	0.13	0.41	0.55	0.47	0.60	0.47	0.71

资料来源:同表 2.1。

表 2.32 显示了中国与韩国 1995—2008 年各类产品的产业内贸易指数,结果表明,中国与韩国其他低技术产品(LT2)和电子电力产品(HT1)产业内贸易水平较高;汽车工业产品(MT1)、工程机械产品(MT3)和其他高技术产品(HT2)产业内贸易水平由较低转变为较高,至 2008 年产业内贸易指数分别达到 0.54、0.58 和 0.63。从而可以看出,目前,中韩两国在除中技术加工产品(MT2)以外的资本密集

型产品和技术密集型产品方面的产业内贸易额均超过产业间贸易额，为两国进一步在资本密集型领域和技术密集型领域深化产业内分工水平，实现规模经济，提升区域经济一体化合作水平提供了良好的条件。

表 2.32　中国与韩国各类产品的产业内贸易指数及其走势

	PP	RB1	RB2	LT1	LT2	MT1	MT2	MT3	HT1	HT2
1995	0.28	0.10	0.54	0.41	0.57	0.29	0.44	0.40	0.72	0.35
1996	0.19	0.11	0.59	0.42	0.59	0.28	0.38	0.38	0.77	0.30
1997	0.18	0.12	0.43	0.42	0.56	0.26	0.34	0.46	0.70	0.44
1998	0.20	0.13	0.43	0.41	0.39	0.40	0.32	0.45	0.72	0.50
1999	0.18	0.16	0.46	0.36	0.44	0.18	0.38	0.61	0.65	0.61
2000	0.18	0.22	0.50	0.34	0.50	0.36	0.37	0.59	0.65	0.70
2001	0.19	0.17	0.51	0.34	0.47	0.23	0.39	0.57	0.62	0.54
2002	0.24	0.22	0.47	0.33	0.46	0.27	0.39	0.56	0.75	0.47
2003	0.28	0.22	0.38	0.31	0.39	0.40	0.42	0.48	0.70	0.75
2004	0.36	0.22	0.30	0.32	0.48	0.51	0.38	0.45	0.65	0.70
2005	0.34	0.26	0.36	0.37	0.54	0.63	0.37	0.49	0.57	0.71
2006	0.46	0.27	0.38	0.37	0.51	0.72	0.40	0.55	0.56	0.70
2007	0.45	0.28	0.35	0.37	0.59	0.63	0.31	0.59	0.57	0.68
2008	0.43	0.28	0.37	0.37	0.70	0.54	0.29	0.58	0.53	0.63

资料来源：同表 2.1。

表 2.33 显示了 1995—2008 年中国与新加坡各类技术产品的产业内贸易指数，结果表明，中国与新加坡在其他资源性产品（RB2）和电子电力产品（HT1）产业内贸易一直稳定在较高的水平上，而两国在其他低技术产品（LT2）、汽车工业产品（MT1）和工程机械产品（MT3）产业内贸易水平较高，但近年来呈下降趋势。

表 2.33　中国与新加坡各类产品的产业内贸易指数及其走势

	PP	RB1	RB2	LT1	LT2	MT1	MT2	MT3	HT1	HT2
1995	0.23	0.17	0.65	0.39	0.61	0.54	0.29	0.50	0.65	0.46
1996	0.34	0.16	0.28	0.30	0.58	0.42	0.26	0.55	0.59	0.23
1997	0.29	0.35	0.58	0.22	0.64	0.42	0.24	0.48	0.60	0.30
1998	0.22	0.25	0.68	0.22	0.53	0.61	0.30	0.35	0.76	0.32
1999	0.23	0.26	0.86	0.17	0.57	0.56	0.22	0.38	0.84	0.34

续表

	PP	RB1	RB2	LT1	LT2	MT1	MT2	MT3	HT1	HT2
2000	0.16	0.35	0.87	0.15	0.67	0.39	0.24	0.51	0.70	0.60
2001	0.37	0.26	0.83	0.13	0.64	0.59	0.21	0.54	0.69	0.41
2002	0.40	0.22	0.80	0.11	0.57	0.61	0.22	0.50	0.67	0.37
2003	0.33	0.22	0.86	0.10	0.41	0.67	0.23	0.57	0.65	0.38
2004	0.42	0.23	0.80	0.13	0.40	0.30	0.27	0.61	0.61	0.34
2005	0.24	0.28	0.78	0.10	0.30	0.22	0.30	0.53	0.61	0.32
2006	0.46	0.26	0.69	0.12	0.28	0.35	0.38	0.45	0.61	0.39
2007	0.35	0.26	0.82	0.09	0.25	0.19	0.29	0.41	0.64	0.58
2008	0.37	0.18	0.69	0.13	0.24	0.18	0.28	0.36	0.70	0.66

资料来源:同表 2.1。

表 2.34 显示了中国与东盟五国各类产品的产业内贸易指数及其走势,结果表明,中国与东盟五国在其他低技术产品(LT2)、汽车工业产品(MT1)和工程机械产品(MT3)和电子电力产品(HT1)方面产业内贸易水平较高。在其他资源性产品(RB2)方面两国产业内贸易水平下降趋势较为明显,而其他高技术产品(HT2)由于双边贸易额比较小,导致产业内贸易指数波动较大。

表 2.34　中国与东盟五国各类产品的产业内贸易指数及其走势

	PP	RB1	RB2	LT1	LT2	MT1	MT2	MT3	HT1	HT2
1995	0.25	0.26	0.54	0.48	0.66	0.67	0.38	0.71	0.60	0.75
1996	0.28	0.25	0.45	0.47	0.65	0.83	0.32	0.68	0.60	0.42
1997	0.31	0.19	0.43	0.34	0.58	0.88	0.30	0.53	0.68	0.47
1998	0.40	0.15	0.38	0.34	0.53	0.71	0.29	0.47	0.64	0.31
1999	0.27	0.19	0.48	0.39	0.51	0.49	0.26	0.43	0.76	0.46
2000	0.35	0.24	0.55	0.38	0.52	0.56	0.22	0.48	0.60	0.36
2001	0.44	0.24	0.55	0.47	0.49	0.41	0.24	0.41	0.58	0.58
2002	0.39	0.23	0.52	0.42	0.54	0.51	0.26	0.53	0.52	0.57
2003	0.37	0.25	0.52	0.41	0.43	0.45	0.24	0.54	0.47	0.66
2004	0.42	0.24	0.58	0.49	0.58	0.45	0.21	0.57	0.49	0.75
2005	0.46	0.25	0.43	0.49	0.55	0.50	0.21	0.44	0.44	0.73
2006	0.43	0.21	0.47	0.48	0.65	0.45	0.23	0.59	0.48	0.43
2007	0.30	0.17	0.37	0.43	0.61	0.52	0.25	0.52	0.48	0.40
2008	0.27	0.14	0.39	0.39	0.57	0.57	0.30	0.50	0.51	0.40

资料来源:同表 2.1。

总体来看,中国与东亚其他经济体在资本密集型和技术密集型产品的方面产业内贸易水平较高。从表2.35的统计结果来看,2008年,中国与日本、韩国和东盟五国在汽车工业产品(MT1)和工程机械产品(MT3)方面的产业内贸易水平较高;中国与东亚四大经济体在电子电力产品(HT1)方面的产业内贸易水平较高;中国与日本、韩国和新加坡在其他高技术产品(HT2)方面的产业内贸易水平较高。这表明在东亚地区,中国与这些经济体建立了更深层次的分工,有利于中国通过产业内分工带来的规模经济效应获得利益。

表2.35　2008年中国与东亚其他经济体产业内贸易水平较高的产品($A > 0.5$)

	PP	RB1	RB2	LT1	LT2	MT1	MT2	MT3	HT1	HT2
日　　本	×	×	×	×	×	✓	×	✓	✓	✓
韩　　国	×	×	×	×	✓	✓	×	✓	✓	✓
新 加 坡	×	×	✓	×	×	×	×	×	✓	✓
东盟五国	×	×	×	×	✓	✓	×	✓	✓	×

资料来源:同表2.1。

结合表2.29、表2.30和表2.35来看,中国与东亚四大经济体在电子电力产品(HT1)方面的双向贸易互补性指数和产业内贸易指数都较高,实现了良好的差异化发展,形成了较完整的东亚区域生产网络。

2.4　小结

本章计算了以传统的国际贸易理论为基础建立的贸易专业化指数、显示性比较优势指数和贸易互补性指数,以及以新贸易理论为基础的产业内贸易指数。应用联合国商品贸易统计数据库(UN Comtrade)计算从20世纪90年代中期以来,中国与东亚其他经济体的贸易结构及贸易关系变迁。

计算结果表明,自20世纪90年代中期以来,中国具有竞争优势和比较优势的产品已经有从劳动密集型产品向资本密集型和技术密集型产品扩散的态势。日本具有竞争优势和比较优势的产品一直集中在资本密集型和技术密集型产品方面,而韩国的竞争优势和比较优势实现了从劳动密集型产品向资本密集型和技术密集型产品的转变。新加坡具有竞争优势和比较优势的产品主要集中在电子产品方面,且 20 世纪 90 年代以来一直很稳定,而其他东盟五国具有优势的产品分布较广,在资源密集型产品(初级产品、农业加工产品)、劳动密集型产品(纺织服装产品)、资本密集型产品(汽车工业产品)和技术密集型产品(电子电力产品)方面都已经具备了竞争优势和比较优势。

　　总体上看,以中国进口衡量的综合贸易互补性指数明显高于以中国出口衡量的相应国的综合贸易互补性指数;同时,中国与日本的双向综合贸易互补性指数都呈下降趋势,说明从产业间贸易来看,中日两国的贸易吻合度在降低;而与东亚其他经济体的双向综合贸易互补性指数都呈上升趋势,说明中国与东亚的韩国、新加坡和东盟五国等经济体的贸易互补性在增强。

　　中国与东亚其他经济体的产业内贸易水平较高的产品主要集中在资本密集型和技术密集型产品方面。从表 2.35 的统计结果来看,2008 年,中国与日本、韩国和东盟五国在汽车工业产品(MT1)和工程机械产品(MT3)方面的产业内贸易水平较高;中国与东亚四大经济体在电子电力产品(HT1)方面的产业内贸易水平都较高;中国与日本、韩国和新加坡在其他高技术产品(HT2)方面的产业内贸易水平较高。

　　20 世纪 80 年代,中国利用劳动力资源优势,积极承接东亚区域的产业转移,在劳动密集型产品方面开始逐渐取得比较优势,成为东亚雁行发展模式中的重要成员。但由于 20 世纪 90 年代开始日本经济进入二战后最长的停滞期,日本因担心本国"产业空心化"而延缓向"亚洲四小龙"的技术转让和产业转移,"雁行模式"逐渐式微。"亚洲四小龙"先于日本走出东亚经济危机的阴影,韩国和新加坡等经济体与日本的分工差距逐渐缩小,中国也正在崛起。东亚总体经济发展水平的差异性和层次性仍然明显。从传统的国际贸易理论来看,中国与东亚其他经济体由于经济发展水平的差异,通过产业间分工合作,发挥各自的资源禀赋优势,仍然能够使各经济体获得相应的分工利益。

　　近年来,中国逐渐取得在工程机械产品(MT3)和电子电力产品(HT1)方面的竞争优势和比较优势,这种根据传统贸易理论获得分工利益的基础开始减弱。中国与东亚其他经济体的产业内贸易指数变化趋势表明，中国在与东亚其他经济体竞争较激烈的工程机械产品（MT3）和电子电力产品（HT1）方面的产业内贸易迅速增长。因此，在资源密集型产品和劳动密集型产品方面，中国仍然可以根据比较优势原则，通过产业间合作，发挥各自的优势参与东亚区域经济分工；而在资本密集型产品和技术密集型产品方面，可以通过产业内贸易，发挥规模经济效应，进一步深化分工来获得利益。

第 3 章
中国与东亚其他经济体的产品内贸易结构分析

第 2 章从产业间和产业内贸易视角研究了中国与东亚其他经济体的贸易关系。随着东亚各经济体出口导向型战略的实施以及历经"亚洲四小龙"、"亚洲四小虎"崛起和"1997 年亚洲金融危机爆发"、"中国—东盟自由贸易区"建设、"2008 年全球金融危机"爆发等多个历史阶段的演化,东亚区域内各经济体之间的经济合作已从"以产业间贸易和产业内贸易为主"的贸易模式发展为"以产品内贸易为主"的多层次、网络状的垂直分工生产网络模式。本章将研究中国与东亚其他经济体的产品内贸易关系的变迁。

3.1 产品内贸易研究综述

20 世纪 80 年代以来,技术进步使产品生产实现了模块化和标准化,贸易壁垒和非贸易壁垒的降低以及通信技术的发展大大降低了贸易成本,产品内分工在全球范围内兴起,国际生产碎片化,中间品和半成品贸易大幅度上升,经济体之间相互依赖的程度大幅度提高。这种产品的不同生产工序环节在不同的经济体加工完成的现象,被称为生产非一体化(Feenstra, 1998; Feenstra et al., 1996; Feenstra et al., 1997; Grossman et al., 2002)、万花筒式的比较优势(Bhagwati et al., 1994)、产品内国际分工(Arndt, 1997a; Arndt, 1997b)、价值链的切片化(Krugman et al., 1995)、生产的非当地化(Leamer, 1996)以及生产的分散化

（Arndt et al.，2001）等，其实质是垂直专业化和产品内贸易。

产品内贸易现象在世界范围内扩展以来，许多学者对其进行了定义，目前较具代表性的是 Hummels 等（2001）的定义。Hummels 等（2001）认为产品内贸易（文中被称为垂直专业化）具有如下三个特征：一是一件商品由多环节连续生产形成；二是在商品生产过程中有两个或两个以上的国家提供了增加值；三是至少一个国家在生产此商品过程中利用进口投入品，这些产品有一些用于出口。

另一个较有代表性的定义是 Feenstra（1998）从贸易一体化和生产非一体化来描述产品内贸易这一现象。他认为满足 Hummels 等（2001）中条件一和条件二就可以视为产品内贸易。Feenstra（1998）以芭比娃娃和耐克鞋，Linden 等（2007）描述的第五代 iPod 的生产的例子说明了这一现象。Hummels 等（2001）定义了测度一国出口中来源于进口的价值比率公式，并对 10 个 OECD 国家和 4 大新兴经济体进行了研究，表明 1970—1990 年，垂直专业化对出口贸易的贡献率高达 30%，由于产品的生产非一体化，导致国际贸易的增速明显高于全球 GDP 增速，中间产品贸易的增长速度明显高于国际贸易的增长速度。1990—2000 年中间产品贸易的增长速度高达 9.1%，高于全球贸易年均增长速度（6.5%）和全球 GDP 增长速度（3.7%）（Jones et al.，2005）。Anthukorala 和 Yamashita（2006）研究表明东亚经济垂直整合程度高于北美和欧洲这两大重要的区域生产网络，但同时强调东亚地区区域经济一体化由于东亚生产的大量最终产品以欧美作为出口目的地，因此，东亚区域整合并不是排外的。

目前，出口产品中中间产品来料价值含量的计算方法主要有以下两种。第一种是利用详细的贸易数据，把某些产品归类为中间产品和零部件（Athukorala et al.，2006）的进出口中间产品份额法，这一方法测度的是 Feenstra（1998）提出的产品内贸易比例的量度。另一种是由 Hummels 等（2001）提出来的方法，即利用投入产出表，把进口产品分为中间进口品和最终消费品，然后在一定的假设条件下，计算出各个产业每单位出口产品中进口中间产品的含量，即"垂直专业化指数"，来测算"外包"在出口中的比重。这一方法提出以来，国内外大量学者利用不同国家的数据进行过理论改进和实证研究，北京大学中国经济研究中心课题组（2005）应用 1992 年、1997 年、2002 年的中国投入产出表计算了 1992—2003 年中国出口贸易和中国对美国出口贸易中"来料加工"的价值比率。本章采取第二种方法计算中国加入 WTO 以来出口的垂直专业化指数、各产业的出口垂直专业化指数，以及东亚来料对中国的出口垂直专业化的贡献来反映中国与东亚其他经济体的贸易分工关系。

为了满足研究需要，一方面，本章根据联合国产品生产阶段的宽泛经济分类（BEC）标准对贸易产品进行分类，研究中国与东亚其他经济体的产品内贸易结构变迁；另一方面，应用垂直专业化指数计算了中国加入 WTO 以来的垂直专业化水平以及来自东亚各国（地区）中间产品的贡献率。从综合的角度论述在东亚区域生产网络逐渐形成、产品内贸易逐渐增加的前提背景下，中国与东亚其他经济体的产品内贸易结构的变迁。

3.2　基于产品内贸易视角的中国对外贸易结构分析

第 2 章的研究表明，中国与东亚的日本、韩国、中国台湾和东盟五国一直保持着较大的贸易顺差，而导致这种顺差的原因很难用传统的以要素禀赋、技术差距为基础的国际贸易理论来解释。本章采用联合国产品生产阶段的宽泛经济分类（Broad Economic Catalogue，BEC）标准，根据 SITC（Rev.3）（国际贸易标准分类第三次修订版），将产品按产品的生产阶段分为初级产品、中间产品、最终产品等，具体分类情况见表 3.1。同时进一步将按此分类的产品区分为初级产品、半成品、零部件、资本货物和消费货物等 5 种不同类型的产品（表 3.1）。本节的贸易数据来源于联合国商品贸易统计数据库（UN Comtrade），由于中国台湾地区数据缺失，因此，本节不研究中国大陆与中国台湾的产品内贸易情况。本章考察的样本期间为 1995—2009 年。计算结果如图 3.1 至图 3.7 以及表 3.1 至表 3.4 所示。

总体来看（见图 3.1、表 3.2、图 3.2、表 3.3、图 3.3），20 世纪 90 年代中期开始，中国在半成品、零部件、资本货物和消费货物方面的进出口额都取得了大幅度增长，初级产品进口的增长势头也很强劲。两类中间产品的进出口增长率都高于两类最终产品的增长率，表明中国参与全球产品内分工的深化。观察 2008—2009 年的国际贸易走势发现,2008 年全球金融危机的爆发,使中国中间产品贸易的进出口增长率大幅度降低,这给中国加工贸易企业带来很大的冲击。

从各生产阶段的产品贸易差额来看,自 1995 年以来,中国初级产品和零部件的贸易一直处于逆差状态,逆差额分别由 1995 年的 50.6 亿美元和 82.8 亿美元增长至 2009 年的 2 196.0 亿美元和 619.8 亿美元,分别增长 43.4 倍和 7.49 倍,而半成品的贸易差额波动较大。在最终产品方面,消费货物出口一直是中国贸易顺差的主要来源,1995—2009 年,顺差额从 637.6 亿美元上升至 3 086.7 亿美元,增长了 4.84 倍,而资本货物方面也从 2002 年由逆差转为顺差,并在中国加入 WTO 后,顺差额迅速上升,至 2009 年顺差额高达 1 910.1 亿美元。从贸易数据可以看出,中国对外贸易呈现出明显的加工贸易特点。

表 3.1　按 BEC 标准划分的产品类型

3 阶段	5 阶段	BEC 编码	BEC　名　称
初级产品	初级产品	111 21 31	为工业生产用的食品及饮料 供工业应用的初级产品 燃料和润滑剂(初级)
中间产品	半成品	121 22 32	主要为工业服务的加工食品和饮料 供工业应用的加工产品 加工过的燃料和润滑剂
	零部件	42 53	零件和配件 运输设备的零件和附件
最终产品	资本货物	41 521	除了运输设备以外的资本货物 其他的工业运输设备
	消费货物	112 122 51 522 61 62 63	家庭消费用的初级食品和饮料 家庭消费用的加工过的食品和饮料 载客摩托小汽车 其他非工业用的运输设备 耐用消费品 半耐用消费品 非耐用消费品

注:本表采用的是 UN Statistics Division 的分类,网址:http://unstats.un.org/unsd/cr/registry。

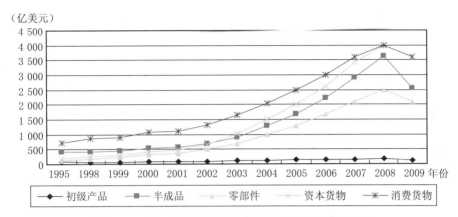

图 3.1　1995—2009 年中国各生产阶段产品的出口总额

表 3.2　1995—2009 年中国各生产阶段产品的出口增长率(%)

	1995—1998	1999—2001	2002—2004	2005—2007	2008	2009
初级产品	−3.10	10.61	8.03	10.62	25.25	−33.60
半 成 品	1.56	11.13	31.34	30.74	25.14	−29.82
零 部 件	23.27	27.78	38.47	28.79	18.19	−15.16
资本货物	18.67	21.60	45.48	31.58	17.12	−9.89
消费货物	7.92	8.77	21.77	21.25	10.48	−9.53
总 出 口	7.98	13.52	30.80	27.16	17.34	−16.07

注:其中 1995—1998 年,1999—2001 年,2002—2004 年,2005—2007 年采用三年平均增长率;余同。

资料来源:根据联合国商品贸易统计数据库(UN Comtrade)数据计算所得。

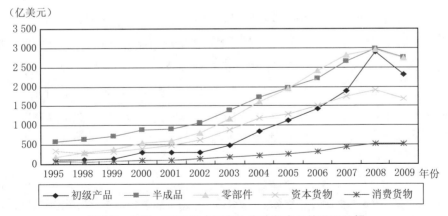

图 3.2　1995—2009 年中国各生产阶段产品的进口总额

表 3.3　1995—2009 年中国各生产阶段产品的进口增长率(%)

	1995—1998	1999—2001	2002—2004	2005—2007	2008	2009
初级产品	−3.29	44.77	44.88	31.00	52.96	−20.11
半成品	4.16	12.39	24.15	15.18	12.60	−7.64
零部件	20.51	26.60	38.03	20.58	4.97	−7.29
资本货物	−6.46	21.70	34.37	13.85	9.90	−11.98
消费货物	−5.57	20.17	28.90	24.43	21.60	−0.48
总进口	2.50	20.42	32.57	19.45	18.30	−11.16

资料来源:同表 3.2。

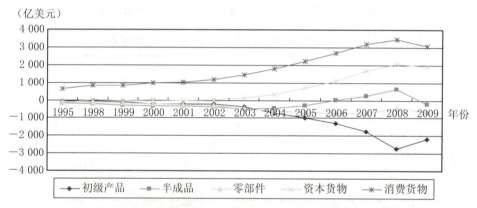

图 3.3　1995—2009 年中国各生产阶段产品的进出口贸易差额及其走势

　　从总体对外贸易结构来看(见表 3.4、图 3.4)，1995 年中国对外贸易主要以半成品、消费货物和资本货物为主，随后对外贸易产品中的零部件大幅度上升，2009年所占比重已达 22.03%，最终产品中资本货物出现明显的上升，消费货物出现明显的下降。在中国加入 WTO 后初级产品对外贸易比例出现大幅度的上升。半成品、零部件和资本货物三大类产品在中国对外贸易中的比重之和由 1995 年的66.43% 上升至 2006 年的 72.09%[①]，再降至 2009 年的 70.11%，由此可以看出中国参与国际分工的程度日益加深，但受 2008 年全球金融危机爆发的影响，中国这三

---

① 半成品、零部件和资本货物三大类产品占比由 1995 年的 66.43% 上升至 2006 年的72.09%，1995 年和 2006 年数据均由 UN Comtrade 数据库 BEC 分类数据获得，表 3.4 中由于表格限制，没有具体列出。

类产品的对外贸易比重之和有所下降,国际分工有减弱的趋势。在中国的最终产品内部,资本货物的对外贸易比重上升,消费货物的对外贸易比重降低。

表 3.4　1995—2009 年中国对外贸易中各生产阶段产品所占比重(%)

	1995—1998	1999—2001	2002—2004	2005—2007	2008	2009
初级产品	6.49	7.41	7.50	9.11	12.07	11.09
半 成 品	34.21	30.55	26.94	25.48	25.85	24.08
零 部 件	12.96	18.41	22.08	22.94	21.29	22.03
资本货物	17.65	18.18	22.38	23.50	23.10	24.00
消费货物	28.68	25.45	21.10	18.97	17.69	18.80
中间产品	47.17	48.96	49.02	48.42	47.14	46.11
最终产品	46.33	43.64	43.48	42.47	40.79	42.80

资料来源:同表 3.2。

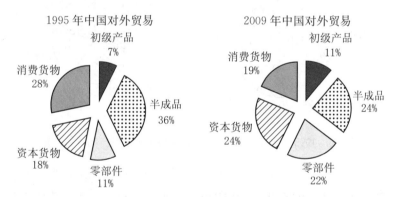

图 3.4　1995 年和 2009 年中国对外贸易中各生产阶段产品所占比重

从出口贸易结构来看(见表 3.5、图 3.5),1995 年,中国出口主要集中在消费货物(48.05%)、半成品(27.59%)和资本货物(11.96%)方面,而在初级产品(5.23%)和零部件(7.17%)方面的出口非常有限。至 2009 年时,出口主要集中在消费货物(30.13%)、资本货物(29.99%)、半成品(21.21%)和零部件(17.64%)方面,而初级产品方面降至 1.02%。在 1995—2009 年的样本期间内,中国出口的初级产品和消费货物比重大幅度下降,半成品所占比重出现微弱下降,而零部件和资本货物出口大幅度上升。最终产品(包括消费货物和资本货物)占出口的总体比重在样本期间内一直保持在 60% 左右,但资本货物出口迅速上升而消费货物出口迅速下降。

表 3.5　1995—2009 年中国出口中各生产阶段产品所占比重(%)

	1995—1998	1999—2001	2002—2004	2005—2007	2008	2009
初级产品	4.45	3.46	2.37	1.47	1.29	1.02
半 成 品	25.22	22.11	21.26	23.07	25.37	21.21
零 部 件	8.64	12.94	16.22	17.27	17.45	17.64
资本货物	13.67	17.35	23.38	27.24	27.94	29.99
消费货物	48.02	44.13	36.77	30.95	27.95	30.13
中间产品	33.86	35.06	37.48	40.34	42.82	38.85
最终产品	61.69	61.48	60.15	58.19	55.89	60.13

资料来源:同表 3.2。

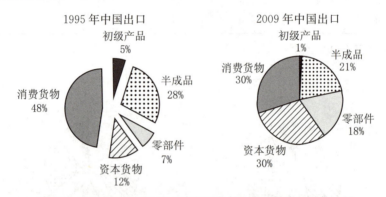

图 3.5　1995 年和 2009 年中国出口中各生产阶段产品所占比重

从进口贸易结构来看(见表 3.6、图 3.6),在 1995 年,中国进口主要集中在半成品(44.17%)、资本货物(25.88%)和零部件(14.49%)方面,而初级产品和消费货物分别占 9.81% 和 5.66%。到 2009 年时,进口主要集中在半成品(27.50%)、零部件(27.29%)和初级产品(23.13%)和资本货物(16.83%)方面。在 1995—2009 年的样本期间内,最大的变化趋势表现在:

(1) 进入 21 世纪以来,特别是中国加入 WTO 以来,一方面,中国经济继续保持快速增长,对铁矿砂、石油等大宗原材料需求急剧增加;另一方面铁矿砂、石油等大宗产品国际市场价格大幅度提升,导致中国在初级产品方面的进口所占比重出现大幅度的上升。

(2) 随着中国经济的发展,国内企业的配套能力加强,半成品和资本货物的生产能力也有所加强,所以半成品和资本货物进口所占的比重出现较大幅度的下降,但零部件进口出现上升,且保持了大量的贸易逆差,说明中国在零部件方面仍然没有优势,国内企业生产对进口零部件的依赖性仍然较强。

(3) 中国消费货物的进口主要是起一个补充作用,进口比例一直稳定在 5% 左右,中国消费货物的自给能力非常强。

表 3.6　1995—2009 年中国进口各生产阶段产品所占比重(%)

	1995—1998	1999—2001	2002—2004	2005—2007	2008	2009
初级产品	8.99	11.85	12.99	18.48	25.72	23.13
半成品	45.23	40.05	33.03	28.44	26.45	27.50
零部件	18.26	24.57	28.35	29.89	26.15	27.29
资本货物	22.52	19.12	21.31	18.91	16.98	16.83
消费货物	5.00	4.42	4.32	4.29	4.69	5.25
中间产品	63.49	64.62	61.38	58.33	52.61	54.79
最终产品	27.52	23.53	25.63	23.20	21.67	22.07

资料来源:同表 3.2。

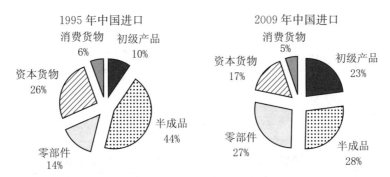

图 3.6　1995 年和 2009 年中国进口中各生产阶段产品所占比重

为了进一步论证中国各生产阶段产品的比较优势变化,本节选择 Lafay (1994)提出的比较优势指标,该指标能够控制由于宏观经济波动所导致的扭曲。计算公式如下:

$$LFI_i^a = 100 \left[\frac{X_i^a - M_i^a}{X_i^a + M_i^a} - \frac{\sum\limits_{a=1}(X_i^a - M_i^a)}{\sum\limits_{a=1}(X_i^a + M_i^a)} \right] \frac{X_i^a + M_i^a}{\sum\limits_{a=1}(X_i^a + M_i^a)} \quad (3.1)$$

其中,LFI_i^a 表示国际专业化指标,X_i^a 表示 i 经济体 a 产品的出口额,M_i^a 表示 i 经

济体 a 产品的进口额，N 表示进出口产品种类。该指数用来衡量某产品对外贸易的比较优势，$LFI_i^a > 0$ 表示 i 经济体在 a 产品方面具有比较优势，该值越大表示 i 经济体在 a 产品方面的专业化程度越高，比较优势越大；$LFI_i^a < 0$ 表示 i 经济体在 a 产品方面具有比较弱势，该值越小表示 i 经济体在 a 产品方面的专业化程度越低，比较弱势越明显。

从计算出的 1995—2009 年各生产阶段产品的国际专业化指标来看（见图 3.7），在样本期间内，中国在消费货物出口方面保持较强的比较优势，但这种优势一直在减弱，资本货物的国际专业化指标由 1995 年的 −6.93 上升至 2003 年的 0.83，2009 年高达 6.53，即由明显的比较弱势转变为明显的比较优势。初级产品、半成品以及零部件的国际专业化指标均为负值，存在比较弱势。初级产品的比较弱势呈扩大趋势，半成品和零部件的比较弱势则在减小，中国在半成品和零部件方面的专业化程度逐渐上升。

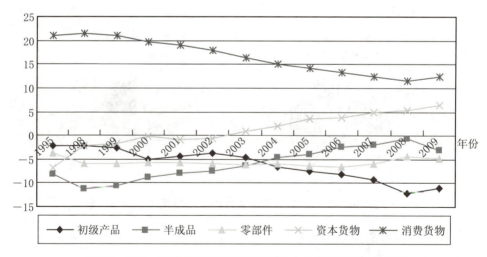

图 3.7　1995—2009 年五类产品的国际专业化指标及其变化趋势

中国在最终产品生产方面的专业化程度高于中间产品的比较优势，且在中间产品方面存在较大的逆差，而消费货物方面处于顺差。在最终产品方面，资本货物逐渐取得优势而消费货物的比较优势则减弱。

中国进口中间产品的总额在不断地扩大，占总进口的比重却存在一定的下降，出口中间产品的比重在上升，表明中国在不断地进口中间产品，然后进行加工出口的过程中,实现了产业的升级,提升了国内企业的配套能力。

3.3　中国与东亚其他经济体各生产阶段产品的产品内贸易结构变迁

3.3.1　总体贸易结构的变迁

20 世纪 90 年代中期以来,中国与东亚其他经济体之间的中间产品贸易大幅度增长。1995—2009 年,中国与东亚其他经济体的中间产品贸易额从 1995 年的 499.83 亿美元增长至 2009 年的 3 518.5 亿美元,增长 7.04 倍,年均增长 14.95%,其中出口从 164.02 亿美元增长至 1 153.47 亿美元,年均增长 14.94%,进口从 335.81 亿美元增长到 2 365.05 亿美元,年均增长 14.95%,中国与东亚其他经济体之间产品内贸易获得快速发展。表 3.7—表 3.8 中的数据显示,中国与东亚其他经济体的半成品和零部件的进出口增长速度明显高于消费货物的进出口增长速度。在中国加入 WTO 的前三年(2002—2004 年),中国从东亚进口半成品和零部件平均增长率也分别达到32.35%和33.76%,中国加入 WTO 促进了中国进一步融入东亚区域生产网络,深化了中国与东亚其他经济体之间的分工。受 2008 年全球金融危机爆发的影响,2008—2009 年,中国对东亚其他经济体半成品和零部件的进出口大幅度减少,降幅均高于中国对东亚其他经济体总体进出口的降幅,表明 2008 年全球金融危机的爆发导致东亚经济体需求减少,特别是中间产品的需求减少幅度更大。

表 3.7　1995—2009 年中国对东亚其他经济体出口各生产阶段产品的增长率(%)

	1995—1998	1999—2001	2002—2004	2005—2007	2008	2009
初级产品	−2.95	12.96	7.01	11.82	19.58	−36.82
半成品	−6.66	15.55	32.35	27.79	25.34	−31.26
零部件	28.50	26.30	33.76	23.03	17.26	−18.65
资本货物	14.28	22.59	37.92	23.37	29.32	−3.57
消费货物	0.73	16.33	12.03	11.68	8.97	−0.13
对东亚总出口	1.36	17.89	23.96	20.56	20.20	−15.78

资料来源:同表 3.2。

表 3.8　1995—2009 年中国从东亚其他经济体进口各生产阶段产品的增长率(%)

	1995—1998	1999—2001	2002—2004	2005—2007	2008	2009
初级产品	−6.87	38.11	31.28	28.40	18.38	−3.94
半 成 品	7.57	10.37	23.80	14.06	16.51	−13.09
零 部 件	17.48	25.35	42.00	20.16	1.37	−9.83
资 本 货 物	−8.01	25.06	50.16	10.49	11.70	−11.85
消 费 货 物	−5.88	10.02	32.17	23.49	16.63	−0.17
从东亚总进口	4.79	17.43	35.18	16.41	9.67	−10.61

资料来源:同表 3.2。

　　表 3.9 显示,中国与东亚其他经济体各生产阶段产品的进出口贸易严重不平衡。在半成品、零部件和资本货物方面一直保持逆差,初级产品从 2004 年开始出现逆差(19 亿美元),至 2009 年初级产品、半成品、零部件和资本货物方面的逆差分别达 127.72 亿美元、458.66 亿美元、752.92 亿美元和 29.59 亿美元。从 20 世纪 90 年代中期开始,中国相对东亚其他经济体在消费货物方面一直保持较大的顺差。在中国加入 WTO 后,东亚其他经济体在零部件和半成品方面的逆差大幅度地上升。在两类最终产品方面,在样本期间内,资本货物方面经历了逆差扩大到减小的过程,而消费货物顺差一直在扩大,最终产品方面,中国与东亚其他经济体的贸易结构和中国与世界其他经济体的贸易结构存在较大的差距。

表 3.9　1995—2009 年中国对东亚其他经济体各生产阶段产品的贸易差额(亿美元)

	1995—1998	1999—2001	2002—2004	2005—2007	2008	2009
初级产品	23.49	15.93	1.47	−45.74	−99.67	−127.72
半 成 品	−150.31	−231.56	−318.46	−353.50	−327.57	−458.66
零 部 件	−73.27	−141.90	−368.15	−745.68	−775.40	−752.92
资 本 货 物	−41.90	−41.48	−167.71	−172.01	−95.21	−29.59
消 费 货 物	173.95	249.84	327.24	435.37	510.71	510.13

资料来源:同表 3.2。

　　从中国对东亚其他经济体的进出口结构来看(表 3.10 和表 3.11,图 3.8 和图 3.9),中国从东亚其他经济体进口的主要是中间产品,其占中国从东亚其他经济体进口产品的比重保持在 69% 以上,中国往东亚其他经济体出口的主要为最终产品,在样本期间内保持在 44% 以上,但出口到东亚其他经济体的零部件比重在样本期间内基本上一直在上升。中国从东亚其他经济体进口的零部件比重有大幅度上升,半成品比重则大幅度下降,表明中国的半成品国内供应体系正在完善。

表 3.10　1995—2009 年中国对东亚其他经济体出口各生产阶段产品所占的比重(%)

	1995—1998	1999—2001	2002—2004	2005—2007	2008	2009
初级产品	8.95	7.18	5.46	3.78	3.25	2.44
半成品	26.21	22.21	23.67	29.32	31.95	26.08
零部件	9.9	14.81	18.68	20.52	20.33	19.64
资本货物	10.65	12.92	17.77	20.09	21.89	25.06
消费货物	44.29	42.89	34.42	26.3	22.59	26.79
中间产品	36.11	37.02	42.35	49.84	52.28	45.72
最终产品	54.94	55.81	52.19	46.39	44.48	51.85

资料来源:同表 3.2。

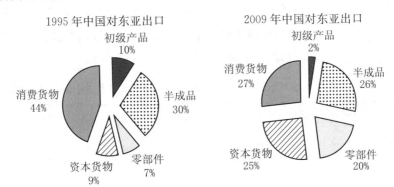

图 3.8　1995 年和 2009 年中国对东亚其他经济体出口各生产阶段产品所占的比重

表 3.11　1995—2009 年中国从东亚其他经济体进口各生产阶段产品所占的比重(%)

	1995—1998	1999—2001	2002—2004	2005—2007	2008	2009
初级产品	3.29	3.86	3.64	4.2	5.21	5.59
半成品	51.54	46.89	35.42	32.52	33.96	33.02
零部件	22.62	29.71	35.03	39.55	36.6	36.91
资本货物	17.28	15.68	22.27	19.92	19.85	19.57
消费货物	5.27	3.86	3.64	3.81	4.39	4.9
中间产品	74.16	76.6	70.45	72.07	70.56	69.93
最终产品	22.55	19.54	25.91	23.73	24.24	24.47

资料来源:同表 3.2。

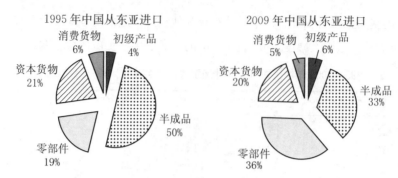

图 3.9 1995 年和 2009 年中国从东亚其他经济体进口各生产阶段产品所占的比重

从中国从东亚其他经济体进出口各生产阶段产品占中国从世界进出口的比重来看（表 3.12 和表 3.13），中国从东亚其他经济体进口的比重明显高于中国对东亚其他经济体出口的比重。中国从东亚其他经济体进口的中间产品占中国中间产品总进口的 43% 以上，大大高于中国从东亚其他经济体进口占中国总进口的比重。从而形成了中国中间品进口市场主要在东亚，而出口至东亚的产品占中国出口总额的比例较低，即中国进口严重依赖东亚地区。

表 3.12　1995—2009 年中国对东亚其他经济体出口各生产阶段产品占中国总出口的比重（%）

	1995—1998	1999—2001	2002—2004	2005—2007	2008	2009
初级产品	55.16	57.43	57.49	54.61	52.81	50.24
半 成 品	28.53	27.83	27.75	27.01	26.41	25.87
零 部 件	31.46	31.71	28.70	25.25	24.43	23.43
资本货物	21.38	20.64	18.95	15.67	16.43	17.58
消费货物	25.32	26.94	23.34	18.06	16.95	18.71
中间产品	29.27	29.26	28.16	26.26	25.60	24.76
最终产品	24.44	25.16	21.63	16.94	16.69	18.15
对东亚出口	27.45	27.72	24.93	21.25	20.97	21.04

资料来源：同表 3.2。

表 3.13　1995—2009 年中国从东亚其他经济体进口各生产阶段产品占中国总进口的比重（%）

	1995—1998	1999—2001	2002—2004	2005—2007	2008	2009
初级产品	14.15	12.50	10.96	8.42	6.79	8.16
半 成 品	44.04	44.88	42.00	42.41	43.05	40.51
零 部 件	47.89	46.37	48.40	49.06	46.93	45.65

	1995—1998	1999—2001	2002—2004	2005—2007	2008	2009
资本货物	29.64	31.45	40.93	39.05	39.20	39.25
消费货物	40.72	33.47	33.03	32.98	31.43	31.53
中间产品	45.15	45.45	44.96	45.82	44.98	43.07
最终产品	31.65	31.83	39.60	37.93	37.52	37.42
从东亚进口	38.65	38.34	39.17	37.08	33.54	33.75

　　资料来源:同表 3.2。

　　总体而言,目前,中国形成了从东亚经济体进口大量的零部件和半成品等中间产品,在中国进行加工,出口以欧美市场为主的格局,中国作为全球的加工中心,形成了"东亚经济体—中国—欧盟国家"的"三角贸易"关系。

3.3.2　按 BEC 标准分类的产品内贸易结构变迁

　　本小节从国别角度来研究中国与东亚其他经济体的产品内贸易结构变迁。表3.14—表3.18 显示,中日中间产品贸易增长迅速。1995—2008 年,中国对日本中间产品的出口从 72.65 亿美元增至 334.34 亿美元,平均年增长率达 15.6%,中间产品的进口从 188.25 亿美元增长至 919.91 亿美元,年均增长率达 14.07%,高于中日双边贸易增长率,说明中日两国的产品内贸易份额在增加。中国对日本出口以最终产品为主,约占中国对日本出口总额的 60% 左右,而中国从日本的进口以中间产品为主,约占总进口额的 70%。中国对日本的中间产品贸易逆差由 1995—1998年的约 121.48 亿美元,增长至 2009 年的 585.27 亿美元,而最终产品方面的顺差只从约 103 亿美元增长至 261.09 亿美元,中国从日本进口的中间产品加工后只有很少一部分返销至日本。

　　再从中国对日本各生产阶段产品的进出口占中国对东亚其他经济体总体进出口的比重来看(见表 3.19 和表 3.20),中国对日本中间产品的进出口占中国对东亚其他经济体进出口的比重均出现下降,分别由 1995—1998 年间的 51.18% 和46.88% 下降至 2009 年的 38.90% 和 29.01%。

表 3.14　1995—2009 年中国对日本出口各生产阶段产品的增长率（%）

	1995—1998	1999—2001	2002—2004	2005—2007	2008	2009
初级产品	−7.88	8.36	3.33	−1.70	67.25	−48.33
半成品	−3.36	11.87	27.69	16.63	18.86	−34.31
零部件	27.97	20.43	26.60	18.94	15.92	−24.66
资本货物	10.33	21.32	38.97	12.95	9.39	−11.86
消费货物	0.73	15.06	8.75	6.66	8.39	0.83
对东亚总出口	1.45	15.20	17.91	11.46	13.77	−16.14

资料来源：同表 3.2。

表 3.15　1995—2009 年中国从日本进口各生产阶段产品的增长率（%）

	1995—1998	1999—2001	2002—2004	2005—2007	2008	2009
初级产品	9.85	43.63	26.14	23.28	24.49	5.53
半成品	1.84	9.54	24.25	14.84	16.08	−15.01
零部件	6.40	19.31	32.05	12.66	6.87	−8.55
资本货物	−9.90	19.95	37.22	7.18	11.47	−21.43
消费货物	−5.43	7.47	32.04	20.56	26.74	−3.81
从东亚总进口	−0.65	15.14	30.24	12.48	12.46	−13.08

资料来源：同表 3.2。

表 3.16　1995—2009 年中国对日本出口各生产阶段产品所占的比重（%）

	1995—1998	1999—2001	2002—2004	2005—2007	2008	2009
初级产品	8.60	5.79	4.43	3.13	3.80	2.34
半成品	18.18	15.81	17.20	21.01	22.84	17.89
零部件	8.34	11.58	14.48	17.01	18.63	16.74
资本货物	8.76	10.54	17.43	19.27	18.35	19.29
消费货物	56.12	56.29	46.47	39.57	36.37	43.74
中间产品	26.52	27.38	31.68	38.02	41.47	34.63
最终产品	64.88	66.83	63.90	58.85	54.73	63.03

资料来源：同表 3.2。

表 3.17　1995—2009 年中国从日本进口各生产阶段产品所占的比重(％)

	1995—1998	1999—2001	2002—2004	2005—2007	2008	2009
初级产品	0.88	1.50	1.66	2.13	2.50	3.03
半成品	41.20	38.86	32.24	33.82	35.11	34.33
零部件	28.31	33.90	35.75	36.30	34.24	36.02
资本货物	24.07	21.30	25.81	23.13	22.38	20.23
消费货物	5.54	4.45	4.55	4.62	5.77	6.38
中间产品	69.51	72.75	67.99	70.12	69.35	70.35
最终产品	29.61	25.75	30.35	27.75	28.15	26.61

资料来源:同表 3.2。

表 3.18　1995—2009 年中国对日本各生产阶段产品的贸易差额(亿美元)

	1995—1998	1999—2001	2002—2004	2005—2007	2008	2009
初级产品	22.44	17.05	14.44	4.04	6.23	−17.04
半成品	−64.86	−90.21	−134.57	−200.82	−264.98	−276.00
零部件	−56.62	−87.48	−176.92	−266.35	−300.38	−309.27
资本货物	−43.29	−42.02	−85.64	−92.19	−125.23	−78.15
消费货物	147.12	205.63	246.64	309.99	332.44	339.24
中间产品	−121.48	−177.69	−311.49	−467.17	−565.36	−585.27
最终产品	103.83	163.61	161.00	217.80	207.21	261.09
从日本进口	4.79	2.96	−136.05	−245.33	−351.92	−341.22

资料来源:同表 3.2。

表 3.19　中国对日本出口各生产阶段产品占中国对东亚其他经济体出口的比重(％)

	1995—1998	1999—2001	2002—2004	2005—2007	2008	2009
初级产品	61.32	48.81	43.44	36.59	45.06	36.85
半成品	44.27	43.09	38.94	31.58	27.50	26.28
零部件	53.77	47.32	41.54	36.55	35.24	32.64
资本货物	52.52	49.38	52.55	42.30	32.25	29.48
消费货物	80.86	79.45	72.35	66.34	61.93	62.53
中间产品	46.88	44.79	40.09	33.63	30.51	29.01
最终产品	75.37	72.49	65.61	55.92	47.33	46.56
对日本出口	63.82	60.54	53.59	44.08	38.46	38.30

资料来源:同表 3.2。

表 3.20　中国从日本进口各生产阶段产品占中国从东亚其他经济体进口的比重(％)

	1995—1998	1999—2001	2002—2004	2005—2007	2008	2009
初级产品	14.68	18.98	20.43	19.90	19.09	20.98
半成品	43.65	40.55	40.75	40.82	41.12	40.20
零部件	68.33	55.83	45.69	36.02	37.20	37.73
资本货物	76.08	66.47	51.87	45.58	44.84	39.97
消费货物	57.42	56.48	55.91	47.60	52.21	50.31
中间产品	51.18	46.48	43.20	38.19	39.09	38.90
最终产品	71.72	64.50	52.44	45.91	46.18	42.04
从日本进口	54.61	48.94	44.77	39.25	39.76	38.66

资料来源:同表 3.2。

　　根据表 3.21—表 3.27,1995—2008 年间,中国对韩国进出口的中间产品贸易额分别从 84.32 亿美元和 41.15 亿美元增至 861.48 亿美元和 471.31 亿美元,年均增长分别达 19.6％和 20.6％。中国从韩国进口增长最快的是零部件,在中国加入 WTO 的头三年(2002—2004)平均增长率达 59.26％。虽然中国对韩国出口中间产品的增长率超过进口增长率,但在中间产品贸易方面存在很大的逆差,2009 年逆差达 482.26 亿美元。中国对韩国出口主要以中间产品为主,且总体呈上升趋势,至 2008 年达 64.03％,但向韩国出口的初级产品所占比重却大幅度降低。中国从韩国进口的中间产品占中国从韩国进口的比重一直在 73％以上,表明中韩两国之间产业内贸易大幅度增长,已成为两国的主要贸易模式,两国产品内分工正在深化。

　　在中国加入 WTO 后,中国从韩国进口的中间产品占中国从东亚其他经济体进口中间产品的比重一直保持在 32％左右,而中国对韩国出口的中间产品占中国对东亚其他经济体出口中间产品的比重从 20 世纪 90 年代中期约 22％上升至 2008 年的 30.09％。在中韩两国产品内分工中,韩国扮演的是中间产品的生产国角色,而中国扮演了装配国角色,中韩两国之间呈现产品内垂直分工特征。

表 3.21　1995—2009 年中国对韩国出口各生产阶段产品的增长率(%)

	1995—1998	1999—2001	2002—2004	2005—2007	2008	2009
初级产品	13.13	15.64	12.73	22.12	1.60	−29.92
半成品	−11.93	19.92	32.93	34.89	37.35	−47.47
零部件	26.48	33.16	48.28	33.69	28.11	−17.35
资本货物	64.17	37.04	37.99	17.84	63.14	2.27
消费货物	−5.25	40.26	22.59	15.54	2.38	−20.75
对韩国出口	−2.06	26.79	30.55	26.54	30.87	−27.73

资料来源:同表 3.2。

表 3.22　1995—2009 年中国从韩国进口各生产阶段产品的增长率(%)

	1995—1998	1999—2001	2002—2004	2005—2007	2008	2009
初级产品	−14.95	36.81	58.28	40.86	4.09	−6.86
半成品	17.34	10.48	20.61	14.86	16.36	−14.93
零部件	36.13	35.07	59.26	27.67	2.17	−4.13
资本货物	−4.85	38.83	79.33	12.05	4.55	−4.66
消费货物	0.08	9.38	31.17	22.34	8.34	−11.27
从韩国进口	15.39	16.71	39.10	18.62	8.10	−8.76

资料来源:同表 3.2。

表 3.23　1995—2009 年中国对韩国出口各生产阶段产品所占的比重(%)

	1995—1998	1999—2001	2002—2004	2005—2007	2008	2009
初级产品	15.71	13.89	10.50	7.40	5.05	4.90
半成品	47.40	35.31	32.10	39.21	42.54	30.92
零部件	8.42	12.92	16.60	20.51	21.50	24.59
资本货物	7.99	13.91	16.18	15.00	17.88	25.31
消费货物	20.49	23.97	24.63	17.89	13.03	14.29
中间产品	55.82	48.24	48.70	59.72	64.03	55.50
最终产品	28.48	37.87	40.80	32.88	30.92	39.60

资料来源:同表 3.2。

表 3.24　1995—2009 年中国从韩国进口各生产阶段产品所占的比重(%)

	1995—1998	1999—2001	2002—2004	2005—2007	2008	2009
初级产品	0.43	0.31	0.39	0.54	0.67	0.68
半成品	73.89	66.50	43.97	38.07	40.04	37.33
零部件	12.43	20.61	29.15	38.78	36.89	38.76
资本货物	9.47	9.84	24.07	20.25	19.90	20.80
消费货物	3.78	2.74	2.42	2.37	2.50	2.43
中间产品	86.32	87.12	73.12	76.84	76.93	76.09
最终产品	13.25	12.57	26.49	22.62	22.40	23.22

资料来源：同表 3.2。

表 3.25　1995—2009 年中国对韩国各生产阶段产品的贸易差额(亿美元)

	1995—1998	1999—2001	2002—2004	2005—2007	2008	2009
初级产品	9.60	13.97	20.46	28.66	29.68	19.07
半成品	−62.82	−104.20	−128.13	−165.21	−135.29	−216.99
零部件	−10.28	−30.22	−94.83	−256.14	−254.87	−265.27
资本货物	−6.81	−6.27	−73.09	−114.43	−91.26	−77.88
消费货物	8.44	19.43	41.24	59.59	67.99	51.24
中间产品	−73.10	−134.42	−222.96	−421.35	−390.17	−482.26
最终产品	1.63	13.16	−31.84	−54.84	−23.27	−26.64
从韩国进口	−61.87	−107.28	−234.34	−447.53	−383.75	−489.83

资料来源：同表 3.2。

表 3.26　1995—2009 年中国对韩国出口各生产阶段产品占中国对东亚其他经济体出口的比重(%)

	1995—1998	1999—2001	2002—2004	2005—2007	2008	2009
初级产品	24.90	31.13	36.08	42.52	38.22	42.40
半成品	25.66	25.58	25.45	29.00	32.71	25.00
零部件	12.07	14.04	16.68	21.68	25.98	26.39
资本货物	10.64	17.31	17.08	16.19	20.07	21.29
消费货物	6.56	8.99	13.43	14.75	14.17	11.25
中间产品	21.93	20.96	21.58	25.98	30.09	25.60
最终产品	7.35	10.92	14.67	15.37	17.08	16.10
对韩国出口	14.19	16.09	18.77	21.69	24.57	21.08

资料来源：同表 3.2。

表 3.27　1995—2009 年中国从韩国进口各生产阶段产品占中国从东亚其他经济体进口的比重（%）

	1995—1998	1999—2001	2002—2004	2005—2007	2008	2009
初级产品	3.14	2.13	2.86	3.87	3.81	3.69
半成品	34.65	37.51	33.50	35.50	34.90	34.16
零部件	13.29	18.35	22.46	29.73	29.84	31.72
资本货物	13.25	16.59	29.17	30.84	29.68	32.10
消费货物	17.36	18.76	17.92	18.83	16.82	14.95
中间产品	28.14	30.08	28.01	32.33	32.27	32.87
最终产品	14.21	17.02	27.59	28.91	27.35	28.67
从韩国进口	24.17	26.45	26.99	30.33	29.60	30.21

资料来源：同表 3.2。

自 20 世纪 90 年代中期起，中新两国的中间产品贸易快速增长，中国对新加坡出口中间产品年均增长率达 19.4%，进口中间产品年均增长率达 14.7%，至 2008 年中间产品进出口额分别达到 149.78 亿美元和 154.93 亿美元，两国的中间产品贸易基本保持平衡。中国对新加坡中间产品的进出口比重与另一"亚洲四小龙"之一韩国类似，从 1995 年开始中间产品进口比重就保持在 70% 以上，出口比重大约为 50%，但近年来由于新加坡产业结构朝服务化发展，中国与新加坡的中间产品贸易所占比例有所下降。中国对新加坡出口占中国对东亚其他经济体出口的比重基本保持不变，而进口占比则呈下降趋势（见表 3.28—表 3.34）。

表 3.28　1995—2009 年中国对新加坡出口各生产阶段产品的增长率（%）

	1995—1998	1999—2001	2002—2004	2005—2007	2008	2009
初级产品	−13.49	11.63	−6.11	203.29	−37.23	−10.73
半成品	−2.65	15.42	18.87	38.61	10.01	−15.03
零部件	36.24	24.83	36.65	20.52	5.25	−16.26
资本货物	11.58	9.35	42.82	41.38	23.83	5.48
消费货物	−4.85	7.79	23.66	37.90	−15.27	−9.99
对新加坡出口	4.25	14.20	30.22	33.09	7.98	−6.99

资料来源：同表 3.2。

表 3.29 1995—2009 年中国从新加坡进口各生产阶段产品的增长率（%）

	1995—1998	1999—2001	2002—2004	2005—2007	2008	2009
初级产品	−22.41	24.03	182.41	−10.57	95.72	−39.68
半成品	−0.60	7.70	36.57	4.56	39.39	−20.50
零部件	49.25	−0.50	45.32	9.50	−3.18	−8.48
资本货物	−6.20	25.88	35.94	3.31	10.41	1.92
消费货物	30.48	−6.55	70.41	44.26	−2.33	−2.05
从新加坡进口	8.90	6.99	40.28	7.97	14.82	−11.59

资料来源：同表 3.2。

表 3.30 1995—2009 年中国对新加坡出口各生产阶段产品所占的比重（%）

	1995—1998	1999—2001	2002—2004	2005—2007	2008	2009
初级产品	3.57	1.27	0.69	1.50	1.01	0.97
半成品	27.75	25.44	20.85	21.76	22.36	20.42
零部件	19.46	30.18	33.72	30.79	25.70	23.13
资本货物	22.35	22.43	25.06	30.69	37.18	42.16
消费货物	26.88	20.67	19.68	15.25	13.75	13.31
中间产品	47.20	55.62	54.58	52.56	48.06	43.56
最终产品	49.23	43.11	44.74	45.94	50.93	55.47

资料来源：同表 3.2。

表 3.31 1995—2009 年中国从新加坡进口各生产阶段产品所占的比重（%）

	1995—1998	1999—2001	2002—2004	2005—2007	2008	2009
初级产品	0.69	0.30	0.56	0.19	0.26	0.18
半成品	47.54	42.01	40.60	36.74	44.01	39.58
零部件	31.51	33.81	34.14	37.79	30.82	31.91
资本货物	17.28	20.95	20.87	17.80	16.50	19.02
消费货物	2.99	2.93	3.84	7.48	8.41	9.31
中间产品	79.05	75.82	74.73	74.53	74.83	71.49
最终产品	20.27	23.88	24.70	25.28	24.91	28.34

资料来源：同表 3.2。

表 3.32　1995—2009 年中国对新加坡各生产阶段产品的贸易差额(亿美元)

	1995—1998	1999—2001	2002—2004	2005—2007	2008	2009
初级产品	1.07	0.54	0.06	3.16	2.75	2.60
半 成 品	−7.69	−6.08	−22.71	−12.71	−16.01	−8.79
零 部 件	−4.70	0.29	−3.69	6.39	21.16	12.91
资本货物	1.76	2.18	1.97	40.44	86.84	92.78
消费货物	8.86	9.67	14.69	22.43	27.50	23.42
中间产品	−12.40	−5.79	−26.40	−6.32	5.15	4.12
最终产品	10.63	11.85	16.66	62.87	114.35	116.20
从新加坡进口	−0.71	6.60	−9.68	59.71	122.24	122.92

资料来源:同表 3.2。

表 3.33　1995—2009 年中国对新加坡出口各生产阶段产品占中国对东亚其他经济体出口的比重(%)

	1995—1998	1999—2001	2002—2004	2005—2007	2008	2009
初级产品	3.26	1.44	1.06	4.41	3.36	4.75
半 成 品	8.65	9.35	7.44	8.23	7.53	9.31
零 部 件	16.06	16.63	15.26	16.64	13.60	14.00
资本货物	17.15	14.17	11.91	16.94	18.28	20.00
消费货物	4.96	3.93	4.83	6.43	6.55	5.90
中间产品	10.68	12.26	10.89	11.69	9.89	11.32
最终产品	7.32	6.30	7.24	10.98	12.32	12.71
对新加坡出口	8.17	8.16	8.45	11.09	10.76	11.88

资料来源:同表 3.2。

表 3.34　1995—2009 年中国从新加坡进口各生产阶段产品占中国从东亚其他经济体进口的比重(%)

	1995—1998	1999—2001	2002—2004	2005—2007	2008	2009
初级产品	1.52	0.44	0.98	0.26	0.26	0.17
半 成 品	6.68	5.22	7.27	6.53	6.86	6.27
零 部 件	10.09	6.63	6.18	5.52	4.46	4.52
资本货物	7.25	7.78	5.94	5.17	4.40	5.09
消费货物	4.11	4.43	6.69	11.35	10.13	9.94
中间产品	7.72	5.77	6.73	5.98	5.61	5.35
最终产品	6.51	7.12	6.05	6.16	5.44	6.06
从新加坡进口	7.25	5.82	6.35	5.78	5.29	5.23

资料来源:同表 3.2。

1995—2008 年间，中国对东盟五国的中间产品出口从 34.79 亿美元增长至 462.07 亿美元，年均增长率达 22.01%，进口从 38.19 亿美元增长到 614.44 亿美元，平均增长率达 23.8%。中间产品双边进出口都实现快速增长，中国从东盟五国进口中间产品达 60% 以上，出口也达到 50% 以上。中国对东盟五国的中间产品贸易逆差一直在扩大，逆差额从 1995—1998 年年均约 16.6 亿美元增长至 2008 年达 152.59 亿美元，占中国从东亚其他经济体进口中间产品的比重相应由 12.97% 上升至 23.03%，占中国对东亚其他经济体出口中间产品的比重相应由 20.51% 上升至 29.50%。中国—东盟自由贸易区建设的稳步推进为双方产品内贸易发展提供了重要的舞台。（见表 3.35—表 3.41）

表 3.35　1995—2009 年中国对东盟五国出口各生产阶段产品的增长率（%）

	1995—1998	1999—2001	2002—2004	2005—2007	2008	2009
初级产品	2.09	32.47	10.26	10.13	−2.61	−24.30
半成品	−7.69	19.19	44.28	32.03	24.13	−16.00
零部件	25.25	39.27	36.91	22.81	16.16	−12.84
资本货物	11.24	26.73	35.50	38.72	41.48	−4.08
消费货物	12.04	13.85	23.17	25.55	32.89	17.02
对东盟五国出口	3.06	23.04	34.45	29.32	26.92	−7.66

资料来源：同表 3.2。

表 3.36　1995—2009 年中国从东盟五国进口各生产阶段产品的增长率（%）

	1995—1998	1999—2001	2002—2004	2005—2007	2008	2009
初级产品	−8.44	39.14	31.88	29.47	17.59	−6.03
半成品	9.83	13.81	26.28	15.02	10.52	−1.73
零部件	157.81	58.38	47.72	26.98	−5.08	−17.66
资本货物	45.11	51.21	77.11	21.33	24.56	−4.48
消费货物	−14.53	23.81	29.74	23.78	11.72	18.82
从东盟五国进口	10.22	30.72	39.99	23.06	6.36	−8.68

资料来源：同表 3.2。

表 3.37　1995—2009 年中国对东盟五国出口各生产阶段产品所占的比重(%)

	1995—1998	1999—2001	2002—2004	2005—2007	2008	2009
初级产品	6.81	8.78	5.53	2.69	1.65	1.36
半成品	40.64	32.07	34.72	39.51	39.32	35.77
零部件	12.97	21.42	25.81	22.28	19.53	18.43
资本货物	15.17	16.25	17.10	21.33	24.55	25.50
消费货物	24.41	21.48	16.84	14.18	14.95	18.95
中间产品	53.61	53.49	60.53	61.80	58.85	54.20
最终产品	39.57	37.73	33.94	35.52	39.50	44.44

资料来源:同表 3.2。

表 3.38　1995—2009 年中国从东盟五国进口各生产阶段产品所占的比重(%)

	1995—1998	1999—2001	2002—2004	2005—2007	2008	2009
初级产品	19.00	16.13	12.57	12.94	15.78	16.24
半成品	55.38	41.71	29.88	22.64	22.95	24.69
零部件	13.43	30.34	41.06	46.11	41.16	37.11
资本货物	4.23	7.65	13.24	14.88	16.51	17.27
消费货物	7.96	4.17	3.24	3.44	3.61	4.70
中间产品	68.81	72.05	70.95	68.75	64.10	61.80
最终产品	12.19	11.82	16.48	18.32	20.12	21.96

资料来源:同表 3.2。

表 3.39　1995—2009 年中国对东盟五国各生产阶段产品的贸易差额(亿美元)

	1995—1998	1999—2001	2002—2004	2005—2007	2008	2009
初级产品	−9.61	−15.63	−33.50	−81.60	−138.32	−132.36
半成品	−14.94	−31.06	−33.04	25.24	88.72	43.12
零部件	−1.66	−24.50	−92.71	−229.57	−241.31	−191.29
资本货物	6.44	4.64	−10.95	−5.82	34.43	33.66
消费货物	9.52	15.10	24.66	43.35	82.77	96.24
中间产品	−16.60	−55.56	−125.76	−204.33	−152.59	−148.17
最终产品	15.96	19.74	13.70	37.52	117.20	129.90
从东盟五国进口	−10.24	−51.45	−145.55	−248.41	−173.71	−150.63

资料来源:同表 3.2。

表 3.40　1995—2009 年中国对东盟五国出口各生产阶段产品
占中国对东亚其他经济体出口的比重(%)

	1995—1998	1999—2001	2002—2004	2005—2007	2008	2009
初级产品	10.52	18.61	19.43	16.48	13.36	16.00
半成品	21.42	21.98	28.16	31.19	32.26	39.41
零部件	18.10	22.01	26.52	25.13	25.18	26.97
资本货物	19.68	19.14	18.46	24.58	29.39	29.24
消费货物	7.61	7.62	9.39	12.48	17.34	20.32
中间产品	20.51	21.99	27.43	28.70	29.50	34.07
最终产品	9.95	10.29	12.48	17.72	23.27	24.63
对东盟五国出口	13.81	15.22	19.19	23.14	26.21	28.73

资料来源：同表 3.2。

表 3.41　1995—2009 年中国从东盟五国进口各生产阶段产品
占中国从东亚其他经济体进口的比重(%)

	1995—1998	1999—2001	2002—2004	2005—2007	2008	2009
初级产品	80.66	78.45	75.72	75.97	76.84	75.17
半成品	15.02	16.72	18.47	17.15	17.13	19.36
零部件	8.29	19.19	25.67	28.73	28.50	26.03
资本货物	3.42	9.16	13.02	18.41	21.08	22.84
消费货物	21.12	20.33	19.48	22.21	20.84	24.80
中间产品	12.97	17.68	22.05	23.50	23.03	22.88
最终产品	7.56	11.37	13.93	19.02	21.04	23.24
从东盟五国进口	13.98	18.79	21.90	24.64	25.35	25.89

资料来源：同表 3.2。

3.4　中国出口的垂直专业化水平及东亚中间产品的贡献率

　　上一节按各产品的生产阶段分类，对中国的产品内贸易以及中国与东亚其他经济体的产品内贸易结构变迁进行了分析，本节从更细化分类的角度考察中国产品内贸易的总体发展情况以及来自东亚中间产品的贡献率。本节应用投入产出表来计算 Hummles 等(2001)提出的垂直专业化指数，以测度中国出口的垂直专业化水平以及来自东亚中间产品的贡献率。

3.4.1　垂直专业化水平的测算方法

Hummles 等(2001)提出了测度垂直专门化水平的方法,具体公式如下:

$$VS_i = \left(\frac{M_i}{Y_i}\right) \cdot X_i = \left(\frac{X_i}{Y_i}\right) \cdot M_i \tag{3.2}$$

其中,X_i 为 i 部门总出口,Y_i 为 i 部门总产出,VS_i 为 i 部门出口中垂直专业化额,M_i 为 i 部门进口的中间产品,$M_i = \sum_{j=1}^{n} M_{ji}$,$M_{ji}$ 是 j 部门提供的 i 部门的中间产品进口额。结合北京大学中国经济研究中心课题组的计算指标(北京大学中国经济研究中心课题组,2005),一国出口的垂直专业化指数(Vertical Specialization Share,VSS)为:

$$VSS = \frac{VS}{X} = \frac{\sum_i VS_i}{X} = \frac{\sum_i (VS_i/X_i) \cdot X_i}{X} = \sum_i \left[\left(\frac{X_i}{X}\right)\left(\frac{VS_i}{X_i}\right)\right] \tag{3.3}$$

即出口的垂直专业化指数为 i 部门的垂直专业化指数 VS_i/X_i 按部门出口比重为权重的加权值。

把式(3.2)代入式(3.3)得到

$$VSS = \frac{VS}{X} = \frac{\sum_i VS_i}{X} = \frac{1}{X}\sum_{i=1}^{n}\frac{M_i}{Y_i} \cdot X_i = \frac{1}{X}\sum_{i=1}^{n}\frac{X_i}{Y_i} \cdot \sum_{j=1}^{n} M_{ji} = \frac{1}{X}\sum_{i=1}^{n}\sum_{j=1}^{n}\frac{X_i}{Y_i}M_{ji}$$

$$= \frac{1}{X}\sum_{j=1}^{n}\sum_{i=1}^{n}\frac{X_i}{Y_i}M_{ji} = \frac{1}{X}uA^M X^V \tag{3.4}$$

其中,$u=(1, 1, \cdots, 1)$,A^M 为进口的中间产品的进口依存系数矩阵,其元素 $a_{ij} = \frac{M_{ij}}{Y_j}$,$X^V$ 为出口向量。

考虑进口的中间产品的国内循环,则:

$$VSS = \frac{1}{X}uA^M(I - A^D)^{-1}X^V \tag{3.5}$$

假设同一种进口的中间产品同比例投入到所有的部门,并且中间产品中进口产品和国内产品的比例与最终产品中进口产品和国内产品的比例相等,这两个假设条件表明国内产品和进口产品无论在中间投入和最终消费方面都是可以相互替代的，因此，进口依存系数矩阵为：

$$A^M = diag(im_1, im_2, \cdots, im_n) \cdot A \qquad (3.6)$$

其中，IM 是一个 $n \times 1$ 的矩阵，元素 im_i 为第 i 个部门中的进口/（产出＋进口－出口），$diag(im_1, im_2, \cdots, im_n)$ 是以 IM 矩阵为对角元素的对角阵。

3.4.2 数据说明

本节中的进出口数据主要来自三个部分，即中国大陆对中国台湾 2001—2008 年的进出口数据来自中经数据库的 HS1996[①] 四位编码数据，中国与东盟六国、日本、韩国等的进出口数据来源于联合国商品贸易统计数据库（UN Comtrade）的 SITC（Rev.2）三位代码分类数据，在计算过程中也涉及 HS1996 四位编码、投入产出表分类与 SITC（Rev.2）三位代码分类的协调问题。因此，本节把三种数据统一到表 3.42 的 24 个部门中，其中 SITC（Rev.2）与投入产出表分类的对应参照了盛斌（2002）、SITC（Rev.3）与工业部门的分类。由于 2001—2008 年，只有 2002 年、2005 年和 2007 年编制了投入产出表或延长表，因此我们只能根据相应年份的投入产出表计算得到进口依存系数 A^M。本节中用 2002 年的 A^M 矩阵代替 2001—2003 年的，用 2005 年的 A^M 矩阵代替 2004—2005 年的，用 2007 年的 A^M 矩阵代替 2007—2008 年的。

表 3.42　产业列表

1	农业	9	皮革制品业	17	金属制品业
2	煤炭采选业	10	木制品业（除家具）	18	交通运输设备制造业
3	石油和天然气开采业	11	造纸和印刷出版业	19	电子及通信设备制造业
4	其他矿业开采业	12	石油加工及炼焦业	20	机电设备制造业
5	食品制造业	13	化学工业	21	其他制造业
6	烟草加工业	14	非金属矿物制品业	22	电力及蒸汽、热水生产和供应业
7	纺织业	15	钢铁产业	23	燃气生产和供应业
8	服装业	16	有色金属产业	24	自来水生产及供应业

---

① 　指 1996 年版的《商品名称及编码协调制度的国际公约》（简称协调制度，Harmonized System，缩写为 HS）。

3.4.3　中国出口的垂直专业化水平及来自东亚中间产品的贡献分析

表 3.43、表 3.44、表 3.45、表 3.46 给出了 2001—2008 年中国总出口和各产业出口的垂直专业化指数,结果表明:

第一,中国加入 WTO 后总出口的垂直专业化指数先迅速上升后趋于平稳。加入 WTO 以来,出口贸易中来自东亚其他经济体的中间产品的来料比例明显上升并在 2005 年达到最大值。从 2001—2005 年短短四年间,中国总出口的垂直专业化指数从 18.41% 上升至 2005 年的 26.6%,上升了 30.8%,而 1992—2003 年 12 年间中国总出口的垂直专业化指数上升了 50%(北京大学中国经济研究中心课题组,2005)。加入 WTO 后贸易壁垒的降低导致了大量的中间产品进入,使中国的产品内贸易获得空前发展。

第二,来自中国台湾的中间产品的贡献率下降趋势明显,来自东盟六国的中间产品的贡献率大幅度上升。加入 WTO 以来,中国出口的垂直专业化指数迅速提高,但来自贸易伙伴国的中间产品的贡献率变化较大。2001 年,来自中国台湾、韩国、日本和东盟六国①的中间产品的贡献率为 52.4%,其中来自日本的占 18.39%、来自中国台湾的占 13.98%、来自韩国的占 11.22%、来自东盟六国的占 8.82%。中国加入 WTO 的第二年(2002 年),来自东亚其他经济体中间产品的贡献率由 52.4% 上升至 57.10%,其中来自日本的占 18.30%,来自中国台湾的占 16.02%,来自韩国的占 11.38%、来自东盟六国的占 11.40%。2002—2007 年,对于中国总出口的垂直专业化水平,其他经济体提供的中间产品中来自中国台湾和日本的贡献率下降,而韩国先上升后下降,东盟六国的比重迅速上升。

中国加入 WTO 后,从东亚进口中间产品的比重有所降低。受 2008 年全球金融危机爆发的影响,中国出口的垂直专业化水平降低且来自东亚中间产品的比重出现下滑。

从计算结果可以发现,中国—东盟自由贸易区的建立,使得来自东盟的中间产品比重上升。东盟六国借助区域自由贸易协定(中国—东盟自由贸易区协定),取

---

①　东盟六国指马来西亚、文莱、印度尼西亚、菲律宾、新加坡、泰国。

得进入中国市场的优惠条件,与中国经济的整合取得了进一步拓展,而中国台湾和日本相对于东盟六国有较高的进入中国市场的贸易壁垒,导致来自中国台湾和日本的中间产品对中国出口产品生产的作用减弱。

第三,中国出口的纺织业和服装皮革羽绒及其制品业等劳动密集型产业的垂直专业化程度在降低,而电子及通信设备制造业、机电设备制造业和交通运输设备制造业等产业垂直专业化比率在上升。

纺织业、服装皮革羽绒及其制品业、化学工业、金属冶炼及压延加工业、交通运输设备制造业、电子及通信设备制造业和机电设备制造业等出口垂直专业化比率较高且这七大产业占中国总出口的比重在 76% 以上。表 3.45、表 3.46 显示,中国的电子及通信设备制造业出口垂直专业化比率最高且东亚其他经济体中间产品来料的贡献率都达 67% 以上,但来自中国台湾和日本中间产品的贡献率在下降,来自韩国和东盟六国的中间产品的贡献率明显上升,电子及通信设备制造业是中国最早参与融入东亚区域生产网络的产业之一。

在纺织品和服装皮革羽绒及其制品业两类劳动密集型产业方面,来自日本、韩国和中国台湾等发达经济体的中间产品对中国出口垂直化比率的贡献率呈下降趋势,而来自东盟六国的贡献率呈上升趋势,中国与东盟六国在劳动密集型产业中的产品内分工得到了深化。在化学工业和金属冶炼及压延加工业等产业方面,来自东亚经济体的中间产品对中国出口垂直专业化指数的贡献率在降低,来自区域外的中间产品的贡献率在上升。来自韩国和东盟六国的中间产品对中国交通运输设

表 3.43 2001—2008 年中国总出口的垂直专业化指数及东亚其他经济体的来料比例(%)

	2001	2002	2003	2004	2005	2006	2007	2008
总　　体	18.41	19.59	19.91	25.5	26.6	25.04	25.44	24.84
中国台湾	2.57	3.14	3.00	3.74	3.81	3.39	3.4	3.07
韩　　国	2.07	2.23	2.38	3.35	3.72	3.07	3.01	2.69
日　　本	3.39	3.58	3.64	4.31	4.08	3.38	3.36	3.34
东盟六国	1.62	2.23	2.43	3.64	3.73	3.58	3.73	3.32
东亚总和	9.65	11.18	11.45	15.04	15.34	13.42	13.49	12.41
其他经济体	8.76	8.4	8.47	10.46	11.25	11.62	11.95	12.43

资料来源:笔者计算所得。

表 3.44　2001—2008 年中国总出口的垂直专业化指数中来自东亚其他经济体中间产品的贡献率(%)

	2001	2002	2003	2004	2005	2006	2007	2008
总　　体	100	100	100	100	100	100	100	100
中国台湾	13.98	16.02	15.07	14.68	14.32	13.53	13.35	12.37
韩　　国	11.22	11.38	11.93	13.13	14.00	12.25	11.81	10.82
日　　本	18.39	18.30	18.27	16.90	15.34	13.51	13.20	13.43
东盟六国	8.82	11.40	12.21	14.27	14.03	14.31	14.65	13.36
东亚总和	52.40	57.10	57.48	58.99	57.69	53.60	53.02	49.98
其他经济体	47.60	42.90	42.52	41.01	42.31	46.40	46.98	50.02

资料来源:笔者计算所得。

表 3.45　中国各产业出口的垂直专业化指数(%)

	2002	2005	2007
农业	5.28	7.09	6.56
煤炭采选业	7.43	11.98	10.40
石油和天然气开采业	5.69	7.33	9.96
其他矿业开采业	11.98	17.48	16.11
食品制造及烟草加工业	6.78	9.60	9.62
纺织业	16.01	18.30	15.30
服装皮革羽绒及其制品业	15.30	16.78	13.88
木制品业(除家具)	11.03	15.16	13.12
造纸和印刷出版业	11.26	18.40	15.73
石油加工及炼焦业	21.13	18.25	30.18
化学工业	16.23	21.46	21.62
非金属矿物制品业	11.63	17.01	15.81
金属冶炼及压延加工业	15.20	22.41	22.31
金属制品业	15.46	20.66	19.72
交通运输设备制造业	18.58	23.15	23.25
电子及通信设备制造业	35.37	44.55	42.66
机电设备制造业(含钟表、光学仪器等)	19.78	24.83	24.77
其他制造业	11.52	12.46	13.06

资料来源:笔者计算所得。

表 3.46　中国各产业出口的垂直专业化指数及来自东亚其他经济体中间产品的贡献率(%)

		垂直专业化指数	中国台湾	韩国	日本	东盟六国	东亚
纺织业	2002	16.0	16.5	13.4	17.4	7.3	54.6
	2005	18.3	13.1	14.1	16.6	7.3	51.1
	2007	15.3	10.2	10.7	13.0	8.8	42.6
服装皮革羽绒及其制品业	2002	15.3	16.7	14.2	16.5	7.0	54.3
	2005	16.8	13.3	14.1	15.9	7.3	50.5
	2007	13.9	10.2	10.7	12.7	9.4	43.0
化学工业	2002	16.2	12.8	11.4	15.2	10.4	49.8
	2005	21.5	11.4	14.7	15.3	8.5	49.9
	2007	21.6	9.3	11.3	12.4	9.2	42.3
金属冶炼及压延加工业	2002	15.2	11.5	8.4	16.0	7.2	43.1
	2005	22.4	8.3	11.2	13.9	7.5	40.8
	2007	22.3	6.1	7.1	10.6	7.3	31.1
交通运输设备制造业	2002	18.6	10.5	8.1	20.9	6.4	45.9
	2005	23.1	9.7	12.9	18.5	6.6	47.7
	2007	23.3	8.5	10.2	16.8	7.3	42.7
电子及通信设备制造业	2002	35.4	20.1	12.3	19.9	16.0	68.2
	2005	44.6	18.2	14.9	14.4	20.9	68.4
	2007	42.7	18.5	14.0	13.0	21.7	67.2
机电设备制造业	2002	19.8	13.5	9.6	20.0	8.6	51.6
	2005	24.8	11.7	13.3	17.5	8.9	51.4
	2007	24.8	11.0	11.2	15.2	10.0	47.5

资料来源:笔者计算所得。

备制造业出口的垂直专业化指数的贡献率在上升,来自日本和中国台湾的中间产品的贡献率在下降。

　　总体来看,中国出口的垂直专业化指数在加入 WTO 后迅速上升,此后基本保持稳定,中国的产品内贸易获得迅速发展。来自中国台湾和日本的中间产品的贡献率在下降,来自韩国的中间产品的贡献率先上升后下降,而来自东盟六国的贡献率出现大幅度上升,中国参与东亚区域经济一体化过程成为促进中国产品内贸易发展的重要路径。特别是在电子及通信设备制造业和机电设备制造业等垂直专业化水平较高的产业方面,来自东亚其他经济体的中间产品对中国出口的垂直专业化水平上升的推动效应明显。

3.5　小结

本章通过按照联合国产品生产阶段的宽泛经济分类(BEC)标准,把贸易产品按产品的生产阶段划分为初级产品、中间产品和最终产品,对中国的总体中间产品贸易、对东亚的中间产品贸易以及与东亚其他经济体之间的中间产品贸易进行考察,结果表明,从 20 世纪 90 年代以来,中国的中间产品贸易额获得迅速增长。两类中间产品的进出口增长率都高于两类最终产品的增长率,产品内贸易已经成为中国参与国际贸易的重要模式。

进一步研究中国与东亚其他经济体的中间产品贸易状况,结论表明中国与东亚其他经济体的中间产品贸易发展迅速,在中国加入 WTO 的最初三年(2002—2004 年),中国从东亚其他经济体进口零部件的年均增长率达 50%。中国正在以产品内贸易的方式进一步融入东亚区域生产网络,深化中国与东亚其他经济体之间的分工。区分国别来看,中国从韩国和新加坡的进口中,中间产品的比重都达到 70%以上;从日本的进口中,中间产品的比重达到 50%左右,但近年来呈下降趋势。中国从东盟五国的进口中,中间产品的份额也在 60%以上。中国从日本和新加坡进口的中间产品占中国从东亚其他经济体进口中间产品的比重逐步下降,而从韩国和东盟五国的进口比例增大,韩国和东盟五国成为中国越来越重要的中间产品来源地。

另一方面,中国对外贸易中中间产品的进出口非常不平衡,一直存在大额的逆差,表明中国在全球分工体系中扮演了生产加工中心的角色,而东亚其他经济体成为中国中间产品的重要来源地,从而形成了以中国为中心的“东亚其他经济体—中国—欧美国家”的“三角贸易”关系。

应用 Hummles 等(2001)的测度垂直专业化水平的指标,测算中国加入 WTO

以来总出口的垂直专业化指数,各产业出口的垂直专业化指数以及来自东亚其他经济体的中间产品对中国出口垂直专业化水平的贡献率,研究结果显示,中国在加入 WTO 后出口的垂直专业化指数大幅度提高,至 2005 年后趋于平稳。来自东亚其他经济体的中间产品对中国出口的垂直专业化水平的贡献率稳定在 50% 左右,远高于中国从东亚其他经济体进口占中国总进口的比重,东亚已经成为中国进口中间投入品的重要来源地,中国成为东亚的重要组装出口平台。中国台湾和日本对中国出口的垂直专业化水平的贡献率呈下降趋势,韩国基本保持不变,而东盟国家的贡献率上升趋势明显,在中国—东盟自由贸易区建设的推动下,中国与东盟国家的产品内贸易迅速发展。

第 4 章
中国与东亚其他经济体的出口技术结构分析

第 3 章的研究发现,中国的产品间贸易迅速发展,出口的垂直专业化水平大幅度提高,种种迹象表明,中国已经成为东亚分工体系的重要组装出口平台。然而,在全球分工体系中,一国获益的多少主要取决于它在全球生产链中所处的位置(Hausmann et al.,2007)。中国出口粗放式的增长方式导致出口的效益不高,而且中国电子产品和其他高新技术产品出口很大一部分是由外资加工贸易完成的。中国在东亚分工体系中是属于低端还是高端,关系到中国在东亚区域生产网络分工体系中的位置和获得利益的多少,同时,中国进一步通过多边或双边开放会不会导致中国制造业被锁定在低端? 针对这些问题,本章通过建立测度出口产品技术含量的指标体系来进一步探讨中国在东亚区域生产网络形成的生产链中的位置,同时通过计算日本、韩国和印度尼西亚等跟中国一样采取出口导向战略且比中国早参与国际分工的国家出口出品的国内技术含量,为中国利用区域经济一体化进一步深化对外开放提供适当的政策建议。

4.1 东亚经济体的出口技术结构现状分析

按表 2.5 的产品技术分类,初步研究中国及东亚其他经济体的出口技术结构现状,得到的基本结论如下:

从整个世界的出口技术结构来看,1995—2008 年,资源密集型产品、劳动密集型产品、资本密集型产品和技术密集型产品的出口技术结构非常稳定。样本期间内,资源密集型产品平均占 30％、劳动密集型产品平均占 16％、资本密集型产品平均占 32％、技术密集型产品平均占 22％。

从国别角度横向来看,东亚各经济体的出口技术结构差异较大,日本、韩国、新加坡的出口以资源密集型产品和技术密集型产品为主,这两类产品占日本出口的比重一直在 79.5％以上,占韩国出口的比重在 65％以上、占新加坡出口的比重在 70％以上。东盟五国资源密集型产品的出口占比一直在 30％以上,技术密集型产品除 1995 年外出口占比也达到 30％以上。劳动密集型产品、资本密集型产品和技术密集型产品的出口占比分别围绕 15％和 16％窄幅波动。样本期间内,中国的出口技术结构变化较大。1995 年中国出口主要集中在劳动密集型产品方面,占出口总额的 46.89％,2004 年中国的技术密集型产品首次超过劳动密集型产品成为中国的出口最大项产品,至 2008 年中国的资本密集型产品(24.79％)和技术密集型产品(32.45％)的出口占比总和达 57.24％。

从动态变化趋势来看,东亚各经济体的出口技术结构变化趋势各异,1995—2008 年,中国和韩国的出口技术结构出现了明显的改善,资源密集型产品和劳动密集型产品的出口占比明显下降,资本密集型产品和技术密集型产品的出口占比明显上升,但导致两国出口技术结构转变的因素差别却很大。中国出口结构改善主要是工程机械产品(MT3)的出口占比由 1995 年的 10.74％上升至 2008 年的 16.28％。而韩国则得益于汽车工业产品(MT1)的出口占比由 1995 年的 7.58％增长至 2008 年的 13.22％,最值得关注的是,虽然韩国在 1995 年中高技术制成品和高技术制成品的出口占总出口额的比例高达 68.39％,但样本期间内仍然取得 6.2％的增长。日本的出口技术结构出现了一定程度的恶化,资本密集型产品和技术密集型产品两类产品的出口占比由 1995 年的 84.1％降至 2008 年的 79.5％,且同期技术密集型产品的出口占比由 32％降至仅占 20.7％,日本在技术密集型产品出口方面的优势正在慢慢地丧失;东盟五国的劳动密集型产品的出口占比出现下降,技术密集型产品的出口占比由 25.9％上升至 2000 年的 38.6％顶峰,然后于 2008 年降至 28.1％。

与整个世界的出口贸易对比来看,韩国、日本和新加坡出口的资本密集型产品和技术密集型产品所占比重明显高于世界平均水平,东盟五国这两类产品所占比重围绕世界平均水平上下波动,而中国在 1995—2003 年低于世界平均水平,但 2003 年至 2008 年则稍高于世界平均水平。从各经济体出口技术结构的变化及其变化趋势来看,在样本期间内,中国的出口技术结构改善较大,但仍然低于日本、韩国等拥有技术优势的国家的出口技术结构。

　　总之,中国、韩国和新加坡等国的出口技术结构有所提升,而日本的技术密集型产品的出口占比下降,在东亚经济发展模式中的"首雁效应"地位下降,雁行模式式微。但按贸易产品的技术分类初步分析出口技术结构,不能很好地反映加工贸易对出口技术结构的影响,为此本章将构建能够较好地反映出口产品技术含量的指标,进一步分析中国及其他东亚经济体出口产品的技术变迁(见图 4.1)。

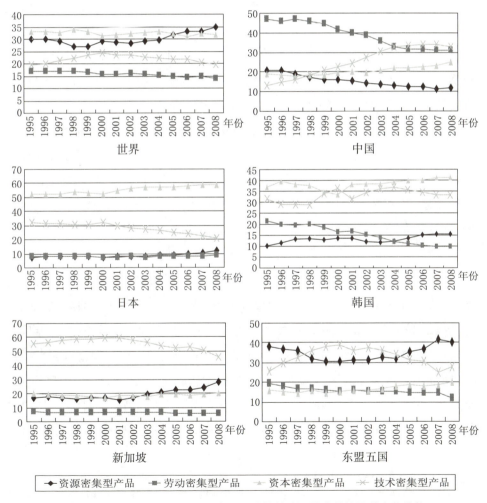

图 4.1　1995—2008 年世界和东亚经济体的出口技术结构及其变化趋势

4.2 出口产品技术含量测度文献综述及数据说明

4.2.1 出口产品技术含量测度文献综述

目前测度一国出口产品的技术含量主要有两类方法：

第一类是采取对出口产品定义技术分类方法。世界银行数据库统计数据就把一些电子产品和医疗器械等产品归为高技术产品。统计结果表明，中国在 2006 年高技术产品出口占总出口的 30.3%，高于世界平均水平(20.5%)和日本(21.6%)，但低于韩国(32%)。[①]中国国家统计局把电子及通信设备制造业和电子计算机及办公设备制造业定义为高新技术产业，根据这一定义，2008 年，中国出口高新技术产品为 4 156.1 亿美元，占中国总出口的 29.04%。基于简单的国际贸易产品分类标准，如 STIC 一位代码分类，简单地把 SITC 0—3 归纳为低技术含量的初级产品，把 SITC 7—8 归纳为技术含量较高的产品等等。同时也有许多学者根据不同的标准对国际贸易产品进行了重新分类：Pavitt(1984)将国际贸易产品划分为资源密集型、劳动密集型、资本密集型以及以差异化为基础和以科技为基础的制成品等不同类型，但由于没有统一的标准，在贸易产品的划分方面存在重合。OECD (1994)基于每类产品中的技术活动将加工制成品区分为高技术、中高技术、中低技术以及低技术水平产品。Lall(2000)综合考虑不同产品生产的要素投入、技术活动、规模经济和生产方式在产品竞争优势中的作用，对 Pavitt(1984)与 OECD (1994)的分类标准进行了合并和拓展，提出了一种 SITC REV.2 三位代码分类的出口产品技术分类标准，将 230 类产品按照技术构成分成五类[②]：初级产品(PP)、资源性产品(RB)、低技术制成品(LT)、中技术制成品(MT)、高技术制成品(HT)，然后再将后四类制成品细分为九类，具体分类见表 2.5。对包括中国在内的五大东

---

① 资料来源：World Bank DataBank。

② SITC REV.2 一共是 239 类，Lall(2000)把其中的 230 种产品按照技术构成分成五类，此外的九类产品没有纳入这五类产品中。

亚经济体的出口技术结构按 Lall(2000)的分类方法进行初步研究,结论表明:中国的出口技术结构在 1995 年以劳动密集型产品(占出口总额的 46.89%)为主,到 2004 年,中国技术密集型产品首次超过劳动密集型产品成为中国的出口最大项产品,至 2008 年中国的资本密集型产品(24.79%)和技术密集型产品(32.45%)占出口总额的比重总和达 57.24%。中国的出口技术结构虽然仍然低于日本、韩国和新加坡等东亚经济体,但在 1995—2008 年的样本期间内,中国的出口技术结构大幅度改善。目前基于产品技术分类测度方式的研究都显示中国出口产品的技术含量大幅度上升,但这种技术分类方式没有考虑出口产品技术含量的动态变迁以及同一种产品在不同经济体内生产方式的不同,因此不能很好地反映一国或地区出口产品技术含量的真正变化。

第二类是建立测度技术含量的指标法。这种测算方法最早可以追溯到由 Michaely(1984)提出测度贸易产品的技术复杂度的方法,他定义了产品的技术复杂度来衡量出口产品的技术含量,其值为所有出口该产品的国家或地区的人均 GDP 的加权平均值。该指数的国际贸易理论基础是李嘉图提出来的成本比较优势理论,即:一种贸易产品如果更多地由富国出口,则其技术含量较高,处于国际分工链的上端;如果更多地由穷国出口,则其技术含量较低,处于国际分工链的下端(姚洋等,2008)。基于这种认识,那么在衡量一国出口产品的技术含量时必须解决如何度量一个国家的各出口产品技术含量的问题。在经济学中,技术往往是生产率的代名词,可以用全要素生产率来表示一个国家的技术要素丰裕程度。全要素生产率相对较高的国家就是技术要素较丰裕的国家。遗憾的是,基于统计数据的可得性,很难计算出所有国家的全要素生产率(樊纲等,2006)。而全要素生产率的较好替代指标劳动生产率虽然可以由投入产出数据获得,但各国投入产出表中的部门和编制年份都存在差异,因此不能计算每年的劳动生产率。在实际操作中,一般用人均 GDP 作为各国劳动生产率的替代指标。基于此,许多学者对技术含量的测度方法进行了进一步研究。

关志雄(2002)与 Lall 等(2006)按"附加值越高的产品,越是来自高收入国家"的赋值原理,以一个国家或地区某种产品的出口额占世界市场中该产品的总出口额的比值为权重,计算出口该产品的所有国家的人均 GDP 的加权平均值,从而得到该出口产品的附加值。以出口比重为权重会低估出口规模小的国家对产品技术含量的影响，为此，Hausmann 等（2006）基于"附加值越高的产品，越是高收入国家具有比较优势"的赋值原理，以各国产品的比较优势为权重，计算各国产品的附加值，樊纲等（2006）以标准化的各国产品比较优势为权重对各国人均 GDP 的对数进行加权，从而计算得到各产品的显示性技术附加值。该方法保证了出口规模较小的国家被赋予足够的权重。而杜修立和王国维（2007）认为确定某类产品的技术含量不能仅仅根据由哪个国家出口，而应该根据由哪个国家生产。其产品技术含量的赋值原理是"一类产品越在高（低）收入国家生产，该产品越具有高（低）技术含量"，因此，认为应该以产品在某国的生产作为权重对人均 GDP 进行加权，从而获得每类产品的技术含量。樊纲等（2006）提出了以标准化的显示性比较优势指数为权重对人均 GDP 进行加权，从而得到产品的技术含量。

对中国出口整体技术含量的研究，Rodrik（2006）与 Schott（2008）研究结果表明，中国出口整体技术复杂度高于其他与中国人均 GDP 相同的国家。杜修立和王国维（2007）研究结论表明改革开放以来，中国出口贸易的整体水平得到了很大提高，但仅表现出微弱的向世界水平收敛的趋势。然而考虑到 20 世纪 90 年代以来，中国通过进口大量的核心零部件和资本品，在中国进行组装出口，中国加工贸易出口占总出口的份额 1991—1995 年平均达到 47.3%，1996—2000 年平均值为 55.85%，2000—2008 年平均值为 53.7%，且中国加工贸易很大比重是由外资企业完成的。到底通过跨国公司形式等完成外商直接投资（FDI）是否能够通过"干中学"形成技术外溢，提高出口产品技术含量？Wang 和 Wei（2008）的研究指出加工贸易出口、外商直接投资和设立高新技术开发区实质性地促进了中国出口技术含量的提高。Xu 和 Lu（2009）研究认为外商直接投资企业占加工贸易的比例与中国出口产品技术含量存在正向关系。计算出口产品技术含量的高低，应该剔除进口半成品和零部件所带来的附加值，为此，姚洋和张晔（2008）在 Hausmann 等（2006）指标的基础上设计了一套测算国内技术含量的指标，这一方面最大的缺点是需要大量的投入产出表数据。

本节首先利用祝树金等（2009）提出的计算贸易产品技术含量和一国出口贸易整体技术含量的方法，计算了中国、日本、韩国、新加坡和东盟五国等东亚经济体1995—2008 年的出口贸易整体技术含量。然后应用在姚洋和张晔（2008）基础上改进的技术量指标体系，考虑到投入产出表的可得性，计算了中国、日本、韩国和印度尼西亚四国的出口产品的国内技术含量。通过比较同为实施出口导向型发展战略、而工业化发展水平处于不同阶段的国家的国内技术含量变迁,对中国参与东亚区域经济一体化和国际分工有重要的意义。

4.2.2　数据说明

本章实证分析的主要原始数据主要分为三类,第一类为 1995—2008 年全世界所有国家对世界按 SITC(Rev.2)三位代码分类的出口数据,其数据来源为联合国商品贸易统计数据库(UN Comtrade);第二类是 1995—2008 年各国人均 GDP(PPP)数据及美国各年度的 CPI 数据,其数据来源为国际货币基金组织(IMF)数据库;第三类是投入产出表数据,包括:中国 1995 年 48 部门、1997 年 118 部门、2000 年 48 部门、2002 年 48 部门、2005 年 48 部门、2007 年 135 部门,日本和印度尼西亚 1995 年、2000 年和 2005 年 48 部门,韩国 1995 年、2000 年 48 部门和 2005 年 78 部门,其中上述各国 48 部门数据来源于经济合作与发展组织(OECD)数据库,中国其余年份的投入产出表数据来源于中国统计局,韩国其余年份的投入产出表数据来源于韩国统计局。

为了满足研究需要,对一些数据进行了如下调整:

(1)采用以 2000 年为基准的美国 CPI 数据消除以美元为单位的各国人均 GDP(PPP)通货膨胀的影响。

(2)根据《国民经济行业分类》与《国际标准产业分类》的对应关系,把中国 1997 年和 2007 年的投入产出表统一归并为 48 部门;把韩国 2005 年 78 部门对应到 48 部门。

(3)将按 SITC(Rev.2)三位代码分类的 239 类产品归类到 48 部门。在归类过程中参照了盛斌(2002)、《国民经济行业分类》体系与 SITC(Rev.3)三位代码工业制成品的对应表,并补充了农业部分的对照。

4.3　东亚各经济体的出口产品技术含量研究

Lall 等(2006)认为出口某种产品的国家或地区的平均收入水平越高,所出口的产品就越"复杂"，基于此，计算某产品的技术复杂度指数（technology sophistication index，TSI）的基本公式为：

$$TSI_a = \sum_{i=1}^{n} \frac{X_{ia}}{\sum_{i=1}^{n} X_{ia}} Y_i \tag{4.1}$$

其中，i 表示国家或地区，a 表示产品，X_{ia} 表示 i 国或地区的 a 产品的出口额，Y_i 为 i 国或地区的人均 GDP。再以该国或地区每种产品的出口额占该国或地区总出口额的比重为权重，加权得到一国或地区的出口的综合技术复杂度指数，可以表达为：

$$TSI_i = \sum_a \frac{X_{ia}}{x_i} TSI_a \tag{4.2}$$

其中，TSI_i 表示 i 国或地区出口的综合技术复杂指数。式（4.2）所定义的某种产品技术复杂度指数，以各国或地区出口产品占世界该产品总出口额的比重为权重。这高估了出口大国或地区对产品的技术复杂度的作用，而低估了出口小国或地区中具有比较优势的产品对产品的技术复杂度的作用。

为此，后续研究者对权重的取法进行了改进。Rodrik（2006）与 Hausmann 等（2006）以各国（地区）出口产品的显示性比较优势作为权重，对所有出口国（地区）的人均 GDP 进行加权得到该种出口产品的技术含量：

$$PRODY_a = \sum_{i=1}^{n} \frac{RCA_{ia}}{\sum_{i=1}^{n} RCA_{ia}} Y_i \tag{4.3}$$

$$RCA_{ia} = (X_{ia}/X_i)/(X_{wa}/X_w) \tag{4.4}$$

其中，$PRODY_a$ 表示 a 产品的技术含量（生产率水平），i 代表国家或者地区，Y_i 为 i 国或地区的人均收入，X_{ia}、X_i、X_{wa} 和 X_w 分别表示 i 国或地区 a 产品出口额、i 国或地区总出口额、a 产品世界总出口额和世界总出口额。进一步以各国（地区）每种产品出口的份额为权重，计算该国所有出口产品的技术含量的加权平均，得到该国出口篮子的技术含量指数，即：

$$EXPY = \sum_a \frac{X_{ia}}{X_i} PRODY_a \tag{4.5}$$

而樊纲等(2006)则是用标准化的显示性比较优势指数为权重来计算产品的技术复杂度得分,且计算时用人均 GDP 的对数值代替人均 GDP。

杜修立和王国维(2007)认为一类产品越在高(低)收入国家生产,该产品越具有高(低)技术含量。其基本逻辑是:高收入国家生产的产品如果没有高技术含量,其生产就难以支付高的劳动力成本,最后就会被转移到低收入国家生产。在该假设下,产品的技术含量指标仍然是生产该类产品的各国收入水平的加权和,但权重为各国在该产品的世界总产出中的份额,即:

$$TC_a = \sum_{i=1}^{n} ps_{ia} Y_i \tag{4.6}$$

其中,TC_a 为 a 产品的技术含量,Y_i 为 i 国(或地区)的人均收入,ps_{ia} 为 i 国或地区生产的产品 a 的世界份额,即赋值权重。

结合 Lall 等(2006)与樊纲等(2006)的复杂度指标,祝树金等(2009)提出了计算产品技术含量的指标,将其定义为:

$$TC_a = \sum_{i=1}^{n} w_{ia} Y_i \tag{4.7}$$

w_{ia} 为某种产品出口的比较优势进行标准化处理后的权重,其中:

$$w_{ia} = RCA_{ia} \Big/ \sum_{i=1}^{n} RCA_{ia} \tag{4.8}$$

RCA_{ia} 即为 i 国或地区 a 产品的显示性比较优势指数。则某国或地区出口贸易的整体技术水平为:

$$ETC = \sum_{a=1}^{m} TC_a \cdot \frac{X_{ia}}{X_i} \tag{4.9}$$

其中,ETC 为某国或地区出口贸易的整体技术水平,m 为某国或地区贸易产品的种类。X_{ia} 为 i 国或地区 a 产品出口额,X_i 为 i 国或地区总出口额。

本节应用式(4.9)计算世界、中国、日本、韩国、东盟五国和新加坡 1995—2008 年出口贸易的整体技术水平,结果显示(见图 4.2):

第一,在样本期间内,中国出口贸易的整体技术稳步提高。在样本期间内虽然一直低于世界平均水平,但收敛趋势很明显。

第二，与日本、新加坡、韩国和东盟五国相比，在 2003 年以前，中国出口贸易的整体技术水平不但低于发达国家日本以及新兴经济体韩国和新加坡，还低于发展中经济体东盟五国。2003 年中国出口贸易的整体技术水平超过东盟五国，并且开始加速向世界平均水平收敛，至 2008 年，中国已经非常接近世界出口贸易的整体技术水平，但仍然远低于日本、韩国和新加坡等经济体。

第三，在样本期间内，韩国出口贸易的整体技术水平一直低于发达国家日本，但向日本收敛的速度很快，至 2008 年已经非常接近日本的水平。

综上所述，从 20 世纪 90 年代中期以来，中国出口贸易的整体技术水平稳步提高。同时注意到与东亚地区的日本、韩国和新加坡等经济体相比，中国出口贸易的整体技术水平处于比较低的水平，并向日本、韩国和新加坡的收敛速度很慢，表明在整个东亚产业分工体系中，中国虽然处于产业链的低端，但并没有被固化的趋势。

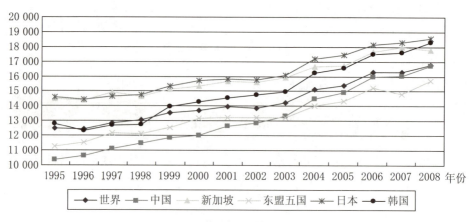

图 4.2　出口贸易的整体技术水平走势

本节中，不但比较不同国家或地区同一时期的出口贸易的整体技术水平，同时也要比较中国以及东亚其他经济体在样本期间内出口技术结构是否实现升级。而按照式(4.9)计算的某一种产品的技术含量是高还是低，由于产品生命周期的存在，一种产品最初可能在发达国家生产，但随着技术的成熟会转移到发展中国家生产；其次，同一种产品本身也存在技术升级从而提高某种产品的技术含量；最后，随着时间的推移，世界技术水平普遍提高。因此，应用式(4.9)计算出来的出口贸易整体技术水平不能用来对比同一个国家随着时间的推移,贸易产品出口的技术水平相对于其他国家是否出现升级,以及双边贸易的技术水平随着时间的推移是如何变化的。本节中主要关注的是中国在样本期间内出口技术结构是否出现升级,另一方面,比较中国与其他东亚经济体,看其出口技术结构是否出现升级。本节采用杜修立和王国维(2007)提出的技术结构高度指数来衡量一国或地区的出口贸易的技术结构高度,其具体公式为:

$$ETCI = \sum_{a=1}^{m} TCI_a \cdot \frac{X_{ia}}{X_i} \tag{4.10}$$

$$TCI_a = (TC_a - TC_{min})/(TC_{max} - TC_{min}) \tag{4.11}$$

其中,m 为贸易产品的种类,TCI_a 表示 a 产品的技术结构高度指数,TC_a、TC_{max}、TC_{min} 分别表示 a 产品的技术含量以及与 a 产品相对应的同期所有产品的技术含量的最大值和最小值。一国或地区出口贸易的技术结构高度可以定义为该国或地区出口产品的技术结构高度指数的加权和,权重为该经济体各产品的出口占总出口的份额。ETCI 可以用来反映一国出口技术结构相对于其他国家是否提高或升级。本节计算了 1995—2008 年,世界、中国、日本、韩国、新加坡和东盟五国工业制成品出口的技术结构高度指数。

图 4.3 显示了世界、中国、新加坡、日本、韩国和东盟五国出口贸易的技术结构高度指数,计算结果表明:中国和世界出口贸易的技术结构高度上升趋势明显,这

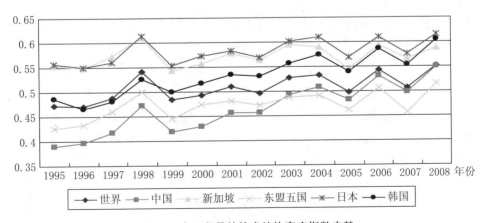

图 4.3 出口贸易的技术结构高度指数走势

与杜修立和王维国(2007)的结论不同。中国和世界出口贸易的技术结构高度指数分别从 1995 年的 0.39、0.47 上升至 2008 年的 0.55 和 0.55,上升比重分别达到 41.4% 和 16.7%,中国出口贸易的技术结构高度上升速度明显高于世界出口贸易的技术结构高度上升速度。在样本期间内,中国的出口技术结构实现了升级。

从整个东亚来看,在样本期间内,日本和新加坡出口贸易的技术结构高度只出现微弱上升,而新兴经济体韩国的上升速度很快,由 1995 年的 0.49 上升至 2008 年的 0.62,已经接近日本的水平。2008 年,中国出口贸易的技术结构高度高于东盟五国,接近世界平均水平,但仍然明显低于新兴经济体韩国和新加坡,以及发达经济体日本,中国在东亚分工体系中处于低端的现状没有改变,但与日本、韩国以及新加坡等国的差距正在缩小。

对东亚地区各经济体出口贸易的整体技术水平和技术结构高度的计算结果都表明,中国的出口技术结构出现升级,但仍然处于东亚分工体系的低端,而中国是一个加工贸易份额很高的国家,中国通过从国外进口核心零部件、半成品和资本货品,在国内进行加工、组装,然后进行出口贸易。Van 和 Gangnes(2007)认为由于国际生产分层和中间产品贸易,一国的出口产品并不一定真实反映了国内生产活动所嵌入的技术和相对要素禀赋,而是仅仅体现了进口中间产品来源国的技术和要素禀赋。这就意味着加工贸易的存在会引起对出口产品技术含量的高估。下一节通过构建测算出口产品的国内技术含量的指标,进一步分析中国在整个东亚分工体系中的地位。

4.4 东亚各经济体出口产品的国内技术含量及其变迁研究

姚洋和张晔(2008)提出了测算国内技术含量的方法,该方法剔除了加工贸易的影响。首先,利用式(4.1)计算 239 类产品的技术度,然后,根据 SITC REV.2 与投入产出表中产业部门可贸易部门对照,并以各产品贸易额为权重(如见式 4.12)计算出各可贸易部门的技术附加值。

$$TSI_a = \sum_{i=1}^{n} \frac{x_{ia}}{\sum_{i=1}^{n} x_{ia}} Y_i \qquad (4.12)$$

由式(4.12)计算出可贸易产品的技术附加值得分。非贸易部门的技术附加值由投入到该部门的可贸易部门的技术附加值进行加权得到,即:

$$TSI_n = \sum_{a=1}^{Q} TSI_a \frac{\rho_{na}}{\sum_a \rho_{na}} \tag{4.13}$$

其中,n 为不可贸易部门,Q 为可贸易部门 a 的种类,ρ_{na} 表示不可贸易部门 n 对可贸易部门 a 的直接消耗系数。这样就得到了所有部门的技术附加值得分。然后再利用下式得到部门产品的全部技术含量。

$$v_k = \sum_a \rho_{ak} TSI_a + (1 - \sum_a \rho_{ak}) TSI_k \tag{4.14}$$

其中,v_k 表示 k 部门产品的全部技术含量。从而进一步得到 k 部门产品的国内技术含量,其表达式为:

$$v_k^D = \sum_a \rho_{ak} (1 - \beta_a) TSI_a + (1 - \sum_a \rho_{ak}) TSI_k \tag{4.15}$$

其中,v_k^D 为 k 部门的国内技术含量,β_a 为第 a 种投入品中进口中间产品所占的比重。最后定义了出口产品的国内技术含量指数,其表达式为:

$$DTC_k = \frac{v_k^D}{v_k} \tag{4.16}$$

最后利用各部门出口额占总出口额的比重作为权重计算得到一国或地区出口产品的全部技术含量 v、国内技术含量 v^D 以及国内技术含量指数 DTC。

$$v = \sum_k \frac{x_k}{X} \cdot v_k \tag{4.17}$$

$$v^D = \sum_k \frac{x_k}{X} \cdot v_k^D \tag{4.18}$$

$$DTC = \sum_k \frac{x_k}{X} \cdot DTC_k \tag{4.19}$$

姚洋和张晔(2008)在计算 β_a 时是通过假设 a 部门的全部进口产品为进口中间产品来计算得到,这样的计算明显低估了中国出口产品的国内技术含量。为此本节中对姚洋和张晔(2008)的计算方法进行改进:

首先,应用根据式(4.11)计算的产品技术结构高度指数 TCI_a 替换式(4.15)中的 TSI_a,改进以后的计算方式如下：

$$v_k = \sum_a \rho_{ak} TCI_a + (1 - \sum_a \rho_{ak}) TCI_k \qquad (4.20)$$

$$v_k^D = \sum_a \rho_{ak} (1 - \beta_{ak}) TCI_a + (1 - \sum_a \rho_{ak}) TCI_k \qquad (4.21)$$

其中,β_{ak} 是 a 部门投入到 k 部门的进口产品的比重,k 表示所有的可贸易和不可贸易部门。

其次,实际上考虑到 $\rho_{ak}(1 - \beta_{ak})$ 是 k 部门对 a 部门的国内消耗系数,因此 $\rho_{ak}(1 - \beta_{ak})$ 的求法参考 Hummels 等(2001)中的国内消耗系数,其具体方式如下：

第一步,在同一种进口的中间产品同比例投入到所有的部门,以及中间产品中进口产品和国内产品的比例与最终产品中进口产品和国内产品的比例相等的假设条件下,求出进口依存系数矩阵,即进口依存系数矩阵为：

$$A^M = diag(im_1, im_2, \cdots, im_n) \cdot A \qquad (4.22)$$

其中,A 为直接消耗系数矩阵,IM 是一个 $n \times 1$ 的矩阵,其元素 im_i 为第 i 个部门中进口占总净产出的比率,即：进口/(产出＋进口－出口),$diag(im_1, im_2, \cdots, im_n)$ 是以 IM 矩阵为对角元素的对角阵。这样就建立起了计算每个部门的国内技术含量的方法,然后再利用(4.20)式和(4.21)式就可以得到一国或地区的整体出口技术含量和国内技术含量。

由于受到投入产出表数据可得性的影响,本节利用此改进的国内技术含量的测度方法,只计算了包括中国 1995 年、1997 年、2000 年、2002 年、2005 年和 2007 年,日本、韩国和印度尼西亚 1995 年,2000 年和 2005 年四大东亚经济体的各部门出口产品的复合技术含量、国内技术含量、国内技术含量指数以及整体的复合技术含量、国内技术含量和国内技术含量指数。

中国 1995 年、1997 年、2000 年、2002 年、2005 年和 2007 年全部技术含量 v、国内技术含量 v^D 和国内技术含量指数 DTC 的计算结果如图 4.4,可以得到如下结论：

第一,中国出口产品的全部技术含量 v 值由 1995 年的 0.378 上升至 2007 年的 0.473,上升幅度达 25.1%；国内技术含量由 1995 年的 0.347 上升至 2007 年的

0.411,上升幅度达 18.4%,说明中国出口产品的国内技术含量出现了升级,这个结论与姚洋和张晔的计算结果差别较大,主要原因是,姚洋和张晔(2008)在计算过程中对进口中间产品在中国出口产品中的作用存在一定的高估。

第二,全部技术含量的上升速度比国内技术含量的上升速度要快。这说明,中国出口的全部技术含量虽然在上升,但进口中间产品在中国出口产品技术升级中作用增大。

第三,从上升趋势来看,全部出口技术含量一直呈平稳上升趋势,而出口国内技术含量上升趋势呈阶段性,1992—2002 年上升趋势明显,但 2002—2005 年国内技术含量轻微的下降,而 2005—2007 年国内技术含量重新上升,至 2007 年已经超过 2002 年的水平。国内技术含量指数(DTC)在 1995—2002 年平稳运行,中国加入 WTO 后从 2002 年的 0.901 下降至 2005 年的 0.841,再上升至 2007 年的 0.868。

以上的结论表明,从 20 世纪 90 年代中期开始,中国对外开放并没有降低中国出口产品的国内技术含量。但中国进入 WTO 后的短期内,由于中国对外开放程度进一步提高,进口半成品和核心零部件的比例增大,产品技术含量来自国内企业部分降低,国内技术含量指数迅速下降,出口产品的国内技术含量出现轻微下降。2005 年后国内技术含量又开始回升,至 2007 年已经回升到 0.411,说明加入 WTO 短期内对中国出口国内技术含量有负面影响,但从长期来看,中国国内企业通过"干中学",全部技术含量提高,配套能力加强,国内技术含量指数回升,国内技术含量回升,出口产品的技术含量升级。

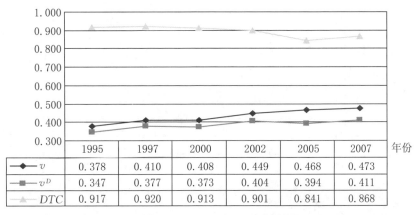

年份	1995	1997	2000	2002	2005	2007
v	0.378	0.410	0.408	0.449	0.468	0.473
v^D	0.347	0.377	0.373	0.404	0.394	0.411
DTC	0.917	0.920	0.913	0.901	0.841	0.868

图 4.4　中国历年出口产品的全部技术含量和国内技术含量及其走势

图 4.5 反映了各部门全部技术含量与国内技术含量指数的关系。从图 4.5 可以发现：一方面，各部门全部技术含量与国内技术含量指数呈明显的反向关系，说

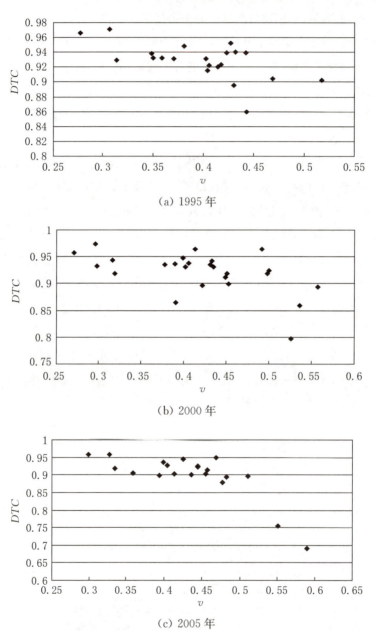

(a) 1995 年

(b) 2000 年

(c) 2005 年

图 4.5　中国分部门全部技术含量与国内技术含量指数 DTC 的关系

明中国全部技术含量越高的产品,进口半成品和零部件对其技术含量的贡献率越高,这与中国大量引进外资进入中国高新技术部门有关;另一方面对比图 4.5 可以发现一些全部技术含量高的部门的国内技术含量指数下降趋势明显,其中最突出的是医学精密仪器及光学仪器、仪器仪表及文化办公用机械制造业,国内技术含量指数分别由 1995 年的 0.903 和 0.892 下降至 2005 年的 0.754 和 0.692,降幅分别达 16.6% 和 22.5%,导致国内技术含量存在一定程度的下降,支持了姚洋和张晔(2008)关于中国出口加工贸易让中国企业切入了高技术产业的低端环节的结论。

　　图 4.6 显示了中国、日本、韩国和印度尼西亚等东亚四国出口产品的全部技术含量、国内技术含量和国内技术含量指数及其在样本期间内的变化趋势。

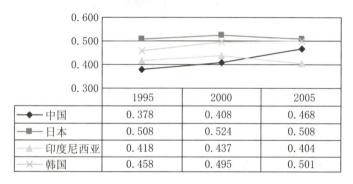

（a）全部技术含量及其走势

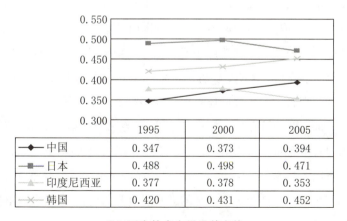

（b）国内技术含量及其走势

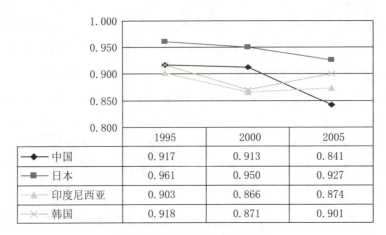

	1995	2000	2005
◆ 中国	0.917	0.913	0.841
■ 日本	0.961	0.950	0.927
▲ 印度尼西亚	0.903	0.866	0.874
✕ 韩国	0.918	0.871	0.901

(c) 国内技术含量指数及其走势

图 4.6　东亚四国出口产品的技术含量及变化

从出口产品的全部技术含量来看,在样本期间内,日本出口产品的全部技术含量一直高于其余三国。在 1995 年中国出口产品的全部技术含量低于印度尼西亚,但至 2005 年,中国出口产品的全部技术含量已经明显高于印度尼西亚。日本出口产品的全部技术含量在 1995 至 2000 年间出现轻微的上升,而在 2000—2005 年出现轻微的下降。韩国作为东亚采取出口战略较为成功的经济体,在 1995—2005 年间,出口产品的全部技术含量一直呈上升趋势,但 2000 年以后上升速度要低于中国。

进一步从产品的国内技术含量来看,发达国家日本明显高于新兴工业化经济体韩国和发展中国家中国及印度尼西亚。在 1995 年,中国的国内技术含量甚至明显低于印度尼西亚,但此后,中国出口产品的国内技术含量明显上升,到 2005 年时中国出口产品的国内技术含量超过印度尼西亚。日本出口产品的国内技术含量在 2000—2005 年间下降趋势很明显。韩国出口产品的国内技术含量一直在向日本靠拢,但至 2005 年,韩国与日本之间还存在较大的差距。印度尼西亚出口产品的国内技术含量在 1995—2000 年基本保持稳定,但在 2000—2005 年从 0.378 下降至 0.353。

结合国内技术含量指数来看,日本在 2000 年以后出现国内技术含量下降的主要原因是日本国内技术创新乏力,导致出口产品的全部技术含量下降,而低技术制成品或劳动密集型产品由于工资水平的进一步上升而向包括中国在内的低工资水平国家转移,导致国内企业配套能力变差,国内技术含量指数从 2000 年的 0.950

下降至 2005 年的 0.927。从印度尼西亚的国内技术含量指数的变化情况来看，2000—2005 年，印度尼西亚出口产品的国内技术含量降低的主要原因是全部技术含量降低，说明近年来印度尼西亚的产业结构并没有沿着产业链攀升。

上述结论表明，以日本为领头雁的东亚雁行发展模式，由于日本国内经济创新乏力，在持续向东亚其他经济体技术转移方面犹豫不前，以及韩国和中国等经济体的崛起，使得雁行发展模式已经被新的分工模式所取代。但从另一个角度来看，日本本国的国内配套能力在东亚仍然很强，其依然是东亚核心零部件和关键原材料的重要来源国。中国在长期的加工贸易中已经取得了一定的成果，在中国加入 WTO 后，中国进口原材料和核心零部件的比重增加，虽然出口产品的国内技术含量指数由 2000 年的 0.913 下降至 0.841，但中国出口产品的国内技术含量出现了较大幅度的上升，说明中国在进口增加的同时，出口产品的全部技术含量也出现了上升，即中国进一步开放并没有出现所担心的产业低端化，这为中国进一步融入世界经济奠定了基础。

接下来从细分产业（部门）来分析日本和印度尼西亚出口产品的国内技术含量变化的原因。图 4.7 显示了日本出口产品各部门的全部技术含量与国内技术含量指数差值（DTC 差值）的关系，从而反映全部技术含量的变迁与国内技术含量指数变迁的关系。图 4.8 显示了日本 1995 年、2000 年和 2005 年 DTC 差值与 v 差值的关系。结合图 4.7 和图 4.8 可以发现，2005 年与 2000 年的 DTC 差值在 48 个部门中有 43 个部门为负值，2000 年与 1995 年的 DTC 差值有 36 个部门为负值，而且前者负值的绝对值明显大于后者。2000 年到 2005 年 DTC 差值下降较多的是全部

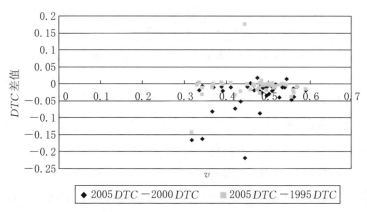

图 4.7　日本 1995 年、2000 年与 2005 年 DTC 差值的变动情况

技术含量较低的产品。图 4.8 显示，右边图形与左图相比明显往左下方移动，说明日本从 2000 年到 2005 年出现出口产品的国内技术含量下降是由于国内技术创新放缓和低技术产品进一步转移，导致出口产品的全部技术含量相对于其他国家降低，同时进口的原材料和中间产品增加。

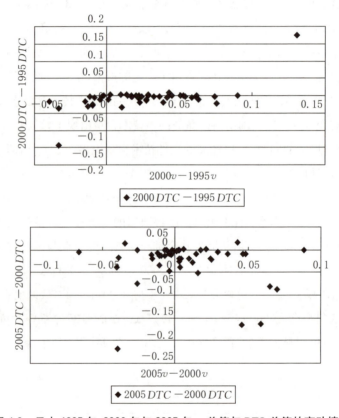

图 4.8　日本 1995 年、2000 年与 2005 年 v 差值与 DTC 差值的变动情况

对于印度尼西亚而言，2000 年至 2005 年国内技术含量出现下降现象，结合图 4.9 和图 4.10 可以发现：虽然从整体来看，1995—2000 年印度尼西亚国内技术含量指数（DTC）比 2000—2005 年国内技术含量指数下降幅度大，但 1995—2000 年印度尼西亚并没有出现大幅度的下滑。而 2000—2005 年导致印度尼西亚出口产品国内技术含量大幅度下降的重要原因是，一些全部技术含量较高的产品其全部技术含量出现下降的趋势。研究结论表明，印度尼西亚本国生产核心零部件的能力

没有随着它出口的增加进一步增强,反而相对于世界平均水平而言出现了下降,从而导致了只能通过大量进口核心零部件和原材料来完成出口产品的生产。

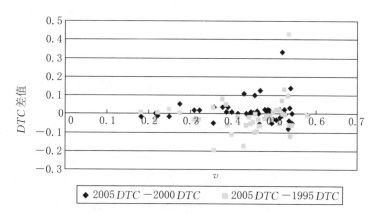

图 4.9　印度尼西亚 1995 年、2000 年与 2005 年 DTC 差值的变动情况

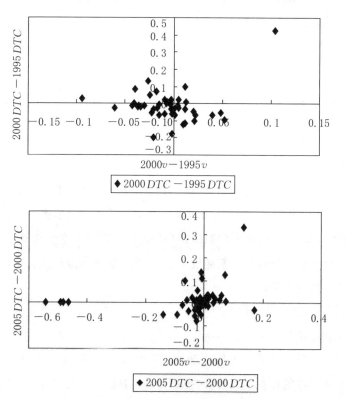

图 4.10　印度尼西亚 1995 年、2000 年与 2005 年 v 差值与 DTC 差值的变动情况

从上述分析我们可以得到如下结论：东亚地区四国，国内技术含量各有特点，变化趋势也各异。到目前为止，日本虽然是东亚地区国内技术含量最高的国家，但由于近年来日本在很多关键技术领域没有取得突破，而在低技术领域又由于劳动力工资的上涨压力继续向东亚其他国家转移，导致了日本在技术转让方面的限制条件增加。中韩两国在实施外向型发展政策方面相对而言比较成功，韩国出口产品的国内技术含量一直在向日本靠拢。中国在长期的出口导向型政策下，内部吸收能力加强，国内技术含量从 20 世纪 90 年代中期开始稳步提高，特别是在中国加入 WTO 后，虽然在短期内受国外进口的中间零部件的冲击，导致国内技术含量指数（DTC）在上升，国内技术含量下降，但从长期来看，中国国内企业通过"干中学"，不断实现了整体配套能力的增强，而且出口产品的国内技术含量也出现提升，说明中国加入 WTO 后并没有导致中国产业的低端化。但同为东亚发展中国家的印度尼西亚由于没有实现国内产业的快速升级，导致了国内技术含量下降，没有取得像中国一样的业绩。

4.5 小结

本章首先计算了中国、日本、韩国、新加坡和东盟五国等东亚主要经济体 1995—2008 年出口贸易的整体技术水平和技术结构高度指数。实证结果表明：从 20 世纪 90 年代中期以来，中国出口贸易的整体技术水平稳步提高，但与东亚地区的日本、韩国和新加坡等经济体相比，出口贸易的整体技术水平仍处于比较低的水平，向日本、韩国和新加坡的收敛速度很慢，表明在整个东亚产业分工体系中，中国仍然处于产业链的低端。

其次，利用改进的指标体系计算中国出口产品的全部技术含量、国内技术含量和国内技术含量指数。结果显示：从 20 世纪 90 年代中期开始，中国的对外开放并没有降低中国出口产品的国内技术含量。但中国加入 WTO 后的短期内，进口半成品和核心零部件的比重增大，国内技术含量指数迅速下降，出口产品的国内技术含量出现轻微下降。2005 年后国内技术含量指数又开始回升，至 2007 年已经回升到高于 2002 年的水平,说明中国加入 WTO 短期内对中国出口产品的国内技术含量有负面影响,但从长期来看,中国国内企业通过"干中学"使得出口产品的全部技术含量提高以及国内企业配套能力加强,出口产品的国内技术含量回升,出口产品实现升级。

最后,进一步利用改进的指标体系,计算了中国、日本、韩国和印度尼西亚等四国东亚经济体 1995 年、2000 年、2005 年出口产品的全部技术含量、国内技术含量和国内技术含量指数。计算结果表明:日本虽然是东亚地区国内技术含量最高的国家,但近年来下降趋势明显。中韩两国出口产品的国内技术含量提高趋势明显。特别是韩国出口产品的国内技术含量向日本收敛趋势明显,至 2005 年,出口国内技术含量差距仅为 0.019 或 4.2%。同为东亚发展中国家的印度尼西亚由于没有实现国内产业的快速升级,导致了国内技术含量下降,没有取得像中国一样的业绩。

东亚经济发展的"雁行模式"已经发生改变,日本经济创新乏力,不能持续地占领技术制高点,导向东亚其他经济体转移专业技术时缺乏信心。同时韩国和中国等东亚经济体的快速发展加快了"雁行模式"的式微,但目前东亚区域生产网络的重构是在"雁行模式"的基础上产生的,日本仍然在产业链的最高端,中国与日本、韩国等国的技术差距仍然很明显,应通过区域经济合作加深同日韩等国在技术领域的合作,深化分工,提升中国的出口产品技术含量,实现产业升级。

同时应该注意到,韩国和印度尼西亚同为早于中国参与东亚分工的国家,但目前出口产品的国内技术含量及其走势都呈现出很大的差异。韩国的经验表明,在实施开放政策的同时,要不断地出台产业政策,培植新兴产业和支柱产业,鼓励自主创新,为国内技术含量的提升不断注入活力。

第5章
中间产品贸易视角下中国融入东亚区域生产网络的影响分析

5.1 引言

东亚地区作为全球经济重要的增长极之一,既包含日本和韩国等发达国家,又包含中国和东盟等发展中经济体。由于东亚各国之间发展阶段的层级性和互补性,以及各国地理位置临近,区域内运输成本较低,促使东亚区域生产网络逐渐形成和深化(张伯伟等,2011)。二战以后,东亚地区以市场为导向的区域经济一体化开始稳步推进,并逐步形成了以日本为领头雁的"雁行分工"模式。随着中国崛起以及韩国、新加坡等新兴工业化国家大力引进先进技术、推动产业升级,东亚分工模式逐渐由产业间分工向产业内和产品内分工转移。东亚各国(地区)根据自身经济发展和要素禀赋情况,在其具有比较优势的工序上进行专业化生产,并通过产品内贸易形成错综复杂的跨国区域生产网络(唐海燕和张会清,2008)。

自20世纪80年代起,随着中国经济的迅速发展,中国逐渐融入东亚区域生产网络(张明志和李敏,2011)。根据 UN Comtrade 数据库,1995—2013 年,中国从日本、韩国以及印度尼西亚(简称印尼)进口的贸易总额分别增长了 6 倍、18 倍以及 12 倍,中国在东亚地区的经济地位和作用不断提升。按照 BEC 分类,1995—2009 年,从东亚进口的半成品和零部件两类中间产品一直占中国从东亚进口总额的 70% 以上(谢锐,2010),中间产品贸易在中国与东亚其他经济体的贸易中具有重要的地位。

　　一方面,逐渐形成了从东亚地区进口中间产品至中国进行加工生产,然后以最终产品出口至欧美消费的"新三角贸易"模式(WTO and IDE-JETRO, 2011),这主要体现了中国在东亚区域生产网络中加工贸易出口枢纽的作用。不少学者研究发现中国在"新三角贸易"模式中的加工贸易出口枢纽作用越来越大。Gaulier 等(2007)基于中国海关贸易数据发现,1997—2002 年期间,中国从亚洲进口的高技术产品贸易量占全部高技术产品贸易量的比重从 56％上升至 70％,且 2002 年超过一半的高技术产品进口是用于加工贸易出口而不是满足国内最终需求。郑昭阳和周昕(2007)基于中国与东亚双边零部件贸易数据及中美最终产品贸易数据发现,在"新三角贸易"模式中,中国作为东亚重要的零部件进口国和最终产品出口国的作用越发强大。1992—2005 年中国分别从日本、"四小龙"和东盟进口的零部件占其全部进口贸易的比重依次从 28％、48.07％和 40.06％增长至 35％、54.30％和64.08％,且中国最终产品出口美国占中国全部最终产品出口贸易比重提高了13.99％,而日本、亚洲"四小龙"和东盟对美国最终产品出口占全部最终产品出口总额分别下降了 3.46％、5.43％和 1.56％。李晓和付竞卉(2010)认为在"新三角贸易"模式中,中国已经取代日本成为了东亚地区对欧美的最大贸易出口国,且1990—2007 年期间中国制成品出口市场重心逐渐从亚洲向欧美国家转变。屈韬(2012)基于科学技术部发展计划司公布的数据研究发现,中国高技术产品进口高度依赖东亚地区,出口高度依赖欧美国家。2008 年,超过 60％的中国高技术产品贸易来自东亚,其中日韩、中国台湾所占比例较为显著,分别为 13.56％、15.3％和17.14％;而中国高技术产品主要出口欧美国家和中国香港,所占比重分别高达42.32％和23.45％,且出口中国香港的货物多转销欧美。丁一兵等(2013)基于 RIETI数据库研究发现,中国在东亚区域生产网络内仍主要扮演加工组装出口平台的角色。

　　另一方面,随着中国经济不断增长,国民收入及购买力水平不断提高,国内消费需求迅速扩张,使得中国为东亚提供了一个巨大的消费市场(《世界银行:2020 年的中国》编写组,1997),这体现了中国在东亚区域上的生产网络中的市场提供者①作

---

① "市场提供者"一词最先由日本经济企划厅在 1988 年提出,具体参见(日)经济企划厅国际地域协作促进研究会编《地域主义抬头条件下日本的选择》,1998 年版,第 145 页。而中国的东亚市场提供者问题最先由李晓(1995)提出,他认为中国将成为东亚经济增长的"火车头"、主要的"市场提供者"和重要的"协调者"。事实上,学术界关于市场提供者概念并无统一的界定。

用。李淑娟(2006)、李晓(2009)通过计算东亚对中国的出口占东亚出口总额的比重发现,中国的东亚市场提供者地位有所上升。Aksoy 和 Ng(2014)基于 UN Comtrade 研究发现,2001—2007 年中国制造业进口占包括东亚在内的全部发展中国家全部制造业进口的比重上升 9.1%,间接说明了中国在包括东亚在内的发展中国家市场提供率有所上升。

在区域经济一体化浪潮迅速兴起的背景下,中国逐渐融入东亚区域生产网络过程中,是否能够为东亚其他经济体提供足够大的市场来满足东亚经济的发展,中国在东亚区域生产网络中的不同作用孰大孰小,变化趋势如何,中国是否加强了东亚地区的经济体对欧美经济体的依赖都是非常值得研究的问题。总体而言,从中间产品视角来看,中国同时扮演着东亚加工贸易出口平台的作用,即从东亚进口中间产品,经加工返回东亚或出口至第三国被其消费吸收,和东亚的市场提供者角色,即从东亚进口中间产品,经加工被中国消费吸收或直接从东亚进口最终产品。

但上述文献存在明显的不足。一是并未全面考察中国融入东亚区域生产网络的双重影响,也并未明确提出中国融入东亚区域生产网络的市场提供者作用和加工贸易出口枢纽作用及其衡量测算方法,难以对比分析中国在东亚区域生产网络中的中间产品市场提供者作用和加工贸易出口枢纽作用及其演化趋势。二是基于基础贸易数据进行简单分析,在产品内分工深化和东亚区域生产网络内部进一步强化的背景下难以准确衡量一国参与全球价值链的真实情况(张海燕,2013;Koopman et al.,2014),更不用说衡量对比中国的东亚市场提供者和东亚加工出口枢纽作用。

基于此,如何准确衡量中国吸纳东亚产品的真实能力是反映中国融入东亚区域生产网络中的影响的关键(李晓和张建平,2010)。随着投入产出数据库的发展,全球价值链的分割和增加值贸易的测算不再遥不可及(Timmer et al.,2014)。开始有学者利用吸收的增加值来衡量真实的吸收能力是一个重要的方法。如:Pula 和 Peltonnen(2009)基于亚洲国际投入产出表计算了由各国最终需求引起的亚洲新兴经济体创造的增加值占亚洲新兴经济体创造的全部增加值的比例。王伟(2011)利用亚洲区域间投入产出表计算了由中国最终需求引起的东亚进口中间投入。但上述研究未考虑中国与东亚经济体日益扩张的半成品和零部件等中间产品的贸易规模,也没有考虑中国的出口复进口以及东亚出口隐含的第三方增加值,不能准确反映中国融入东亚区域生产网络的影响。

　　本文利用 Wang 等①(2014)双边贸易增加值分解模型,以进口中间产品增加值吸收能力为基准,分别构建中国吸收的东亚出口国中间产品增加值和加工贸易出口隐含的出口国增加值指标,以及中国的东亚中间产品市场提供率和加工贸易出口率,建立能够同时反映中国的东亚市场提供能力和加工贸易平台能力的框架,测算了中国从日本、韩国、印度尼西亚和中国台湾等东亚经济体进口中间产品被中国吸收、返回东亚经济体吸收、被欧美吸收和被世界其他经济体吸收的增加值,从而分析中国融入东亚区域生产网络的影响。

5.2　模型与数据说明

　　本章度量中国融入东亚区域生产网络过程中的影响,主要是通过构建中国吸收的东亚出口经济体中间产品增加值和加工贸易出口隐含的出口经济体增加值指标,以及中国的东亚中间产品市场提供率和加工贸易出口率,并分别从绝对量和相对量反映中国的东亚中间产品市场提供者作用和加工贸易出口枢纽作用。

5.2.1　三国模型

　　假设一个简单的三国模型(s 国、r 国和 t 国),r 国从 s 国进口的中间产品隐含的 s 国全部国内增加值(total domestic value-added, T_DVA)根据最终消费国的不同被分解为以下三部分:一是被直接进口国 r 国消费吸收的国内增加值(domestic value-added absorbed by direct importers, DVA_I);二是经直接进口国 r 国加工出口至第三国 t 国并被 t 国消费吸收的国内增加值(domestic value-added absorbed by third countries, DVA_T);三是经直接进口国 r 国加工出口返回 s 国消费的国内增加值(domestic value-added returns home, RDV)。后两项之

---

① 　在之后的篇幅中,Wang 等(2014)简称为 WWZ(2014)。

和是 s 国出口中间产品到 r 国，经加工出口返回 s 国消费或出口至第三国 t 国消费吸收的国内增加值(domestic value-added absorbed by other countries，ODV)。

本书借鉴 WWZ(2014)提出的双边贸易分解方程，对进口中间产品隐含全部国内增加值分解为进口国吸收的国内增加值(DVA_I)、被第三国吸收的国内增加值(DVA_T)和返回到中间产品进口来源国的国内增加值(RDV)三个部分，其计算公式如下：

$$DVA\_I = \hat{V}^s L^{ss} A^{sr} B^{rr} Y^{rr} + \hat{V}^s L^{ss} A^{sr} B^{rt} Y^{tr} \tag{5.1}$$

其中，DVA_I 表示被直接进口国 r 国吸收的 s 国中间产品增加值；$\hat{V}^s L^{ss} A^{sr} B^{rr} Y^{rr}$ 表示 s 国被直接进口国 r 国生产国内最终需求吸收的中间产品出口中隐含的国内增加值；$\hat{V}^s L^{ss} A^{sr} B^{rt} Y^{tr}$ 表示 s 国出口中间产品到 r 国，经 r 国加工以中间产品出口至 t 国，再经 t 国加工生产成最终产品返回 r 国消费吸收的 r 国中间产品出口隐含国内增加值；$\hat{V}^s$ 表示 s 国的增加值系数对角矩阵，用来衡量 s 国生产单位产出产生的国内增加值；L^{ss} 为 s 国区域内的列昂惕夫逆矩阵，表示在不考虑国际贸易的情况下，由 s 国单位最终需求对 s 国各部门总产出的完全需求量。L^{ss} 与 B^{ss} 的区别在于 L^{ss} 不含任何国际贸易信息，B^{ss} 代表全球范围内由 s 国单位最终需求对 s 国各部门总产出的完全需求量，包含中间品贸易流信息(WWZ，2014；KWW，2014)，且在三国两部门模型中满足 $L^{ss} = B^{ss} - L^{ss} A^{sr} B^{rs} - L^{ss} A^{st} B^{ts}$；$\hat{V}^s L^{ss}$ 为 s 国区域内完全增加值系数矩阵，表示 s 国单位最终需求引致 s 国创造的全部国内增加值；B^{rt} 为列昂剔夫逆矩阵，表示由 t 国单位最终需求对 r 国各部门总产出的完全需求量；Y^{tr} 为 r 国对 t 国各部门的最终需求；A^{sr} 为 r 国对 s 国的直接消耗系数矩阵，表示 r 国生产单位产品直接消耗 s 国各部门的中间投入量。

由式(5.1)可知，DVA_I 可以用来反映进口国 r 对进口来源国 s 的中间产品最终消费吸收能力，即 r 国的 s 国中间产品市场提供者作用，DVA_I 越大，r 国的 s 国中间产品市场提供者作用越大，DVA_I 越小，r 国的 s 国中间产品市场提供者作用越小。

同样的，可以得到被直接进口国 r 国加工返回中间产品进口来源国被其吸收的国内增加值(RDV)和出口至第三国吸收的国内增加值(DVA_T)，计算公式如下：

$$RDV = \hat{V}^s L^{ss} A^{sr} B^{rs} Y^{ss} + \hat{V}^s L^{ss} A^{sr} B^{rt} Y^{ts} + \hat{V}^s L^{ss} A^{sr} B^{rr} Y^{rs} \tag{5.2}$$

$$DVA\_T = \hat{V}^s L^{ss} A^{sr} B^{rr} Y^{rt} + \hat{V}^s L^{ss} A^{sr} B^{rt} Y^{tt} \tag{5.3}$$

式(5.2)中,RDV 表示 s 国出口中间产品至 r 国,经加工返回 s 国消费吸收的中间产品出口中隐含的国内增加值;$\hat{V}^s L^{ss} A^{sr} B^{rs} Y^{ss}$ 表示 s 国被直接进口国 r 国生产中间产品出口,返回 s 国内生产国内最终需求吸收的中间产品出口中隐含的国内增加值;$\hat{V}^s L^{ss} A^{sr} B^{rt} Y^{ts}$ 表示被直接进口国 r 国生产中间产品出口至 t 国,经加工以最终产品形式返回 s 国的中间产品出口中隐含的国内增加值;$\hat{V}^s L^{ss} A^{sr} B^{rr} Y^{rs}$ 表示被直接进口国 r 国生产最终产品出口,返回 s 国内吸收的中间产品出口中隐含的国内增加值。

式(5.3)中,DVA_T 表示 s 国出口中间产品到 r 国,经 r 国加工生产出口至第三国 t 国被其最终消费吸收的国内增加值;$\hat{V}^s L^{ss} A^{sr} B^{rr} Y^{rt}$ 表示 s 国被直接进口国 r 国生产最终出口至 t 国吸收的中间产品出口中隐含的国内增加值;$\hat{V}^s L^{ss} A^{sr} B^{rt} Y^{tt}$ 表示 s 国出口中间产品到 r 国,经加工最终出口至 t 国作为最终需求吸收的隐含的国内增加值。

本文定义 s 国出口中间产品到 r 国,经加工出口返回 s 国消费以及出口至第三国 t 国消费吸收的国内增加值(ODV)为 r 国加工贸易出口隐含的 s 国增加值(value added embodied in processing trade exports,DVP),计算方法如下:

$$
\begin{aligned}
DVP &= RDV + DVA\_T \\
&= \{\hat{V}^s L^{ss} A^{sr} B^{rs} Y^{ss} + \hat{V}^s L^{ss} A^{sr} B^{rt} Y^{ts} + \hat{V}^s L^{ss} A^{sr} B^{rr} Y^{rs}\} \\
&\quad + \{\hat{V}^s L^{ss} A^{sr} B^{rr} Y^{rt} + \hat{V}^s L^{ss} A^{sr} B^{rt} Y^{tt}\}
\end{aligned} \tag{5.4}
$$

DVP 反映了 r 国作为 s 国加工贸易出口枢纽作用,即 s 国出口中间产品至 r 国并最终被返回 s 国消费或被第三国 t 国消费吸收的过程。如果 r 国加工贸易出口隐含的 s 国增加值(DVP)越大,则反映了 r 国作为 s 国加工贸易出口枢纽作用越大,反之亦然。

为了进一步衡量中国的东亚中间产品市场提供者作用和加工贸易出口作用的相对重要性,我们分别定义 r 国吸收的 s 国中间产品增加值(DVA_I)、r 国加工贸易出口隐含的 s 国增加值额(DVP)占 r 国从 s 国进口的中间产品隐含的全部国内增加值(T_DVA)的比重为 r 国的 s 国中间产品市场提供率(DVA_I_ratio)、r 国的 s 国加工贸易出口率(DVP_ratio),计算公式①如下:

---

① 事实上,笔者根据 WWZ(2014)中多国双边贸易分解方程(见 p.30)对上文式(5.2)、(5.5)、(5.6)和(5.7)进行了一般化。限于篇幅,本文以三国为例进行说明。

$$DVA\_I\_ratio = \frac{DVA\_I}{T\_DVA} \tag{5.5}$$

$$DVP\_ratio = \frac{RDV + DVA\_T}{T\_DVA} \tag{5.6}$$

由于 $T\_DVA = DVA\_I + RVA + DVA\_T$，所以 $DVA\_I\_ratio + DVP\_ratio$ =1。如果 r 国的 s 国中间产品市场提供率（DVA_I_ratio）越大，则 r 国作为 s 国的中间产品市场提供者的作用相对越大，r 国的 s 国加工贸易出口枢纽作用相对越小，反之亦然。

5.2.2 数据说明

本章涉及的贸易数据和投入产出数据均来自世界投入产出表（World Input-Output Tables，简称 WIOTs）。WIOTs 涵盖 1995—2011 年期间 41 个经济体 35 个部门的投入产出情况，其中涉及的经济体包括 27 个欧盟成员国、其余 13 个主要国家（或地区）以及"世界其余地区"。本部分之后篇幅中的"东亚"是指由印度尼西亚、日本、韩国以及中国台湾组成的整体。为方便计算，本章将 WIOTs 涉及的 41 个经济体划分为印度尼西亚、日本、韩国以及中国台湾、中国内地、欧美和世界其余经济体七个区域。其中，欧美国家包括欧盟 15 国（法国、德国、英国、意大利、西班牙、葡萄牙、奥地利、爱尔兰、比利时、丹麦、希腊、卢森堡、荷兰、瑞典、瑞士）和美国；世界其余经济体是指除去中国内地、东亚四经济体、欧盟 15 国及美国以外的 20 个经济体。此外，本章采用王岚和李宏艳（2015）的分类方式将 WIOTs 13 个制造业根据 OECD（2011）的研究发展（R&D）强度分为高技术行业、中技术行业和低技术行业三类行业。其中，高技术行业包括化学原料及化学制品制造业、通用、专用设备制造业、电子设备及光学设备制造业和交通运输设备制造业 4 个行业。中技术行业包括石油加工、炼焦及核燃料加工业、橡胶和塑料制品业、非金属矿物制品业和金属冶炼及压延加工（除机械设备）4 个行业。低技术行业包括纺织业及纺织制品业、皮革毛皮羽绒及其制品业、木材加工及木制品业（除家具制造业）、造纸印刷业以及其他制造业和废品废料加工业 5 个行业。

5.3　整体结果分析

从绝对量视角来看,1995—2011 年期间,中国吸收的东亚出口经济体中间产品增加值(DVA_I)和中国加工贸易出口隐含的东亚出口国增加值(DVP)呈现出阶段性波动上升(表 5.1),从规模上反映出中国的东亚中间产品市场提供者作用和加工贸易出口枢纽作用的整体加强。具体分为四个阶段,1995—2001 年为第一阶段,中国吸收的东亚出口经济体中间产品增加值(DVA_I)和中国加工贸易出口隐含的东亚出口经济体增加值(DVP)增长缓慢;2002—2007 年为第二阶段,中国"世界工厂"的作用日益凸显,同时国民收入的迅猛增长亦刺激了国内最终消费,导致上述增加值的年平均增长率均翻了 2—3 番。2008—2009 年为第三阶段,受金融危机影响,中国加工贸易出口隐含的东亚出口经济体增加值(DVP)在全球价值链的"长鞭效应(bullwhip effect)"(Escaith et.al,2010;Johnson and Noguera,2012)作用下明显下降,其中最终被欧美吸收的中国加工贸易出口隐含的东亚出口经济体增加值下降幅度最大。中国吸收的东亚出口经济体中间产品增加值(DVA_I)虽仍呈上升趋势,但其年平均增长率大幅下滑。2010—2011 年为第四阶段,中国以及欧美等国政府采取一系列宽松的货币政策和宽松的财政政策刺激投资和消费,继而危机缓解,中国吸收的东亚出口经济体中间产品增加值(DVA_I)和中国

表 5.1　1995—2011 年中国吸收的东亚中经济体产品增加值和
加工贸易出口隐含的东亚增加值(亿美元)

	1995	2001	2002	2007	2008	2009	2010	2011
中国吸收的东亚中间产品增加值	257	392	465	991	1 037	1 135	1 431	1 761
中国加工贸易出口隐含的东亚增加值	107	160	211	777	733	591	811	902
—返回东亚吸收	24	32	39	99	93	77	108	126
—被欧美吸收	56	86	113	376	337	275	365	390
—被世界其余国家吸收	27	42	59	302	303	238	339	386
中国从东亚进口中间产品隐含的全部增加值	491	731	908	2 565	2 523	2 336	3 073	3 584

资料来源:作者计算整理而得。

加工贸易出口隐含的东亚出口经济体增加值（DVP）逐渐回升，且后者恢复并超过 2007 年的水平。

从相对量视角来看，1995—2011 年期间，中国主要以东亚中间产品市场提供者形式融入东亚区域生产网络，但重要性呈下降趋势。而加工贸易出口枢纽地位尽管较低，但重要性整体有所加强。图 5.1 显示，1995—2011 年期间，中国的东亚中间产品市场提供率（DVA_I_ratio）总体上呈明显下降趋势，加工贸易出口率（DVP_ratio）总体上呈明显上升趋势。1995—2001 年期间，中国的东亚中间产品市场提供率保持在 70%—74% 范围内间波动，加工贸易出口率保持在 26%—30% 间波动。2002—2007 年期间，前者呈下降趋势，年均下降 4.0%；后者呈上升趋势，年均上升 7.1%。2008—2011 年期间，受金融危机的影响，中国的东亚中间产品市场提供率有所回升，加工贸易出口率有所下降。事实上，中国的东亚中间产品市场提供率始终高于加工贸易出口率。2011 年，2/3 的中国从东亚进口的中间产品隐含的东亚出口经济体增加值是为了满足本国（地区）需求，仅 1/3 是为了满足中国的加工贸易出口。

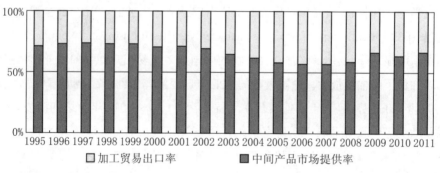

资料来源：作者计算整理而得。

图 5.1　1995—2011 年中国的东亚中间产品市场提供率和加工贸易出口率

究其原因在于改革开放以来，中国政府以一系列鼓励开放型经济发展政策为依托，不断承接日韩、中国台湾等发达经济体转移出来的劳动密集型产业，并以此为契机融入东亚区域生产网络。20 世纪 90 年代初期，凭借自身劳动力优势和资源优势，中国国民经济迅速发展，国内产业配套水平得到提高，开始自己摸索生产，导致中国对东亚原材料、零部件等进口中间产品的依赖性逐渐降低，中国的东亚中间产品市场提供者地位有所下降。自从加入 WTO 后，中国受跨国公司技术、管理水平、知识的外溢效应等影响，自身生产能力得到大幅度提高，加之与欧美各国之间的贸易壁垒不断降低,刺激了欧美国家中间产品对中国市场的分割,中国的东亚中间产品市场提供率明显下降。2008 年受全球金融危机影响,全球价值链的"长鞭效应"发挥作用,欧美等国家生产要素市场和产品市场萎靡不振,而中国位于全球价值链的低端,受到金融危机的影响相对较小,相对欧美等国不仅提高了对东亚进口中间产品的投入,还减少了加工贸易出口欧美的东亚出口国增加值,从而使中国的东亚中间产品市场提供者地位有所恢复。

进一步,从国别(地区)层面更细致地考察中国融入东亚区域生产网络的影响,从绝对量视角来看,1995—2011 年期间,无论是作为东亚的中间产品市场提供者还是加工贸易出口枢纽,中国对印度尼西亚的影响显著加强,对日韩、中国台湾的影响也呈上升趋势,且中国融入东亚区域生产网络对日韩、中国台湾的影响较大,对印度尼西亚的影响较小。

图 5.2 显示,作为东亚中间产品市场提供者方面,1995—2011 年期间,中国吸收的印度尼西亚中间产品增加值增长最快,年平均增长 15.0%。中国吸收的韩国中间产品增加值和中国台湾中间产品增加值分别保持着 14.5% 和 12.3% 的年平均增长速度。而中国吸收的日本中间产品增加值增长最慢,年平均增长 11.7%。1995—2001 年期间,中国吸收的印度尼西亚中间产品增加值年均增长率不到 1%,吸收的东亚其余经济体中间产品增加值年均增长 6%—11%。2002—2007 年期间,中国吸收的印度尼西亚、日本、韩国和中国台湾中间产品增加值显著增长,年平均增长率依次为 17.8%、13.7%、17.9% 和 10.7%。2008—2011 年期间,由于印度尼西亚相对日韩、中国台湾受全球金融危机的影响较小,中国吸收的印度尼西亚中间产品增加值大幅增加,年平均增长率高达 41.1%;而中国吸收的日本中间产品增加值、韩国中间产品增加值、中国台湾中间产品增加值仅增长至 15.4%、20.7% 和 18.2%。但由于印度尼西亚还处于初级发展阶段,2011 年,中国吸收的日韩、中国台湾经济体中间产品增加值显著高于中国吸收的印度尼西亚中间产品增加值。

作为加工贸易出口枢纽方面,1995—2001 年期间,中国加工贸易出口隐含的印度尼西亚增加值年均增长不到 2%,隐含的东亚其余经济体增加值年均增长 6%—11%。2002—2007 年期间,中国加工贸易出口隐含的东亚各国(地区)增加值显著增长,但中国加工贸易出口隐含的印度尼西亚增加值增长趋势仍不及隐含的日本增加值、韩国增加值和中国台湾增加值增长趋势明显。2008—2011 年期间,由于印度尼西亚相对日韩、中国台湾受全球金融危机的影响较小,中国加工贸易出口隐含的印尼增加值大幅增加,年平均增长率相较 1995—2007 年上升了 5 个百分点;而中国加工贸易出口隐含的日本增加值、韩国增加值、中国台湾增加值年平均增长率下降 20％—30％。事实上,中国通过自身出口贸易加工枢纽的作用提高了东亚各国(地区)对欧美等国际市场的依赖性。以日本为例,1995 年,中国加工贸易出口隐含的日本增加值中,欧美吸收 24.95 亿美元,2011 年增长至 147.10 亿美元。1995 年,欧美吸收的中国加工贸易出口隐含的日本增加值占中国从日本进口的中间产品隐含的增加值的比重为 14.14％;2007 年增长至 19.86％。

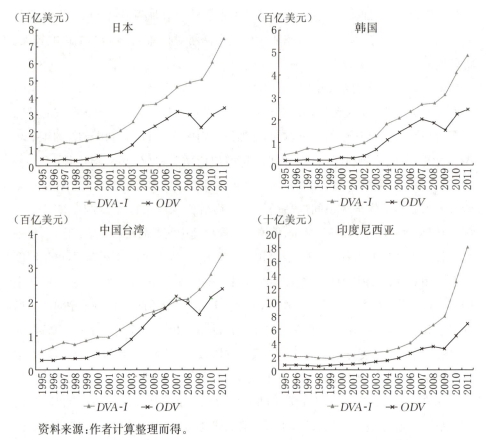

资料来源:作者计算整理而得。

图 5.2　1995—2011 年中国吸收的出口国(地区)中间产品增加值和
加工贸易出口隐含的出口国(地区)增加值变化趋势

综上所述,中国的东亚中间产品市场提供者作用和加工贸易出口枢纽作用均呈现出国别(地区)差异性。究其原因在于以下两点:一是中国与东亚各国(地区)存在不同程度的贸易互补性和贸易竞争性。具体来说,由于中国与中国台湾、日本、韩国在产业结构上存在明显的差异,使得中国与日韩、中国台湾之间的贸易以跨行业贸易(垂直贸易)为主,且具有较高的贸易互补性,故中国吸收的日韩、中国台湾中间产品增加值和加工贸易出口增加值相对较高;而中国与印度尼西亚在产业结构,尤其在制造业上较为相似,存在一定的贸易竞争性,导致中国吸收的印度尼西亚中间产品增加值和加工贸易出口增加值相对较高。二是中国与东亚各国(地区)存在不同的贸易政策环境。2004—2008 年,中国与东盟先后签署《货物贸易协议》、《服务贸易协议》以及《投资贸易协议》,逐渐降低了双方的贸易壁垒。印度尼西亚作为东盟成员国,与中国建立了紧密的贸易联系。目前,中国与日本尚未签署贸易协定,中国大陆与中国台湾(2010 年)、中国与韩国(2015 年)的协议签署时间较晚,故中国吸收的印度尼西亚中间产品增加值和加工贸易出口增加值增长明显快于吸收的日韩、中国台湾中间产品增加值和加工贸易出口增加值。

从相对量视角来看,中国对东亚四大经济体主要以中间产品市场提供者形式融入东亚区域生产网络,但重要性呈下降趋势。而加工贸易出口枢纽地位尽管较低,但重要性有所加强。其中,印度尼西亚对中国中间产品市场提供者的依赖性相对较高,日韩、中国台湾对中国中间产品市场提供者的依赖性相对较低。图 5.3 显

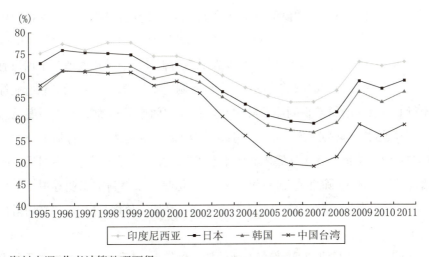

资料来源:作者计算整理而得。

图 5.3　1995—2011 年中国的中间产品市场提供率(*DVA_I_ratio*)变化趋势

示,2011 年,中国对印度尼西亚中间产品市场提供率高达 73.0％,对日本和韩国的中间产品市场提供率分别为 68.6％和 66.2％,而对中国台湾仅为 58.4％。值得注意的是,对于中国台湾,2007 年中国大陆的中间产品市场提供率低于加工贸易出口率,即意味着中国大陆的加工贸易出口枢纽地位高于中间产品市场提供者地位。

5.4 行业结果分析

　　这部分从行业层面考察中国融入东亚区域生产网络的影响,从绝对量视角来看,结论如下:(1)1995—2011 年期间,作为东亚的中间产品市场提供者,中国在少数低技术行业对东亚四大经济体的影响有所减弱,而在中技术行业和高技术行业对东亚四大经济体的影响显著增强。图 5.4 显示,对于日本,中国在制造业的中间产品市场提供者作用均有加强。其中中国吸收的通用、专用设备制造业等高技术行业以及非金属矿物制品业和石油加工、炼焦及核燃料加工业等中技术行业中间产品增加值增长显著,年平均增长率均高于 15％。对于韩国,中国吸收的纺织业及纺织制品业等低技术行业中间产品增加值有所下降;而中国吸收的通用、专用设备制造业、电子设备及光学设备制造业和交通运输设备制造业等高技术行业中间产品增加值增长显著,年平均增长率均高于 20％。对于中国台湾,中国大陆吸收的木材加工及木制品业和纺织业及纺织制品业等低技术行业中间产品增加值有所下降;而中国大陆吸收的电子设备及光学设备制造业和通用、专用设备制造业等高技术行业以及非金属矿物制品业等中技术行业中间产品增加值增长幅度最为显著,年平均增长率均高于 15％。对于印度尼西亚,中国吸收的木材加工及木制品业和纺织业及纺织制品业等低技术行业中间产品增加值有所下降;中国吸收的金属冶炼及压延加工(除机械设备)和石油加工、炼焦及核燃料加工业等中技术行业以及通用、专用设备制造业等高技术行业中间产品增加值增长显著,年平均增长率均高于 20％。

　　(2) 1995—2011 年期间,作为东亚的加工贸易出口枢纽,中国在少数低技术行业对东亚四大经济体的影响有所减弱,而在中技术行业和高技术行业对东亚四大经济体的影响显著增强。图 5.5 显示,对于日本,中国加工贸易出口隐含的皮革毛皮羽绒及其制品业等低技术行业增加值小幅下降;而隐含的通用、专用设备制造业和交通运输设备制造业等高技术行业和石油加工、炼焦及核燃料加工业等中技术行业中间产品增加值的增长显著,年平均增长率均高于 15%。对于韩国,中国加工贸易出口隐含的皮革毛皮羽绒及其制品业等低技术行业增加值有所下降;而隐含的电子设备及光学设备制造业和通用、专用设备制造业等高技术行业增加值增长显著,年平均增长率均高于 20%。对于中国台湾,中国大陆加工贸易出口隐含

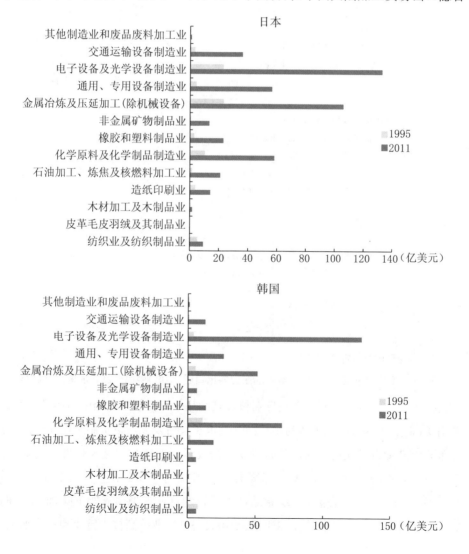

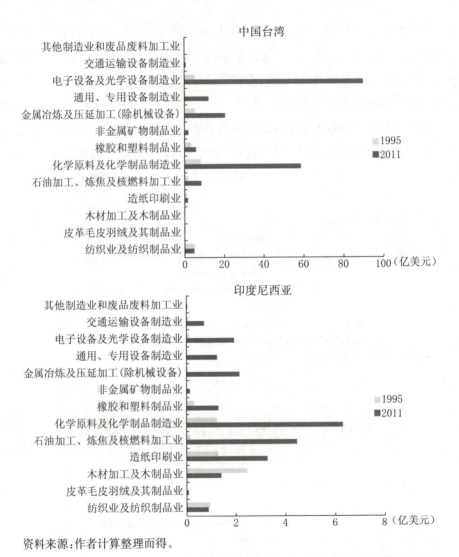

资料来源：作者计算整理而得。

图 5.4　1995 年和 2011 年中国吸收的东亚各出口国（地区）中间产品增加值情况趋势

的纺织业及纺织制品业和皮革毛皮羽绒及其制品业等低技术行业中间产品增加值略有下降；而中国大陆加工贸易出口隐含的电子设备及光学设备制造业和通用、专用设备制造业以及交通运输设备制造业等高技术行业增加值增长幅度最为显著，年平均增长率均高于 15%。对于印度尼西亚，中国加工贸易出口隐含的印尼木材加工及木制品业和纺织业及纺织制品业等低技术行业增加值有所下降；而隐含的在电子设备及光学设备制造业和通用、专用设备制造业等高技术行业和石油加工、炼焦及核燃料加工业等中技术行业增加值增长显著,年平均增长率均高于 20%。

2011 年,中国吸收日本、韩国和中国台湾电子设备及光学设备制造业、化学原料及化学制品制造业以及金属冶炼及压延加工业(除机械设备)中间产品增加值和加工贸易出口增加值相对较高,即中国作为东亚中间产品市场提供者和加工贸易出口枢纽对日韩、中国台湾上述行业的作用较大。其中,中国吸收日本、韩国和中国台湾中间产品增加值最高的行业均是电子设备及光学设备制造业。而化学原料及化学制品制造业在中国吸收的韩国各行业中间产品增加值和中国台湾各行业中

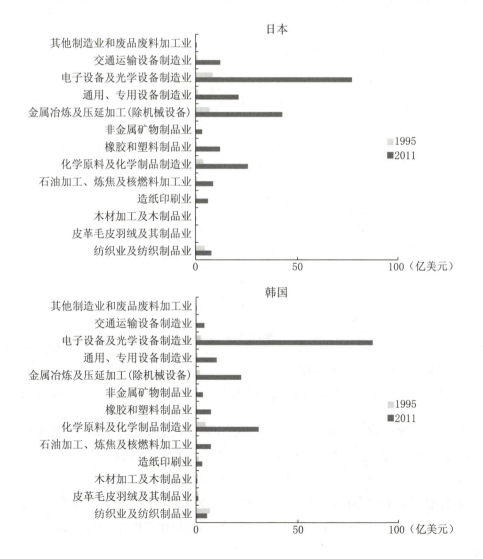

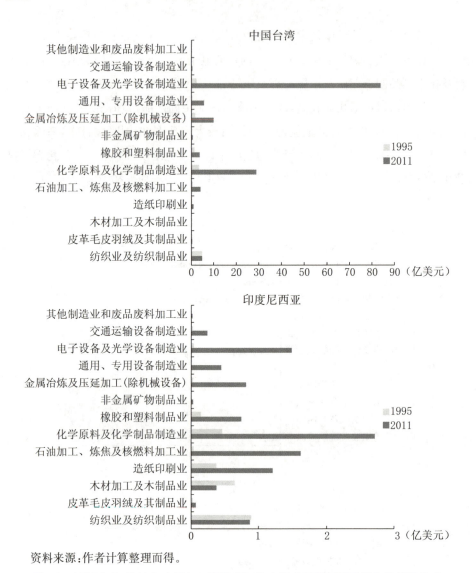

资料来源:作者计算整理而得。

图 5.5　1995 年和 2011 年中国加工贸易出口隐含的出口国(地区)增加值情况趋势

间产品增加值依次位列第二、第三。中国吸收的日本、韩国金属冶炼及压延加工业(除机械设备)中间产品增加值均大于 20 亿美元。而印度尼西亚因其技术水平、要素禀赋结构与日韩、中国台湾相差较大,故中国吸收的印度尼西亚中间产品增加值与其他三个经济体存在较大的行业差异性。具体来说,由于印度尼西亚在采矿业、农林牧渔业和食品、饮料制造业及烟草加工业的相对比较优势(石柳等,2013),故

中国吸收印度尼西亚上述行业中间产品增加值较高,但上述行业尤其农林牧渔业
创造的附加值低,再加上受到中国和其余东盟国家的竞争压力,所以中国吸收印尼
中间产品增加值并不高。

　　从相对量视角来看,1995—2011 年期间,除纺织业及纺织制品业、皮革毛皮羽
绒及其制品业和非金属矿物制品业外,中国作为东亚各经济体的中间产品市场提
供者地位有所下降,加工贸易出口枢纽地位有所上升。图 5.6 显示,1995—2011 年
期间,受日韩、中国台湾电子产业跨国公司的溢出效应影响,中国在东亚各经济体

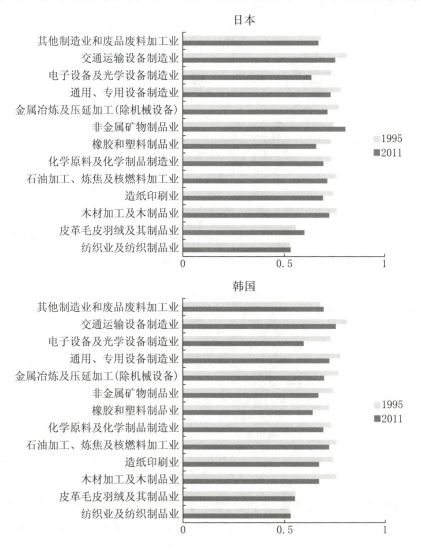

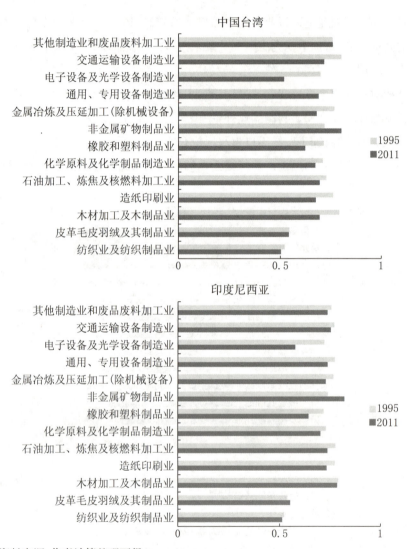

资料来源：作者计算整理而得。

图 5.6 1995 年和 2011 年中国的东亚中间产品市场率（DVA_I_ratio）

电子设备及光学设备制造业的中间产品市场提供率的下降最为显著。2011 年，中国在东亚各国（地区）纺织业及纺织制品业、皮革毛皮羽绒及其制品业、电子设备及光学设备制造业的中间产品市场提供率仅略高于对应的加工贸易出口率。事实上，2007 年，中国在东亚各经济体的纺织业及纺织制品业、皮革毛皮羽绒及其制品业、电子设备及光学设备制造业的中间产品市场提供率低于对应的加工贸易出口率,且中国大陆对中国台湾各服务业的中间产品市场提供率基本上亦低于对应的加工贸易出口率,反映了中国大陆在中国台湾各服务业的加工贸易出口枢纽作用高于中间产品市场提供者作用。

5.5 小结

在全球价值链分工模式下,中国从东亚进口中间产品,经加工、生产,可能在本国消费,可能返回至东亚由其消费吸收,也可能出口至欧美等其他国家。根据最终消费国的不同,本章构建中国吸收的东亚出口国(地区)中间产品增加值(DVA_I)和加工贸易出口隐含的东亚出口国(地区)增加值(DVP)指标,以反映中国的东亚中间产品市场提供者作用和加工贸易出口枢纽作用。主要结论与政策建议如下:

1995—2011 年期间,中国吸收的东亚出口国(地区)中间产品增加值(DVA_I)和中国加工贸易出口隐含的东亚出口国(地区)增加值(DVP)呈现出波动上升,从规模上反映出中国的东亚中间产品市场提供者作用和加工贸易出口枢纽作用的整体加强。中国主要以东亚中间产品市场提供者形式融入东亚区域生产网络,但重要性呈下降趋势。而加工贸易出口枢纽地位尽管较低,但重要性整体有所加强。这意味着中国在东亚区域生产网络的重心逐渐从中间产品市场提供者向加工贸易出口枢纽转移,并在一定程度上反映了从东亚地区流入中国的 FDI 仍然以市场寻求型(market-oriented)为主,但出口导向型(export-oriented)FDI 的增长速度高于市场寻求型,使得其与市场寻求型 FDI 之间的差距逐渐缩短。为中国进一步融入东亚区域生产网络,吸收来自东亚地区的 FDI,政府应该顺应 FDI 发展趋势,在加工贸易出口方面创造更为宽松的投资政策。

无论是作为东亚的中间产品市场提供者还是加工贸易出口枢纽,中国对印度尼西亚的影响显著加强,对日韩、中国台湾的影响也呈上升趋势。2015 年 6 月,中韩签订自贸协定,实现了中韩市场的联合,同时对中日韩自贸区、亚太自贸区的谈判起到了很好的示范作用。目前,美国正在积极推进 TPP 和 TTIP 的谈判,一旦达成,将对中国乃至全球形成巨大的影响。面对未来更加复杂、严峻的贸易格局,中国应该双管齐下。一方面，以中国—东盟、中国—韩国自贸协定为依托，加快中国—东盟自贸区(升级版)以及中日韩自贸区谈判，促进亚太自贸区的建设。另一方面，积极推进"一带一路"经济带的运输要道的建设，降低中国与亚欧国家、地区间的贸易运输成本，将贸易范围逐渐辐射到中亚、东南亚、西欧、东欧等更多的国家和地区。

在逐渐融入东亚区域生产网络的过程中，中国在纺织业及纺织制品业等低技术行业对东亚经济体的影响有所减弱，在金属冶炼及压延加工(除机械设备)等中技术行业和通用、专用设备制造业等高技术行业对东亚各出口国(地区)的影响显著增强。在东亚区域经济一体化过程中，应重点发展自身特色产业及中高技术产业，加强东亚其他经济体与中国的贸易互补性。中国也应进一步结合东中西部经济呈梯度发展的现实国情采取差异化的国际分工策略。中西部地区依托丰富的自然资源和廉价劳动力资源，承接来自日本、韩国、中国台湾等发达经济体的劳动密集型工序，缓解就业压力，培养熟练劳动力；东部地区依托发达制造业和现代服务业以及丰富的科技人才和熟练劳动力，承接附加值高的生产环节甚至部分研发环节的外包业务。

事实上，中国通过加工贸易出口枢纽的作用成为了东亚重要的出口平台，提高了东亚经济体对欧美等国际市场的依赖性。这主要是因为日韩、中国台湾等东亚经济体在机械电子业等高技术行业具有相对比较优势(于津平，2003)，在国际市场上仍具有很强的竞争力，中国仍需向其进口附加值高的中间投入品，经加工组装后再大规模出口到欧美等国家。在融入东亚区域生产网络及全球价值链的过程中，中国应该抓住产业链高端转移机遇，通过跨国公司的技术、管理知识等外溢效应加快自身机械电子类等高新技术产业升级，进一步提高国际竞争力。

第6章
区域经济一体化理论与经济效应研究进展

20世纪90年代以来,随着全球多边贸易谈判(多哈回合)受挫,欧盟国家和美国等大国转变对外政策引发区域贸易协定的"多米诺骨牌效应",区域经济一体化进入第三次发展高潮,各国均加快了区域贸易自由化的进程,涌现出大量的区域贸易协定。然而,近年来,特别是2008年全球金融危机爆发以来,以世贸组织(WTO)为代表的全球多边贸易体系陷入停滞,其所代表的全球贸易规则在一定程度上已经落后于国际经贸格局的新变化,无法满足相关国家的利益诉求(俞建华,2013);多边贸易规则仍停留在1994年达成的乌拉圭贸易协议,其深度和广度都无法满足当前各国产业发展和彼此间更加密切的经贸联系的需要。在亚洲,多项自贸谈判同时展开,自贸区建设进入多元推进的新阶段。目前,亚太自由贸易区(FTAAP)、跨大西洋贸易与投资伙伴协定(TTIP)、跨太平洋伙伴关系(TPP)、区域全面经济伙伴关系(RCEP)等区域自由贸易协定形成一张巨型自由贸易区(FTA)网络,这一方面将在很大程度上改变世界贸易规则、标准和格局,挑战现有贸易规则体系,另一方面带来巨型自贸区的多米诺效应(林桂军,2013)。这种区域贸易体系和区域贸易协定现状无疑给区域经济一体化发展带来新的挑战和机遇,也为区域经济一体化研究提供了新的理论基础和实证素材,本章将对国内外区域经济一体化理论与经济效应研究进展进行梳理。

6.1　区域经济一体化理论研究进展

区域经济一体化理论包括自由贸易区理论、关税同盟理论、共同市场理论、经济同盟理论、完全的经济一体化理论。实际上，由于传统贸易理论的前提假设是生产要素只能在成员国内自由流动，而不能在成员国之间自由流动，因此，上述传统区域经济一体化理论研究都是以"关税同盟理论"为基础的。关税同盟可以看成是统一外部关税的自由贸易区，因此，区域经济一体化的理论研究可以追溯到关税同盟理论，关税同盟理论研究也成为区域经济一体化理论的奠基石。

Viner(1950)首次提出贸易自由化经济效应不确定性的质疑，关税同盟理论逐渐成型，并系统提出"贸易创造"(trade creation)和"贸易转移"(trade diversion)效应两大重要概念，指出关税同盟的效应即贸易创造和贸易转移效应获得的实际利益，其研究成果也成为区域经济一体化理论的核心。Viner(1950)认为区域经济一体化带来了贸易创造和贸易转移，贸易创造能够降低产品供给成本，提高资源配置效率，增进福利；相反，贸易转移会提高产品供给成本，降低资源配置效率，降低福利。因此，区域经济一体化不是一定能够促进成员国经济发展和福利改善。而在此之前，学者们一般认为在自由贸易体系下，各国以不同的比较优势配置要素，在获得贸易收益的同时还能促进交易各国经济增长和福利改善。Makower 和 Morton(1953)就贸易创造和贸易转移效应进行解释。Meade(1955)通过修订 Viner(1950)模型中的进出口商品不可替代的假设，将区域经济一体化分析扩展到自由贸易区，分析成立自贸区对成员国贸易流量、贸易条件的影响，提出用贸易量的上升幅度来测度边际关税下降所导致的福利上升，认为在供给弹性无限大、需求弹性为零的假设下，贸易创造能增加福利，而贸易转移引发福利损失。Lipsey 和 Lancaster(1956)就贸易转移效应和贸易创造效应进行了解释，认为当需求曲线向右下方倾斜或供给曲线向上倾斜时，即消费效应大于贸易转移效应时，贸易转移也能带来福利水平的增加。随后，Lipsey(1957)针对商品的替代性，运用传统国际贸易理论分析方法设立简单模型对 Viner(1950)提出的贸易转移一定减少福利的结论进行验证,发现贸易转移不一定会减少福利。Lipsey(1960)提出了关税同盟成立后可能导致福利效应变化的渠道,包括根据比较优势的专业化分工、规模经济效应、贸易条件变化、市场扩大导致的竞争加剧带来的生产效率的变化以及经济的增长,并对消费效应进行了研究,认为当消费效应大于贸易转移效应时,即使不存在贸易创造效应,在理论上关税同盟国和整个世界的福利效应都会增加。上述学者对区域经济一体化进行静态分析,量化关税同盟的贸易创造效应和贸易转移效应,将其作为衡量区域经济一体化成功与否的首要标准。

从"关税同盟理论"的观点来看,任何区域经济一体化安排并不一定是有积极效应的,即使对成员本身而言,无论是出于经济目的(如规模经济)、政治目的(如民族主义的雄心)或是文化目的。但是,Viner(1950)对关税同盟的福利分析方法还存在其他一些限制条件。当成员国(地区)经济规模比较大时,只有在我们仅考虑世界总体福利水平的情况下,运用贸易创造效应和贸易转移效应来描述互惠贸易自由化的福利效果才是可行的。如果我们只考虑成员国(地区)的福利水平,则贸易转移也可以通过改善贸易条件而导致成员国(地区)福利水平的提高。尽管存在这些限制,"关税同盟理论"中的贸易创造和贸易转移仍是传统区域经济一体化理论的中心议题,至少它为传统的区域经济一体化的福利分析提供了一个理论基础。

上述学者对"关税同盟理论"多侧重于静态分析,而忽视了经济增长、动态效应,随着学者们对"关税同盟理论"的不断修正,涌现出一些新的区域经济一体化理论框架。Scitovsky(1958)提出"大市场理论",认为建立自由贸易区或关税同盟之前,成员国国内某些重要行业可能会形成某种程度的垄断,对于这些集中度较高的行业来说,经济一体化有可能通过成员国竞争厂商的成功进入而降低支配厂商的市场份额,提高行业的竞争程度,而小企业则可能通过兼并、联合来提高效率,增强竞争力。以两个国家为例,如果两国相互取消贸易壁垒,那么两国厂商都将扩大出口,而进口的增加又使得两国厂商在其国内的市场份额都将降低,从而各国市场的集中度都将降低。贸易自由化提高了两国市场的竞争程度,在不完全竞争部门,成员国垄断厂商的市场力量下降,而均衡产量随着市场集中度的下降而有所上升。考虑规模经济效应,均衡产量的上升将降低平均生产成本,这种效应就是自由贸易安排的竞争促进效应,也是成员国区域经济一体化的重要的效应之一。Cooper 和Massell(1965)提出"偏好工业生产理论",对于小国而言,如果非歧视性关税削减到形成关税同盟时共同关税的水平,那么只有贸易创造效应而没有贸易转移效应,一国单方面实行非歧视性关税削减比建立关税同盟更具优越性。这是对 Viner(1950)重要命题的一种新发现,即关税同盟与等量的非歧视性关税削减相比,是一种次优政策。

随后,Krugman 等学者从动态分析角度出发,把规模经济效应、不完全竞争、多样化偏好、产品异质性等范畴纳入规范的贸易理论分析框架中,提出新贸易理论,但是在现实中,由于这些效应是动态的,很难系统、确切地进行衡量,最多只能作出经验估计或观察。Dixit 和 Stiglitz(1977)将规模经济和产品差异化引入国际贸易,Krugman(1980)从产业经济的角度用规模经济和不完全竞争理论解释了这一新国际贸易模式。Krugman(1991)假定国家之间是对称的,世界上有 N 个完全相同的国家,分成完全相同的 B 个贸易集团,每个国家只生产一种有自己特色的产品。消费者消费所有的产品,且偏好服从 Dixit—Stiglitz 偏好,各个国家之间不存在运输成本。当 $B=N$ 时,每个国家都是一个贸易集团,即没有区域经济一体化发生,当 B 减少时,贸易集团内的国家实行贸易自由化而对外征收共同的关税,共同关税的选择遵循集团福利最大化原则。在这一框架下,Krugman 的研究结果指出,当世界上贸易集团的数目很多时,贸易创造效应仅发生在很少的国家间,而贸易转移效应却发生在很多国家之间,因此,贸易转移效应远远大于贸易创造效应,从而随着贸易集团的扩大,贸易集团数目的减少,各个国家的福利水平逐渐恶化。当世界上仅存在三个贸易集团时,世界福利水平达到最小;当世界上存在两个贸易集团时,世界福利水平虽然将开始上升,但仍低于最惠国条件下的福利水平;最后当全世界实现贸易自由化时,世界福利达到最大。因此,地理上临近的国家之间组成区域贸易安排(RTA)可以降低贸易转移效应。Frankel 等(1995, 1996)继续拓展了 Krugman(1991)的研究,假定不同大陆上的国家进行贸易时存在运输成本,而同一大陆上的国家之间则不存在运输成本,其研究表明,随着各大洲之间的运输成本相对于大洲内部的运输成本上升,建立贸易集团的福利也在上升,跨大洲建立贸易集团的福利影响是负的,这一点与现实中大部分区域经济一体化组织或多或少带有地区性特征相符。

另外,Balassa(1965)指出,传统的关税同盟理论不适合发展中国家,因为它未考虑一体化与发展的相互作用。Cooper 和 Massell(1965)曾试图建立发展中国家的关税同盟理论,提出了与传统理论不同的分析框架,从一个全新的视角逼近发展中国家区域经济一体化的论题。他们指出区域经济一体化研究应该涉及规模经济、贸易条件、贸易平衡、外部性、资本品进口、非充分就业等内容,同时发展中国家参与区域经济一体化除了经济目标以外还应有非经济目标,如工业化目标等。他们认为,发展中国家政府可能出于非经济的原因保护国内市场。这种保护必须付出代价,建立关税同盟的方式比以非歧视性关税保护的方式付出的代价要小。如果非歧视性关税削减到形成关税同盟时共同关税的水平,那么只有贸易创造效应而没有贸易转移效应,说明一国实行非歧视性关税削减比建立关税同盟更具优越性。Johnson(1965)研究了发展中国家的关税同盟理论,假定小国同盟,且关税必须用于保护整体制造业,由于"市场互换",对于整体同盟而言,关税同盟比单独的关税更有效率,同盟国各自生产具有比较优势的产品,实现真正的贸易创造效应。

6.2　区域经济一体化的经济效应研究进展

区域经济一体化的经济效应分析,分为贸易效应(包括贸易创造效应和贸易转移效应)、投资效应(包括投资创造效应和投资转移效应)以及增长效应,分析模型包括引力模型、GTAP 模型和可计算一般均衡(Computable General Equilibrium,CGE)模型,涵盖事前评估和事后评估。

6.2.1　贸易效应

区域经济一体化贸易效应的研究,多是分析各成员方贸易流和贸易条件的变化,主要是通过贸易创造和贸易转移效应来衡量参与区域经济一体化对贸易流量和贸易条件的影响,而对区域经济一体化贸易效应的主要分析模型有巴拉萨模型、引力模型、一般均衡模型和 GTAP 模型。巴拉萨模型和引力模型属于静态分析和事后分析,而一般均衡模型属于事前分析。模型中均存在与现实不符的假设条件限制,因此得出的贸易效应相关结论难免都有它的局限性。而对于后来的 GTAP

模型则更近了一步，采用了比较静态分析，并正向动态模型拓展。即使如此，仍存在一些假设条件，尽管同以往的模型相比更趋向经济现实，但还是摆脱不了受假设前提限制下的特定研究结论。

Viner(1950)系统提出"贸易创造"和"贸易转移"概念后，Meade(1955)将其理论由区域经济一体化扩展到自由贸易区，他们所建立的 Viner—Meade 分析框架从理论上分析了区域经济一体化的贸易创造和贸易转移效应，Made—Lipsey 模型指出，一个较小幅度的关税减让会增加本国福利，但完全的自由化对本国福利的影响则是模糊不清的，这一模型在 RTA 理论分析中有着较大的影响。Lipsey 和 Lancaster(1956)就贸易转移和贸易创造效应进行了解释，认为当需求曲线向右下方倾斜或供给曲线向上倾斜时，即消费效应大于贸易转移时，贸易转移也能带来福利水平的增加，进一步发展了 Meade 创立的所谓的"次优理论"。Tinbergen (1962)首次将引力模型运用到对外贸易分析框架中，在引力模型中加入了优惠性贸易协定(PTA)虚拟变量，结果表明达成某种形式的 PTA 可以促进双边贸易。Aitken(1973)应用截面数据将区域贸易协定(Regional Trade Arrangement, RTA)纳入引力模型，研究了欧共体(EEC)和欧洲自由贸易联盟(EFTA)的贸易创造和贸易转移效应。Wonnacott 和 Wonnacott(1981)利用提供曲线证实，如果在关税同盟成立之前，一个国家对伙伴国和非成员国都征收关税，单边关税削减并不优于关税同盟。如果假定关税同盟的成员体为小国经济，面对具有完全弹性的世界供给曲线，建立关税同盟后因内部关税的削减使本国生产成本高于其他国家而低于伙伴国的产品出口量增加，将为该国带来不同于贸易创造的收益。即建立关税同盟可以使东道国和伙伴国都能得到单边削减关税所不能得到的收益。Winters 和 Chang(2000)和 Chang 和 Winters(2002)分别分析西班牙加入欧盟、巴西加入南方共同市场的贸易条件效应，结果表明由于巴西关税变化的直接影响以及巴西和阿根廷(及其他国家)之间零关税的间接影响，非成员国出口商品价格下降，贸易条件会恶化，而成员国贸易条件得到改善。

Xinshen Diao 等（2002）利用单国动态 CGE 模型研究美洲自由贸易区(FTAA)和南方共同市场(Mercosur)与欧盟(EU)联盟的贸易效应，结果表明两种形式的一体化均有利于一体化成员国获得净贸易创造，即贸易区内成员国的贸易创造效应大于贸易转移效应，且对非成员国的影响较小。Burfisheretc 等(2003)指出,传统的对称模型和非对称模型均将外部关税设置为外生,即假定参与区域经济一体化的国家与其他国家间的关税水平保持不变。然而,如果区域经济一体化成员方具有可能影响世界进出口市场价格的能力,或者产品生产成本可能随着产量的增加而上升,就有必要考察贸易条件效应。Jong-Wha 和 Innwon Park(2005)利用引力模型分析在东亚建立自由贸易区的贸易效应,指出自贸区在东亚的成立能够给自贸区内国家带来显著的贸易创造效应,但是并没有引起明显的贸易转移效应。Taegi Kim 和 Jun-Heng Zhan(2006)利用引力模型分析中国与韩国、日本建立自贸区对贸易和产业结构的影响,结果发现中国与韩国和日本设立自贸区能够促进贸易额的增长。Hyun 等(2006)应用 GTAP 模型预测了中日韩自贸区对世界经济的影响,结果显示该自由贸易区使得成员国和非成员国之间有很强的贸易转移效应,自由贸易区会促进成员国的贸易量增加,但是对非成员国也产生了巨大的负面效应。Arvind Subramanian 等(2007)运用扩展的贸易引力模型分析发现,WTO极大地促进了成员国的贸易,但是这种促进作用在各成员国之间并不均衡。学者们(Eicher et al., 2011；Eicher et al., 2012；Cheong J et al., 2013)还运用引力模型、一般均衡模型对 WTO、PTAs 等区域经济一体化协定的贸易效应及其影响因素进行了分析。Lorenzo Caliendo 和 Fernado Parro(2014)研究《北美自由贸易协定》(NAFTA)的福利效应发现,NAFTA 带来的关税削减使墨西哥和美国的福利得到增进,加拿大的福利降低,但是三个国家的贸易均增长。Ramakrishnan 等(2014)以印度为例,运用引力模型实证分析印度参与的自由贸易协定——包括东南亚国家联盟(ASEAN)、《南亚自由贸易协定》(SAFTA)和印度—斯里兰卡自由贸易协定——是否促进了产品内贸易,结果表明自由贸易协定显著促进了印度的产品内贸易。

随着中国贸易自由化进程的加快,近年来国内关于区域经济一体化贸易效应的研究成果也开始丰富起来。陈雯(2002)通过贸易份额法和引力模型对中国—东盟自由贸易区建设的贸易效应进行研究,发现东盟自由贸易区建设在一定程度上促进了东盟区域内贸易的发展,但其作用是有限的。姜书竹和张旭昆(2003)还建立了东盟(ASEAN)的贸易引力模型,加入了东盟成员国资格和 APEC 国家成员资格作为虚拟变量引入模型,验证了 ASEAN 和 APEC 的存在明显促进了东盟国家之间的贸易。李猛(2006)通过运用引力模型对中国同东盟各国间的双边贸易量进行了定量估计和考察,结果表明,中国—东盟自由贸易区的建立对成员国间双边贸易扩大具有显著的推动作用。陈汉林和涂艳(2007)应用引力模型测度了中国—东盟自由贸易区建立下中国的静态贸易效应，结果表明贸易转移效应远远大于贸易创造效应，而且贸易创造效应和贸易转移效应之间的差额逐年增长。张婕和许振燕(2007)运用巴拉萨模型，实证分析了更紧密经贸关系的安排(CEPA)的基本协定产生的贸易创造和贸易转移的静态经济效应，结果表明实施 CEPA 协定能够产生贸易创造效应，但并未产生明显的贸易转移效应。徐婧(2009)基于 1999—2006 年中国和东盟五国早期收获产品的贸易流量数据，应用贸易比重指数和行业贸易引力模型，评估中国和东盟五国早期收获产品的贸易效应，认为 CAFTA 对成员国的早期收获产品在贸易区内的出口具有贸易扩大效应，同时对东盟五国之间和贸易区外的国家与贸易区成员国之间的进出口存在贸易转移效应。陈雯(2009)运用引力模型的"单国模式"考察中国—东盟自由贸易区的建立对中国与东盟国家进出口贸易的影响，发现近几年中国—东盟自由贸易区的建立在一定程度上促进了中国同东盟国家的进出口贸易。朱润东和吴柏林(2010)运用时空数列模型，分析北美三国签署《美加自由贸易协定》(CUSTA)和《北美自由贸易协定》对贸易增长效应的静态影响。杨欢(2012)运用修正的巴拉萨模型，分析中国—东盟自由贸易区的贸易效应，结果显示该区域经济一体化对中国进口贸易具有显著的贸易创造效应，而贸易转移效应不显著。吕宏芬和郑亚莉(2013)以中国—智利自由贸易协定为例，运用引力模型实证分析了区域经济一体化带来的进出口贸易效应，结果表明区域经济一体化对两国出口和进口贸易均有积极的促进作用。程伟晶和冯帆(2014)分析中国—东盟自由贸易区的贸易效应，发现该自贸区的建立具有显著的贸易创造效应，而对中国与非东盟国家的进出口贸易影响不明显，贸易转移效应并不显著。

6.2.2　投资效应

区域经济一体化的主要目的是促进经济增长，而投资是经济发展的关键环节，对政策制定者而言，外商直接投资(FDI)被赋予超越一般资本的意义，在区域经济一体化过程中 FDI 的变化引起政策制定者和学者的关注(Schiff and Winters，2003)。区域经济一体化的投资效应分为静态投资效应和动态投资效应，前者主要强调在较短时期内，区域经济一体化引起的投资所引起的投资自由化程度的改变，以及伴随相对价格改变所引起的投资转移和投资创造效应;后者强调中长期投资效应,是区域经济一体化带来的区域投资便利化、贸易壁垒削减等产生的投资增加。

Kindleberger(1966)在贸易创造和贸易转移分析的基本框架下,率先提出"投资创造"和"投资转移"概念,认为区域经济一体化的发展将引发投资创造和投资转移,构建了自由贸易区的投资效应分析框架,从而将区域经济一体化经济效应的研究推进到投资效应研究领域。随后,Yannopoulos(1990)按照跨国公司对区域经济一体化的反应划分投资类型,分为防御性进口替代投资、重组投资战略、理性投资战略和进攻性进口替代投资 4 种 FDI 类型。Dunning(1993)从动态角度根据投资动机对 FDI 类型进行细分,并指出贸易环境的改善(如区域经济一体化)将增加市场扩大型 FDI 的流入。

学者们认为,区域经济一体化可能通过贸易自由化、贸易壁垒降低吸引外商直接投资。Baldwin 等(1995)运用可计算一般均衡模型实证分析了欧洲单一市场计划对其成员国产生的投资创造和投资转移效应,结果表明,欧洲单一市场计划可能产生投资创造效应,对欧洲自由贸易联盟产生投资转移效应。Motta 和 Norman (1996)将投资效应由理论分析发展到实证分析,构建 3×3 模型分析经济一体化对 FDI 的影响,结果显示,区域内贸易壁垒降低、市场准入扩大会促使区域外部企业在区域内进行投资,参与一体化的国家更有动机鼓励外部企业进行对外直接投资。Blomstrom 和 Kokko(1997)认为区域经济一体化对 FDI 的影响首先表现为区域经济一体化中有关投资便利化措施对 FDI 流入产生直接的正向影响,其次主要体现在贸易自由化上,降低关税将吸引更多外商直接投资,并可能导致原来试图进行关税避让的投资者转而进行出口,从而间接促进 FDI 流入。Brenton 等(1999)运用引力模型分析欧盟和中欧国家之间的一体化发展对 FDI 的影响,发现欧盟一体化发展战略不太可能抑制其对外投资。Francois 和 Rombout(2000)实证研究表明,吸引投资取决于各国的经济规模和技术水平,南北区域经济一体化对于小国来说产生了明显的投资增长效应,在爱尔兰、西班牙和葡萄牙加入欧盟、乌拉圭加入南方共同市场(Mercosur)以及墨西哥加入《北美自由贸易协定》(NAFTA)以后,均发生 FDI 急剧增加的现象。Levy 等(2003)对发达国家的双边投资存量面板数据进行分析后指出,RIAs 和 FDI 之间存在积极的正向作用,加入 RIAs 的国家 FDI 平均增长 27%,但是这个结果并没有将发展中国家纳入考虑范围。Montout

和 Zitouna(2005)研究南北型区域经济一体化对 FDI 流量的影响，结果表明南方国家以低生产成本吸引更多北方国家的 FDI 流入，但是该模型只考虑区域内发达国家的市场需求。Lederman 等(2005)对 45 个国家进行实证分析发现，加入 RIAs 会使 FDI 流入增加三分之一。Raymond Macder-mott(2007) 和 A. Tekin-Koru (2010)分别运用投资引力模型和倍差法分析北美自由贸易区(NAFTA)成立对 FDI 流入的影响，结果表明北美自由贸易区的成立对美国、加拿大、墨西哥的 FDI 流入均具有正向作用，且流入加拿大的 FDI 增加最多。Antras 等(2010)从企业层面分析区域贸易协定 ASEAN 对 FDI 的影响，结果表明 ASEAN 签署后在美跨国企业活动更加频繁，FDI 流量增加。Takebe 和 Mlachila(2011)分析了"金砖四国"对低收入国家的直接投资影响。Cuong(2013)运用引力模型分析 WTO 制度对越南的外商直接投资的影响，认为越南加入 WTO 有利于其吸引更多的 FDI。

中国作为 FDI 的主要流入国，且近年来中国与多国签署自贸协定、实现区域经济一体化发展，研究中国参与区域经济一体化对 FDI 的影响具有现实意义。杜群阳和宋玉华(2004)明确界定了中国—东盟自贸区投资效应的概念，指出投资创造和投资转移将是未来东盟贸易自由区投资效应的主导因素，中国—东盟自贸区成立后中国 FDI 流入层次提高，这与投资转移效应有关。周毓萍等(2005)运用 FDI 区位决定因素模型和固定效应方法分析了中国与东南亚国家吸引外资的相互影响，结果表明中国并没有排挤东南亚国家吸引外资的空间，中国和其他国家吸引 FDI 流入是互补关系。李皖南(2006)探讨了东盟自由贸易区的投资效应，指出东盟各国通过逐步取消对 FDI 的各种限制、减少外资的市场开发成本、增加自贸区内创造性资产、协调自贸区内引资政策，能够提高区域的整体竞争力和对外资的吸引力。东艳(2006)借鉴 Montout 和 Zitouna(2005)的分析框架，结合南南一体化情况，通过构建古诺数量竞争模型，分析南南型区域经济一体化是否促进了 FDI 的流入，结果表明中国—东盟自由贸易区的成立能够提高区位优势，提高引资效应，促进自贸区外 FDI 向自贸区内国家流入。曹宏苓(2007)分析东盟国家和墨西哥分别加入东盟自由贸易区(AFTA)和北美自由贸易区(NAFTA)的国际直接投资效应，结果表明 AFTA 没有显著促进 FDI 流入，而 NAFTA 促进贸易区内的国家吸引外资，主要是由各自贸区的区域市场规模、投资自由化政策等的差异造成。鲁晓东和李荣林(2009)通过对标准自由资本模型进行扩展，分析南北型、北北型、南南型 3 种区域经济一体化组织的成立对 FDI 的影响,证明 RIAs 的成立能够促进资本内流,也会产生不同的长短期投资转移效应,不同类型的 RIAs 产生的投资转移效果存在差异。邱立成等(2009)构建计量模型验证区域经济一体化的投资效应,结果表明区域经济一体化发展能够通过投资创造效应和投资转移效应,显著促进区域内国家吸引 FDI 流入。武娜和王群勇(2010)利用空间面板数据,考察了区域贸易协定(RTA)对 FDI 的影响,发现区域贸易协定有明显的投资效应,RTA 成员国更能吸引 FDI 流入,也对其他国家 FDI 产生显著的挤出效应。赵滨元(2012)从理论和实证两个角度,检验了中国参与南南型区域经济一体化组织的贸易效应和投资效应,结果表明,中国通过参与南南型区域经济一体化组织,能够吸引更多区域外的 FDI 流入,并增加对区域内成员国的 FDI 流出,且中国与发展中国家开展区域经济一体化能够产生更加显著的投资效应。汪占熬和陈小倩(2013)利用倍差法研究中国—东盟自由贸易区的设立对 FDI 的影响,结果表明中国—东盟自贸区的成立通过大市场规模效应、中间产品贸易等途径,对成员国 FDI 的流入具有积极的正向拉动作用,但是力度较小,自贸区内部潜力还有待挖掘。施晓笑(2013)以中国—东盟自由贸易区为例,利用引力模型分析区域贸易协定对 FDI 的影响,分析发现中国—东盟自由贸易区的成立在增加自贸区内投资创造效应的同时,也产生显著的自贸区内投资转移效应。上述学者们的研究普遍认为 CAFTA 的投资创造效应大于投资转移效应。

6.2.3　经济增长效应

判断区域经济一体化协定是否成功的终极标准就是经济增长和产业布局(Schiff and Winters,2003)。自 Casetti(1972)开始,扩展的引力模型开始得到广泛应用。传统的引力模型假定不变参数植于模型中,而扩展法强调模型变量之间的相互作用,因此对区域经济一体化的经济效应的模拟效果更好,区域经济一体化的林德效应也得到了实证检验。随着新增长理论的兴起,区域经济一体化的经济增长效应得到国内外学者的关注。

目前,由于实证框架、估计方法的差异,关于区域经济一体化的经济增长效应并没有一致的结论(H.Badinger,2005)。Rivera-Batiz 和 Romer(1991)构建了同质国家的一体化增长效应模型，分析 RTA 成员方经济增长中研发技术的作用机制，结果表明经济一体化能够引起规模经济，RTA 能够带来长期技术推动型增长。随后，Rivera-Batiz 和 Xie(1993)分析各国人力资本禀赋存在差异时的一体化效果，得到相似结论，一国的经济增长率将会下降，但是总体上各国的福利效果为正。Frenkel 和 Trauth(1997)拓展 Rivera-Batiz 和 Romer(1991)与 Rivera-Batiz 和 Xie(1993)的研究，构建异质国家的一体化增长效应模型，分析参与一体化对各国经济增长的影响，结果表明即使一国研发活动下降，其仍可以从参与一体化中获益。Edwards(1998)分析区域经济一体化对经济增长的促进作用时，发现区域经济一体化引起贸易开放程度提高，经济增长率也得到提升，这种增长效应在发展中国家更显著。Vamvakidis(1999)指出，相对于南南区域经济一体化来说，南北区域经济一体化更容易获得发达国家的溢出效应，新兴的南北区域经济一体化对经济增长有促进作用，对增长率产生积极影响。Haveman 等(2001)与 Brodzicki(2005)运用面板数据进行估计，考察了区域经济一体化对经济增长的影响，发现加入一体化组织有利于经济增长，一体化规模的扩大对经济中长期增长具有显著的推动作用。Kutan 和 Yigit(2007)构建内生增长模型，分析 RTA 对成员国生产率增长的作用，发现 RTA 制度安排能够推动成员国的资本积累和经济增长，促进生产率增长速度的提高，对成员国带来增长效应。Shaikh 等(2009)运用 CGE 模型分析《南亚自由贸易协定》(SAFTA)对巴基斯坦和印度的经济影响，结果显示 SAFTA 能够促进福利增进。Bustos(2010)通过研究南方共同市场(Mercosur)这一自由贸易协定对阿根廷企业技术升级的作用，认为 MERCOSUR 带来的关税税率降低，促使技术投资增加，企业技术升级加快，这种作用效果在大中型企业更为显著。Dutt 等(2013)利用六位码贸易数据分析 WTO/GATT 制度对产品利润率的影响，结果表明 WTO 制度安排能够使出口利润增长 25%，这种利润的提高是由于 WTO 制度能够降低固定成本而非可变成本，从而提高一国的经济增长速度。Baier 等(2014)也指出，经济一体化协议(EIA)能够改变贸易成本，进而增进一国福利水平。然而，部分学者研究发现区域经济一体化并没有对经济增长产生显著影响。Baldwin 和 Venables(1995)与 Henrekson 等(1997)对欧洲地区和非欧洲地区的经济一体化进行分析后发现，仅欧洲地区的经济一体化促进了一体化区域内国家经济增长率的提高，非欧洲地区的区域经济一体化并没有对经济增长产生显著的促进作用。Madani

(2001)与 Brodzicki 等(2003)分别对安第斯共同体、东盟对工业增长的效果和欧盟成员国对经济增长的影响进行了分析,结果均不显著。Velde(2008)利用标准增长模型考察发展中国家参与 RTA 的增长效应情况,结果并没有出现显著的增长效应。

随着中国对外开放以及贸易自由化进程的推进,国内研究区域经济一体化经济效应的相关文献丰富起来。李坤望和张伯伟(1999)应用 GTAP 模型对成员国实现单边行动计划和集体行动计划进行福利分析,认为 APEC 贸易自由化会给成员国和世界带来实质性的好处,但 APEC 成员之间的利益所得差异很大,其中发展中成员的利益所得超过了发达成员。樊明太和郑玉歆(2000)运用中国可计算一般均衡模型(PRCGEM),模拟了贸易自由化对中国宏观经济、行业和地区经济的短期比较静态影响,结论表明中国加快贸易自由化进程总体上利大于弊,但在现有条件下仍然要充分利用关税杠杆,帮助调整国民经济结构。薛敬孝和张伯伟(2004)应用 GTAP 模型对东亚经贸合作安排的几种方式进行了比较,认为建立包括各主要经济体的"10+3"贸易安排是东亚贸易安排的最佳选择。陈雷和李坤望(2005)分析北北模式、南南模式、南北模式一体化组织的长期增长效应,通过成员方人均收入的收敛趋势检验,实证分析一体化区域内经济增长的收敛性作用。邵兵家和李丽(2007)采用 GTAP 模型,对中国—东盟自贸区(CAFTA)的构建对其成员国产生的经济影响及影响程度进行了模拟研究。赖明勇(2007)利用 CHIN-GEM 模型评估了减免东盟农产品进口关税对中国宏观经济和产业影响,认为减免东盟六国农产品进口关税有利于中国经济增长。樊明太和郑玉歆等(2008)应用中国农业 CGE 模型,就中国在 WTO"后过渡期"进一步的贸易自由化对经济和粮食安全的影响进行了模拟和分析,研究结论表明,中国的贸易自由化会对粮食安全产生一定的冲击,导致粮食自给率下降。黄凌云和刘清华(2008)基于 GTAP 模型实证模拟东亚地区建立自由贸易区后的经济变化,研究在东亚建立自由贸易区后对中国及世界经济的影响,认为建立自由贸易区将有力地改善东亚地区的社会福利。魏巍和魏超(2009)基于动态 GTAP 模型分析中韩 FTA 的预期宏观经济效应,结论表明中韩 FTA 将对两国 GDP 经济福利、贸易条件和进出口总量产生正面积极的影响。杨勇和张彬(2011)考察非洲南南型一体化组织的增长效应,实证结果显示区域经济一体化并没有显著促进非洲国家的经济增长,这可能与南南型一体化成员国的贸易、投资自由化水平低有关,这也为中国选择一体化发展模式提供借鉴作用。刘宇和张亚雄（2011）利用动态 GTAP 模型分析欧盟—韩国自由贸易区的成立对中国经济和产业的影响，发现该自贸区的成立对中国经济产生负面影响，但幅度较小，对中国工业品产出具有一定的促进作用。汪占熬和陈小倩（2012）梳理国内外对区域经济一体化经济效应的研究成果，提出包括区域经济一体化的静态和动态效应、产业集聚效应在内的理论分析框架。陈淑梅和江倩雯（2014）基于 GTAP 模型分析中国—欧盟自贸区的经济效应，侧重研究其产业效应，结果显示，自贸区成立对中国服装和纺织品行业具有显著的促进作用。

6.3　文献评述

综上所述，区域经济一体化理论研究以关税同盟理论为框架，着重分析成员方参与区域经济一体化后的贸易流和贸易条件的变化，但这些研究仅停留于研究区域经济一体化的贸易效应，不能完全揭示区域经济一体化的福利效应。另外，已有理论研究多集中于发达国家，而发展中国家参与经济一体化的模式和目的与发达国家存在很大差异，目前有关发展中国家的区域经济一体化理论研究较少，且已有研究并不深入。

区域经济一体化经济效应研究方面，学者们多运用引力模型、GTAP 模型等计量方法，对发达国家和发展中国家的区域经济一体化的经济效应进行了大量实证研究，取得了很大的进展，但引力模型主要是事后分析，且主要考察的是静态效应，能够得到的结果比较单一，而从一般均衡的视角来分析更能反映复杂的经济结构和经济关系背景下区域经济一体化对各国经济的影响，对区域经济一体化组织进行事前评估更有积极和深远的意义。区域经济一体化的建设不但既有静态效应，而且还存在规模经济和不完全竞争所带来的动态经济效应。目前，较少有学者全面分析发展中国家一体化组织的静态和动态经济效应，且已有研究多为事前研究，少有运用一般均衡模型进行事后研究。而在 CGE 模型中反映行业的不完全竞争和规模效应等动态经济特征能准确地模拟区域经济一体化对各国经济的影响。因此，运用一般均衡模型分析发展中国家经济一体化的静态和动态效应具有重要的实践意义。

第7章
东亚区域经济一体化经济效应
评估模型的选择与构建

前面几部分从现实数据出发,系统研究了当前东亚区域经济一体化进程中中国对外贸易结构的变迁。目前,东亚区域经济一体化进程还停留在市场驱动为主、制度一体化正在迅速发展的阶段,主要表现为区域内贸易份额从 20 世纪 80 年代以来大幅度的上升。东亚国家(地区)领导人在历史上没有共同讨论东亚地区问题的经验,相互之间缺少信任与理解(苏浩,2007)。虽然东亚各经济体均有增强区域经济合作的认同感的意愿,但东亚各经济体也都有各自的方案。2006 年,中国商务部提出了"以中国—东盟自贸区为依托,加快建立周边的自贸区平台"。目前,中国—东盟自由贸易区于 2010 年 1 月 1 日正式建成;中国内地与中国港澳地区分别签署了更紧密经贸关系的安排(CEPA);中国大陆与中国台湾签署了《海峡两岸经济合作框架协议》(ECFA);中国与日韩两国建立自由贸易区也已进入官方可行性研究阶段。根据"轮轴—辐条"理论,在自由贸易区建设中,轮轴国获得的利益较大。构建以中国为轮轴国的东亚区域贸易集团,使中国在东亚区域经济一体化进程中利益最大化。那么,如何模拟参与东亚区域经济一体化对中国对外贸易结构和经济福利效应的影响,就是一个很有现实意义的问题。本部分正是基于这样的出发点,拟在前面研究的基础上,利用多国静态 CGE 模型(GTAP 模型)和单国动态 CGE 模型(MCHUGE 模型),从比较静态和动态两个角度实证研究了中国参与东亚区域贸易自由化的各种模拟场景的静态和动态经济效应,并在改变市场结构的基础上进一步研究了各种模拟场景的动态经济效应。

本章具体安排如下:7.1 节详细介绍了所应用的模型,以及利用 GTAP 模型就中国参与东亚区域经济一体化的福利效应进行比较静态分析；7.2 节利用 MCHUGE 模型，就中国参与东亚区域经济一体化的福利效应进行动态一般均衡分析。

7.1 多国静态可计算一般均衡模型（GTAP 模型）

多国静态可计算一般均衡模型（GTAP 模型）是由美国普渡大学教授 Hertel (1997)领导的全球贸易分析计划(Global Trade Analysis Project，GTAP)发展出来的，该模型于 1992 年构建完成，是一个多国多部门的可计算一般均衡模型，该模型已被研究人员广泛地应用于未来 WTO 回合促使全球贸易自由化(global trade liberalization)、区域贸易安排(regional trade agreements)、二氧化碳减排以及其他地区经济冲击对国内经济的影响等经济政策和潜在冲击的模拟分析中。GTAP 模型是在市场完全竞争、规模报酬不变的基本假设下，根据新古典经济理论设计的多国多部门比较静态的可计算一般均衡模型，详细的 GTAP 模型架构见图 7.1。模

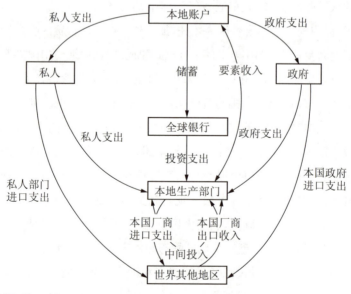

资料来源：Hertel(1997)。

图 7.1 GTAP 模型的结构

型包含熟练劳动力、非熟练劳动力、资本、土地和自然资源等五种生产要素。居民、政府和厂商是三个代表性行为主体。

在 GTAP 模型架构中,首先建立可详细描述每个国家(或地区)生产、消费、政府支出等行为的子模型,然后通过国际间商品贸易关系,将各子模型连结成一个多国多部门的一般均衡模型。在进行政策模拟时,可以同时观测到各国的各产业生产、消费和进出口贸易等的变动情况。

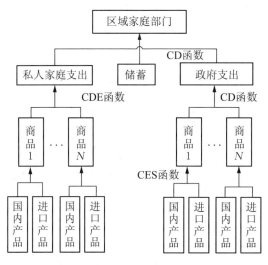

图 7.2　区域家庭单位行为结构

从图 7.2 显示的 GTAP 模型的区域家庭行为结构示意图可以发现,由私人支出、储蓄和政府支出通过柯布—道格拉斯(Cobb-Douglas,CD)效用函数加总共同决定区域家庭部门行为。私人家庭支出采用固定差异弹性(Constant Difference of Elasticities,CDE)函数作为效用函数。政府支出的效用函数采用 CD 函数形式。在 GTAP 模型中假设来自不同地区的产品不同质,满足 Armington 假设(不能完全相互替代),从而用固定替代弹性(constant elasticity of substitution,CES)函数组成复合产品。其函数形式如下:

$$X = [a_{imp}X_{imp}^{\rho} + a_{dom}X_{dom}^{\rho}]^{1/\rho} \tag{7.1}$$

其中,X 为进口产品和国内产品复合后的产品,X_{imp} 为进口产品、X_{dom} 为国内产品。

GTAP 模型中厂商的生产结构见图 7.3。厂商的投入分为生产要素投入和中间产品投入。两种投入采用 Leontief 生产函数。因为函数具有可分离性和规模报酬不变的特征，厂商生产要素投入的最优决策量不会受到中间产品价格的变动的影响，同样厂商中间产品投入的最优决策量也不会受生产要素价格变动的影响。熟练劳动力、非熟练劳动力、资本、土地和自然资源等生产要素之间假设存在不完全替代关系。作为中间投入品的进口产品和国内产品用常替代弹性函数（CES）复合成复合中间产品，即也是不完全替代的。而进口产品可能来自不同的地区或国家，GTAP 模型假设来自不同地区或国家的中间产品不同质，因此不能完全替代，在模型中同样用 CES 函数表示。

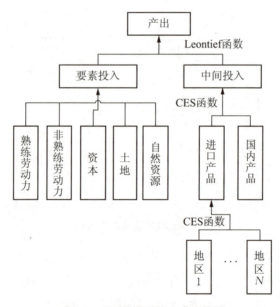

图 7.3 GTAP 模型的生产结构图

GTAP 模型除了表示厂商和私人部门等行为的主程序外，另外一个重要的组成部分是模型数据库。本书采用的 GTAP 数据库是自 1993 年发布第 1 版以来的第 7 版，该数据库平均每 3 年发布一个新版本。GTAP 数据库主要由各区域的宏观数据、投入产出表、各区域之间的双边贸易数据以及各区域的贸易支持和保护数据等部分构成。GTAP 第 7 版数据库包含 113 个国家（地区）和 57 个部门，根据研究的需要可以对区域和部门进行合并。

具体而言，GTAP 第 7 版数据库的第一部分数据是 113 个国家或地区的 2004

年 GDP、物质资本、折旧、人口数量等宏观数据,数据来源为世界银行。

第二部分数据为各区域的投入产出表,主要来源为广泛收集和由合作研究者提供。与 GTAP 第 6 版数据库相比,第 7 版数据库包含更多的国家(地区),在 113 个国家(地区)中包含 94 个原始的经济体,其投入产出表可以直接从各经济体的统计数据中获得,而 19 个合并的经济体,其投入产出表由合并所得。由于各国家(地区)编制投入产出表的年份和部门等都存在不同,因此在形成基础数据库之前必须进行处理。第一步是对原始的投入产出表进行基本条件检验,检验的内容包括数据所包含的部门、投入产品的平衡条件、数据的符号、税率以及其他政府服务等部门的定义是否与其余区域一致等。第二步是把满足第一步基本检查条件的投入产出表进行整合和前期处理。GTAP 第 7 版数据库的前期处理工作,包含对农业部门、政府消费和服务部门进行拆分和合并以及合成合并经济体的投入产出表等,最后形成可以对比的 57 部门的投入产出表。

第三部分数据为各国家(地区)之间的双边贸易数据,其数据来源为联合国商品贸易统计数据库(UN Comtrade)、世界银行和联合国粮食与农业组织等较权威且统计口径较统一的数据库。GTAP 第 7 版数据库最重要的改进体现在双边服务贸易数据方面,之前的版本中双边服务贸易数据是基于从国际货币基金组织(IMF)获得的数据进行估计得来的,存在很大误差,而 GTAP 第 7 版数据库中的 OECD 服务贸易数据是从 OECD 国家获得的且与 IMF 估计的服务贸易数据实现对接,使服务贸易数据的质量有了很大的改观。另外在 GTAP 第 7 版数据库中,还对荷兰和新加坡等转口贸易较多的国家的贸易数据进行了调整。

第四部分数据为各国家(地区)的贸易支持和保护数据,包含各国家(地区)之间的关税数据、农业国内支持数据,农业出口补贴、纺织和服装(ATC)等价税等。

7.2 单国动态可计算一般均衡模型 (MCHUGE 模型) 及其拓展

7.2.1 MCHUGE 模型的基本框架

单国动态可计算一般均衡(Monash-China Hunan University General Equilibrium，MCHUGE)模型是刻画中国经济结构的动态可计算一般均衡模型，它是由澳大利亚莫纳什大学政策研究中心和湖南大学经济与贸易学院共同开发的。模型包含 57 个部门、3 种生产要素(劳动、土地、资本)和 6 大行为主体(生产、投资、家庭、政府、国外、库存)。在模型中基本的方程体系包括生产、需求(包括投资需求、居民需求、政府支出和库存需求等)、流通消耗、进出口贸易和价格等模块。

　　与用于比较静态分析的 GTAP 模型相比，MCHUGE 模型加入了一系列的动态化的要素，主要包含动态跨期链接和动态数据更新两个方面，GTAP 模型的比较静态分析和 MCHUGE 模型的动态分析方法分别见图 7.4 和图 7.5。

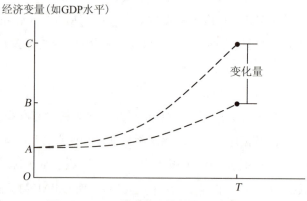

图 7.4　GTAP 模型的比较静态分析示意图

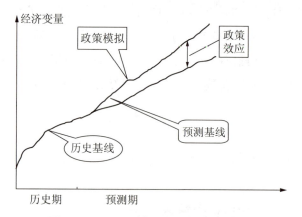

图 7.5　MCHUGE 模型的动态分析示意图

1. 生产模块

图 7.6 显示了 MCHUGE 模型的生产模块结构。总体由投入和产出两部分组成。从下半部分的投入结构来看,采用的是两级嵌套模式,劳动力、资本和土地等生产要素之间利用 CES 函数连接以表示生产要素之间的不完全替代关系。同类投入的国内产品和进口产品假设不同质(满足 Armington 假设),即不能完全替代。而由国内产品和进口产品复合而成的不同中间产品、主要生产要素以及其他消耗之间用 Leontief 函数连接,显然,在满足成本最小化的假设下,各种生产要素和中间产品之间按技术参数同比例增减,即满足同比例假设。

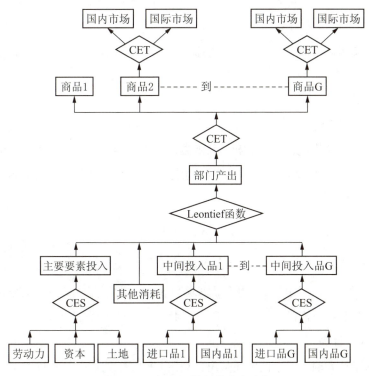

图 7.6　MCHUGE 模型的生产结构

上半部分的产业结构图采用的是常转换弹性函数(constant elastility of transformation,CET)函数嵌套而成。厂商以收益最大化为最优决策行为来实现最优生产。

2. 需求模块

需求模块包括投资需求、居民消费需求、政府支出需求、库存需求等四大块。其中，投资需求的条件是在实现投资总量一定的情况下实现成本最小化，采用的是两层嵌套形式，第一层为 Leontief 函数，第二层为 CES 函数。

居民消费需求是在预算约束下实现效用最大化，一般采用的效用函数为 Klein-Rubin 函数，其形式为：

$$U = \sum_{i=1}^{n} \delta_i \ln(X_i^{(3)}/A_i^{(3)} - \theta_i) \tag{7.2}$$

其中，δ_i 表示边际消费倾向（marginal consumption propensity）或边际预算份额（marginal budget share）。

政府支出需求假定与居民需求同比例变动。库存需求与政府支出需求类似处理。

3. 进出口贸易模块

MCHUGE 模型的进口贸易模块满足 Armington 假设，即同类国内产品与进口产品不完全替代，模型中应用 CES 函数来反映这种关系，国内需求者在一定的价格组合下和可替代程度下，选择产品的最优组合来实现成本的最小化。即求解如下最优化问题：

$$\min \, p_{dom} \cdot X_{dom} + P_{imp} \cdot X_{imp}$$
$$\text{s.t. } X = a \cdot [\delta \cdot X_{imp}^{-\rho} + (1-\delta) \cdot X_{dom}^{-\rho}]^{-1/\rho} \tag{7.3}$$

其中，X_{dom} 和 X_{imp} 分别代表国内产品需求和进口产品需求，p_{dom} 和 P_{imp} 分别代表国内产品价格和进口产品价格，a、δ 和 ρ 分别表示 CES 函数的规模、份额和弹性参数，其替代弹性为 $1/(1+\rho)$。

国内生产者确定供给国内还是出口利用 CET 函数连接，选择供给国内市场和国外市场的一个组合使生产者收入最大化，即求解如下最优化问题：

$$\min \, p_{dom} \cdot X_{dom} + P_{ex} \cdot X_{ex}$$
$$\text{s.t. } X = a_{ex} \cdot [\delta_{ex} \cdot X_{ex}^{\rho_{ex}} + (1-\delta) \cdot X_{dom}^{\rho_{ex}}]^{1/\rho_{ex}} \tag{7.4}$$

其中,p_{dom} 和 P_{ex} 分别表示国内产品的国内销售价格和出口价格,X_{dom} 和 X_{ex} 表示国内销售和出口的国内产品数量。a_{ex}、δ_{ex} 和 ρ_{ex} 分别表示 CET 函数的规模、份额和弹性参数。国内市场销售产品和出口产品的转换弹性为 $1/(1-\rho_{ex})$。

4. 价格模块

MCHUGE 模型的价格模块包含商品的生产价格方程、复合商品的形成价格方程、资本的形成价格方程、劳动力的形成价格方程、进口价格方程、出口价格方程等形成的价格体系。在规模报酬不变和完全竞争的条件下,实现生产活动的零纯利润假设和销售活动的零纯利润假设。

7.2.2　MCHUGE 模型的主要跨期动态链接

与静态模型相比,MCHUGE 模型的方程体系中增加了三种反映动态元素的跨期的链接,包括资本积累动态链接、金融资产或债务积累动态链接以及劳动力市场的调整动态链接。MCHUGE 模型通过这三种跨期动态链接来实现可计算一般均衡模型的动态化过程。

在静态一般均衡模型中一般不考虑资本的折旧和再投资积累,由不同产业部门对资本的最终需求决定投资。而在动态可计算一般均衡模型中,资本的积累过程不仅体现在投资的追加上,而且也反映了资本的折旧,资本的产业特性将影响经济增长的路径。资本的增长由投资回报率决定。而投资回报率取决于资本形成后的下一期资本租金、下一期预期资本形成价格、当期资本形成价格以及利率、资本积累(投资)与预期回报率呈正相关的关系。由如下三个方程来具体实现这一动态过程:

$$K_j(t+1)=K_j(t)\cdot(1-D_j)+I_j(t) \tag{7.5}$$

$$E_t[ROR_j(t)]=-1+\frac{E_t[Q_j(t+1)]}{C_j(t)}\cdot\frac{1}{1+r}$$

$$+(1-D_j)\cdot\frac{E_t[C_j(t+1)]}{C_j(t)}\cdot\frac{1}{1+r} \tag{7.6}$$

$$E_t[ROR_j(t)]=f_{jt}\left[\frac{K_j(t+1)}{K_j(t)}-1\right] \tag{7.7}$$

其中，j 代表产业，K 为资本，D 是资本折旧率，E_t 是 t 期的期望值，ROR 是投资的回报率，Q 是资本租金率，r 是利息率，C 是增加一单位资本所需的成本，f_{jt} 是一个非增函数。资本积累方程(7.5)表明下一期资本存量等于本期资本存量减去本期资本折旧再加上本期投资。方程(7.6)为当期投资回报率决定方程，表明投资预期回报率等于单位投资的预期收益现值加上单位货币形成投资经过折旧后的现值，减去单位投资成本。

MCHUGE 模型中资本增长的动态调整过程可以用图 7.7 来表示，其反应的是投资收益率边际递减，即投资回报率随着资本累积量的增加而下降(Dixon，2002)。模型同时采用了理想预期的假设，将实际回报率和预期回报率结合起来，并通过逐步迭代收敛的算法使理性预期在模型中得以实现。

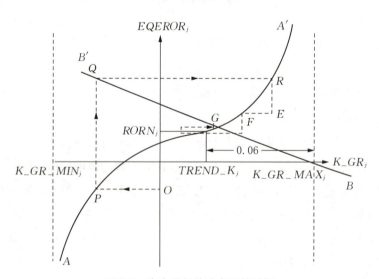

图 7.7　资本增长的动态调整过程

MCHUGE 模型中第二种跨期动态链接体现在金融资产和债务方面，其具体方程如下：

$$D_q(t+1) = D_q(t) \cdot V_q(t, t+1) + \left[\frac{D_q(t) + D_q(t+1)}{2}\right] \cdot$$

$$R_q(t) + J_q(t) \cdot V_q(t_m, t+1) \qquad (7.8)$$

其中，D_q 是资产或债务水平，R_q 是资产或债务的平均利息率，J_q 是追加的资产或债务，V_q 是到 $t+1$ 期的贴现率。式(7.8)表明下一期的资产或债务水平等于本期资产或债务水平到下一期的终值、资产或债务水平的利息的平均值以及本期内追加投资或债务到下一期的终值的总和。

劳动力市场的动态调整是 MCHUGE 模型的第三种跨期动态链接，其具体方程如下：

$$\frac{LTOT(t)}{LTOT_f(t)} - 1 = \left[\frac{LTOT(t-1)}{LTOT_f(t-1)} - 1\right] \cdot EM + F(t) \tag{7.9}$$

$$\left\{\frac{W(t)}{W_f(t)} - 1\right\} = \left\{\frac{W(t-1)}{W_f(t-1)} - 1\right\} + \alpha\left\{\frac{LTOT(t)}{LTOT_f(t)} - 1\right\} + F\_W(t) \tag{7.10}$$

其中，W 是实际工资率，$LTOT$ 是就业水平，下标 f 代表基于基年的劳动力市场供需情况确定的工资或劳动力就业的期望值，F 为冲击函数，即在发生失衡的当年赋予其一个函数值，以后各年其值则为零，EM 和 α 分别为就业调整和工资调整参数。方程(7.9)表示，当 t 年赋予 $F(t)$ 一个值后，劳动力市场发生失衡，即 $\frac{LTOT(t)}{LTOT_f(t)} \neq 1$，但在随后的年度，$\frac{LTOT(t+n)}{LTOT_f(t+n)}$ 对 1 的偏离将逐渐减小，其减小的幅度由 EM 的值决定，极端的情况是，$EM = 1$ 时，劳动力市场的失衡一直保持 t 年的情况，而 $EM = 0$ 时，在 $t+1$ 年，劳动力市场恢复均衡。方程(7.10)则为工资的动态调整，方程左边为实际工资与预期工资的偏离，其值在劳动力市场均衡时为零，右边第一项为 $t-1$ 年的工资偏离，第二项为劳动力就业的偏离，第三项为冲击函数，通过方程可以看出，如果劳动力就业发生失衡，工资的偏离会逐年增加，而经济环境中如果产生了单纯影响工资的因素而劳动力就业不变，则劳动力工资在基年增加以后各年都不变，这两个工资动态调整方程的假设是一个外生冲击导致的劳动力市场供需的失衡，将进行逐步调整而不是立即调整，最后通过工资的逐步变动吸收冲击对劳动力市场失衡的影响。

图 7.8 给出了劳动力市场供给与需求的动态调整过程(Dixon, 2002)。劳动力市场初始状态为劳动力需求曲线 D 与劳动力供给曲线 S 的交点 I，此时实际雇用劳动力与期望就业水平比值为 1，即为充分就业水平，且劳动力工资水平与其期望值比值为 1。当劳动力需求增加，即劳动力需求曲线 D 向上平移，此类变动的结果

导致了实际工资和雇用劳动力大于期望值,根据模型的动态调节机制,下期雇用劳动力倾向减少,工资倾向增加,劳动力供给曲线向上平移,最终 S 曲线到达 S^∞,此时雇用劳动力与预期相同,工资增长,到达新的平衡点,在此点,劳动力就业重新回到充分就业水平,而劳动力工资则相对上升了一定的幅度。

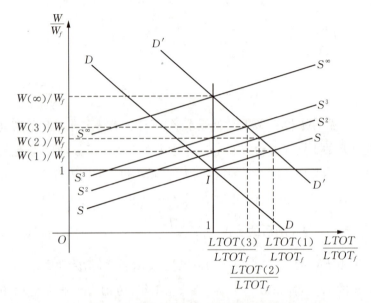

图 7.8　劳动力市场动态平衡调整过程

7.2.3　MCHUGE 模型的数据库结构及其动态更新

MCHUGE 模型的基础数据库包含中国 1997 年投入产出数据和各种经济参数(如进口产品与国内产品的替代弹性、平均储蓄偏好、技术进步参数等)。模型数据库和 GTAP 第 7 版数据库一样包含 57 个产业部门(具体见附表 7.1),MCHUGE 模型包含劳动力、资本和土地等 3 种原始投入要素以及生产、投资、居民、政府、国外和库存等 6 类经济行为主体。

MCHUGE 模型运行的样本期间为 1997 年至 2005 年,在初始年份,模型主要采用 1997 年投入产出表建立其基本数据库,同时采用 1997—2005 年实际 GDP 增长率、家庭消费增长率、投资增长率、政府支出增长率等来源于世界银行世界发展指数数据库(WB-WDI)的年度宏观经济增长数据,以及来源于中国历年统计年鉴、WB-WDI 和联合国人口司(United Nations Population Division,UNPD)的人口增长率和就业增长率数据,来源于 WB-WDI 的 GDP 平减指数和来源于国际能源署(International Energy Agency,IEA)的石油价格指数等价格变动数据与产业产出增长率和产业进出口的变动等产业经济变化数据。

　　利用 1997 年的基础数据和 1997 年至 2005 年相关已知数据,在适当的闭合条件下,通过模型的运行计算获得中国各年度经济运行的其他数据和技术变化、储蓄偏好等经济参数。MCHUGE 模型的基本数据库结构如图 7.9,其更新过程如图 7.10(赖明勇、祝树金,2008)。

		生产	投资	家庭消费	出口	政府消费	存货
	Size	I	I	1	1	1	1
中间投入	C×S	V1BAS	V2BAS	V3BAS	V4BAS	V5BAS	V6BAS
流通投入	C×S×M	V1MAR	V2MAR	V3MAR	V4MAR	V5MAR	
间接税	C×S	V1TAX	V2TAX	V3TAX	V4TAX	V5TAX	
劳动力	1	V1LAB	C=商品的个数				
资本	1	V1CAP	I=产业的个数				
土地	1	V1LND	S=2:国内产品或进口产品				
其他投入	1	V1OCT	M=Margin 商品的个数				

	生产矩阵			进口关税
Size	I		Size	1
C	MAKE		C	V0TAR

　　注:在图 7.9 中 V1BAS、V2BAS、B3BAS、V4BAS、V5BAS、V6BAS 分别表示中间生产基本投入、中间投资基本投入、家庭消费、出口、政府消费和存货。V1MAR、V2MAR、V3MAR、V4MAR、V5MAR 为完成中间生产基本投入、中间投资基本投入、家庭消费、出口、政府消费的流通投入。

图 7.9　MCHUGE 模型的数据库结构

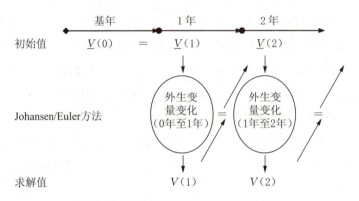

图 7.10 MCHUGE 模型的数据更新过程

7.2.4 MCHUGE 模型的拓展

MCHUGE 基础模型的基本假设条件是规模报酬不变和完全竞争，在该假设条件下可计算一般均衡模型对区域贸易自由化的评估更多侧重其带来的静态利益，但区域贸易自由化的动态利益不容忽视，甚至超过静态利益(Peter，1998；李向阳，2002)。随着新贸易理论的迅速发展，不完全竞争因素被广泛用于解释国际贸易动态效应，其也逐渐被引入可计算一般均衡模型中，以更好地刻画和解释实体经济。不完全竞争的 CGE 模型主要应用于贸易政策的研究中。Harris(1984)最早将不完全竞争引入一般均衡模型，并创新性提出"Harris 定价"用以衡量厂商的垄断定价，在研究加拿大贸易自由化的结果表明，存在不完全竞争对经济的影响要比完全竞争大得多。其后，Cory 和 Horridge(1985)，Horridge(1987)及 Nguyen 和 Wigle(1989)的研究进一步说明，Harris 得出的结果与其采用的定价原则有很大的关系。Francois 和 Roland-Holst(1997)运用韩国资料，模拟了乌拉圭回合谈判的经济效果，得出在不完全竞争和规模经济假设下，部分产业的产出扩张幅度甚至超过完全竞争、规模报酬不变假设下的两倍。Abayasiri-Silva 和 Horridge(1998)将规模经济、垄断定价以及产品多样化纳入可计算一般均衡模型，在静态 ORANI 模拟向基础上，考虑规模经济和产品多样化，运用 Lerner 定价法构建了不完全竞争模型，并同时运用澳大利亚 CGE 模型对比了完全竞争、Lerner 定价法和 Harris 定价法下，贸易自由化对澳大利亚的影响，得出在这三种方法下的影响存在差异，但差异并不大。Norman(1990)则比较了传统的 CGE 模型与有规模效益和不完全竞争的 CGE 模型之间的差别。Roson(2006)对 Lerner 定价条件下的弹性作了进一步的分析,并利用 GTAP 模型对农业贸易自由化进行了模拟分析。

　　从国内研究来看,周济和王旭堂(1995)建立了寡头垄断市场下的 CGE 模型,模拟了加入 WTO 对中国台湾汽车产业的影响;中国台湾学者林国荣等(2003),参考 Abayasiri-Silva 和 Horridge 的做法,却得出相反的结论,他们构建规模经济和市场结构差异下的 CGE 模型,模拟了中国台湾地区加入 WTO 下的关税减让承诺对中国台湾经济的影响,研究显示在不同的定价和市场结构下关税减让对经济及产业的影响较为显著。张弘(2006)纳入了价格控制和垄断标价等不完全竞争因素,构建中国 CGE 模型,并对中国贸易自由化过程中的关税和非关税减让的经济影响进行了评估。袁永德(2007)通过对部门生产函数及相关参数的改造,将不完全竞争市场条件引入 CGE 模型,模拟了完全竞争和不完全竞争下国际油价冲击对中国经济的影响,得出不完全竞争下油价波动对经济的影响明显更大。但其对垄断的构建主要还是参考 Harris 等人的方法,以 Lerner 定价方法构建垄断价格。

　　本节参照 Abayasiri-Silva 和 Horridge(1998)的建模方法,从规模经济、垄断定价以及产品多样化方面修正 MCHUGE 模型,如表 7.1 所示。

表 7.1　引入 MCHUGE 模型中的不完全竞争机制

不完全竞争		基　本　假　设
规模经济	规模报酬递增(内部)	N 个相同的代表性厂商,每个厂商产出增加,导致平均成本下降
	规模报酬递增(外部)	每个厂商满足规模报酬不变,但随着行业的扩张,平均成本下降
垄断定价	Lerner 价格	企业定价在边际成本之上,取决于需求弹性值
	Harris 价格	Lerner 定价和进口价格的加权平均
	产品多样化	基于 Spence(1976)与 Dixit 和 Stiglitz(1996)的假设

　　规模经济考虑了企业内部规模经济和企业外部规模经济。前者反映了企业扩大生产,平均成本降低,从而导致产业平均成本降低,见式(7.11)—式(7.12),后者反映企业规模报酬不变,但如果产业规模变大,企业平均成本降低,见式(7.13)。

$$U^f = C/Z^f = (F + Z^f) \cdot M(P)/Z^f \tag{7.11}$$

$$U = (NF + Z^t)M/Z^t \tag{7.12}$$

$$U = (Q + Z^t) M / Z^t \tag{7.13}$$

其中，F 表示固定投入，Z^f 表示产出水平（activity level），$M(P)$ 表示在给定投入价格下单位产出的边际成本，Q 表示一个正的系数。如果产业中存在 N 个代表性相同厂商，那么产业的平均成本见 7.13。其中 $Z^t = N \cdot Z^f$。此时，平均成本是总产出的减函数，是厂商数量的增函数。在具体应用时，模型假设固定成本和可变成本需要同样比例的商品和要素投入。

垄断定价考虑了 Lerner 价格和 Harris 价格两者的情形。前者通过企业利润最大化的假设推导得出，是关于需求弹性和边际成本的函数，见式（7.14），后者是 Harris 定价，是 Lerner 定价法和进口平价定价法（Eastman et al.，1996）的线性组合价格（见 7.15）。

$$P^L = [E^t / (E^t - 1)] \cdot M \tag{7.14}$$

$$p^d = \alpha p^m + (1 - \alpha) p^L \tag{7.15}$$

其中，E^t 是总需求弹性的绝对值，等于各个需求弹性的加权平均值，即 $E^t = \sum B_K E_k$（中间产品、投资、消费、政府支出）。在 Bertrand-Nash 均衡下，$E^t = \sigma S^m (1/N) + \gamma (1 - 1/N)$，$\sigma$ 是进口产品和国内产品之间的替代弹性。

产品多样化是建立在 Spence(1976)、Dixit 和 Stiglitz(1977) 的假设上，效用函数满足 CES 方程，如果每个产品消费量相同，可以得出公式 7.16。

$$U(x^d) = x^d N^{1/(\gamma - 1)} \tag{7.16}$$

其中，γ 是不同种类消费品的替代弹性。此时，效用函数是消费种类 N 的增函数。

7.3　小结

本章首先给出了区域贸易自由化经济效应的文献综述，阐述了当前关于区域贸易自由化经济效应的研究现状和不足，指出了一般均衡工具用以分析该问题的优势。紧接着，本章较为详细地介绍了本研究所用的比较静态基础模型——多国静态可计算一般均衡模型(GTAP 模型)和跨期动态基础模型——单国动态可计算一般均衡模型(MCHUGE 模型),介绍了它们的核心方程组体系、数据结构、闭合条件、分析原理、求解思路等。而后,根据研究需要,本章从规模经济、垄断定价以及产品多样化方面修正了 MCHUGE 模型,借以刻画当前中国石油加工及炼焦业(P_C)、交通运输设备制造业(mottran)和金属冶炼及压延加工业(metal)等产业处于不完全竞争市场结构的现实状况,以使模型更贴近经济现实。

在本章基础上,围绕着东亚区域经济一体化进程对中国对外贸易结构和社会福利效应的影响程度及其变化轨迹,第 8 章和第 9 章将具体展开相关的实证研究。

附表 7.1　GTAP7.0 与 MCHUGE 产业列表

序号	产　　　　业	序号	产　　　　业
1	水稻种植业	25	其他食品加工
2	小麦种植业	26	饮料和烟草加工业
3	其他谷物种植业	27	纺织业
4	蔬菜水果种植业	28	服装业
5	油料作物业	29	皮革制品业
6	糖料作物业	30	木制品业(除家具)
7	麻类作物业	31	造纸和印刷出版业
8	其他作物业	32	石油化工
9	家畜(猪除外)饲养业	33	化学工业
10	猪、家禽业	34	非金属矿冶炼业
11	奶产品生产业	35	钢铁产业
12	皮革羊毛业	36	其他金属冶金
13	林业	37	金属制品业
14	渔业	38	汽车产业
15	煤炭开采业	39	其他运输工具生产业
16	石油开采业	40	办公设备和通讯设备生产业
17	天然气开采业	41	机械设备制造业
18	其他矿业开采业	42	其他制造业
19	家畜肉类(猪肉除外)加工业	43	电力行业
20	猪肉加工业	44	燃气和暖气供应业
21	动植物油加工业	45	水的生产和供应业
22	乳品加工	46	建筑业
23	大米加工业	47	贸易行业
24	糖类制品加工业	48	陆地运输业

续表

序号	产 业	序号	产 业
49	水运业	54	租赁业
50	空运业	55	娱乐文化体育业
51	通讯业	56	公共事业
52	金融服务业	57	房地产业
53	保险业		

第8章
中国参与东亚区域经济一体化
的静态一般均衡分析

目前,在东亚地区,中国—东盟自由贸易区已经于 2010 年 1 月 1 日正式建成;海峡两岸于 2010 年 6 月 29 日签署了《海峡两岸经济合作框架协议》,希望通过此协议逐步实现海峡两岸区域贸易自由化;2010 年 5 月 28 日,中韩双方宣布结束中韩两国自由贸易协定的官产学联合研究,并由双方经贸部长签署谅解备忘录;中日韩自由贸易区官产学联合研究也已经于 2010 年 5 月 6 日正式启动。在此背景下,一幅以中国为中心的东亚自由贸易区网络蓝图开始慢慢勾勒,如何有效地评估中国参与东亚区域经济一体化的经济效应就显得尤为重要。本章拟利用第 7 章所扩展的 GTAP 模型就此问题进行实证研究。

8.1 模拟场景设计

为了综合考虑中国参与东亚区域贸易自由化的进程,从比较静态的角度分析中国通过不同的方式参与东亚区域经济一体化对中国福利效应方面的影响,设置以下三种不同的区域贸易自由化模拟场景:

模拟场景 1(S1):中国与东盟实现区域贸易自由化的前提下,中国大陆与中国台湾通过《海峡两岸经济合作框架协议》逐步实现贸易自由化;

模拟场景 2(S2):中国与东盟实现区域贸易自由化的前提下,中韩自由贸易区

建立,从而实现中韩双边贸易自由化;

模拟场景 3(S3):中国与东盟实现区域贸易自由化的前提下,中日韩自由贸易区建立,从而实现中日韩三边贸易自由化。

在完全竞争和规模报酬不变的假设条件下,首先应用 2004—2009 年中国宏观经济数据库及中国与东盟实现区域贸易自由化的数据模拟更新模型数据库,然后利用更新后的数据库为基础数据库,模拟了中国大陆与中国台湾通过《海峡两岸经济合作框架协议》实现区域贸易自由化(ECFA)场景(S1)、中国与韩国建立中韩自由贸易区(CKFTA)场景(S2)、建立中日韩自由贸易区(CKJFTA)场景(S3)。从现在的进程来看,海峡两岸的区域贸易自由化进程较快,已经启动早期收获阶段,中韩自由贸易区已经完成官产学联合研究,而自中日韩自由贸易区官产学联合研究第一轮会议于 2010 年 5 月启动后,2012 年 11 月中日韩三国宣布启动中日韩自贸区谈判。实施模拟场景的具体技术路线见图 8.1。

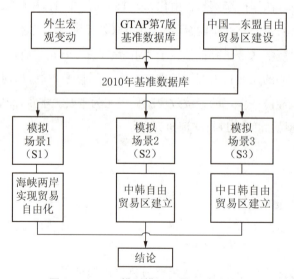

图 8.1 GTAP 模型模拟场景设计路线图

GTAP 第 7 版数据库中包含 113 个国家(地区)和 57 个产业部门。本章中把113 个国家(地区)合并为中国、日本、韩国、东盟、澳大利亚、新西兰、大洋洲其他国家、中国香港、中国台湾、其他东亚国家和地区、印度、其他南亚国家、美国、其他北美国家、拉丁美洲国家、欧盟(25 国)、中东非和北非国家、撒哈拉以南的非洲地区、其他东南亚国家和世界其他国家和地区等 20 个区域,把 57 个产业部门合并为 28 个产业部门(见表 8.1 和表 8.2)。

表 8.1　区域列表

区域代码	区域名称	缩　写
01	澳大利亚	AUS
02	新西兰	NZL
03	大洋洲其他地区	XOC
04	中国	CHN
05	中国香港	HKG
06	日本	JPN
07	韩国	KOR
08	中国台湾	TWN
09	其他东亚国家和地区	XEA
10	东盟	ASEAN
11	其他东南亚国家	XSE
12	印度	IND
13	其他南亚国家	SAsia
14	美国	USA
15	其他北美国家	NAmerica
16	拉丁美洲国家	LatinAmer
17	欧盟_25	EU_25
18	中东非和北非国家	MENA
19	撒哈拉沙漠以南非洲国家	SSA
20	世界其他国家和地区	RestofWorld

资料来源:笔者整理所得。

表 8.2　产业列表及其与 GTAP 产业部门的对照

产业部门代码	产业部门名称	缩　写	GTAP 产业部门
01	农业	agr	1—14
02	煤炭采选业	coa	15
03	石油和天然气开采业	oilgas	16—17
04	其他矿业开采业	omn	18
05	食品制造及烟草加工业	foodrink	19—26
06	纺织业	tex	27

续表

产业部门代码	产业部门名称	缩 写	GTAP 产业部门
07	服装皮革羽绒及其制品业	waplea	28—29
08	木制品业（除家具）	lum	30
09	造纸和印刷出版业	ppp	31
10	石油加工及炼焦业	p_c	32
11	化学工业	crp	33
12	非金属矿物制品业	nmm	34
13	金属冶炼及压延加工业	metal	35—36
14	金属制品业	fmp	37
15	交通运输设备制造业	mottran	38—39
16	通信设备、计算机及其他电子设备制造业	ele	40
17	机电设备制造业（含钟表、光学仪器等）	ome	41
18	其他制造业	omf	42
19	电力及蒸汽、热水生产和供应业	ely	43
20	燃气生产和供应业	gdt	44
21	自来水生产及供应业	wtr	45
22	建筑业	cns	46
23	贸易行业	trd	47
24	其他运输业	otp	48
25	海运业	wtp	49
26	空运业	atp	50
27	通信业	cmn	51
28	其他服务业	othservices	52—57

资料来源：笔者整理所得。

8.2　中国参与东亚区域经济一体化的比较静态分析

自由贸易协定的总体静态福利效应的主要衡量方法为收入等值法（Equivalent Variation，EV）。收入等值法（EV）用全社会总体收入来表示社会福利水平,由于能够全面考虑贸易的影响,所以在贸易福利分析中较为常用。另一种衡量方法是通过考虑贸易创造效应和贸易转移效应以及贸易条件等所反映的福利变化。

8.2.1　总体福利效应分析

表 8.3 显示三种不同模拟场景对中国、中国台湾、韩国、日本、东盟、美国和欧盟的总体福利效应。从总体上来看,不同模拟场景对中国的总体福利的影响各异,其中,中日韩自由贸易区建立对中国实际 GDP 增长的刺激作用最大,而我国海峡两岸通过《海峡两岸经济合作框架协议》实现区域贸易自由化,中国大陆的实际GDP 下降 0.08%,福利减少 2.97 亿美元,两岸贸易自由化促使中国台湾实际 GDP上升 2.87%,福利增加 34.75 亿美元,而韩国、日本和东盟国家等东亚经济体的福利都减少,其中,由于韩国与中国台湾的产业结构趋同,产业竞争较为激烈,韩国福利损失明显高于东亚其他经济体。中韩自由贸易区建立,对中韩双方都产生了积极效果,中国的实际 GDP 增长了 0.15%,福利增加 6.59 亿美元,韩国方面实际GDP 上升 2.02%,福利增加 45.19 亿美元,中国台湾实际 GDP 下降 0.35%,包括日本和东盟国家的其他东亚经济体也存在福利损失。中日韩自由贸易区建立使中日

表 8.3　区域贸易自由化对总体福利的影响

| | ECFA(S1) | | CKFTA(S2) | | CKJFTA(S3) | |
	GDP	收入等值(EV)	GDP	收入等值(EV)	GDP	收入等值(EV)
CHN	−0.08	−2.97	0.15	6.59	0.24	21.86
TWN	2.87	34.75	−0.35	−3.91	−1.03	−13.01
KOR	−0.20	−3.52	2.02	45.20	1.78	40.68
JPN	−0.06	−3.67	−0.10	−4.38	0.90	67.84
ASEAN	−0.13	−4.99	−0.18	−5.80	−0.59	−18.87
USA	−0.02	−3.67	−0.05	−6.06	−0.22	−18.46
EU-25	−0.03	−5.23	−0.04	−3.69	−0.22	−17.57

注:GDP 单位为百分比,收入等值单位为亿美元。
资料来源:模拟结果。

韩三方的福利都出现改进,其中中国的实际 GDP 和收入等值(EV)的上升幅度明显高于另外两个模拟场景,分别上升 0.24％和 21.86 亿美元,韩国实际 GDP 和收入等值(EV)分别上升 1.78％和 40.68 亿美元,日本实际 GDP 和收入等值(EV)分别上升 0.90％和 67.83 亿美元。

从上面的分析可以发现,一方面,中国参与东亚区域贸易自由化的三种模拟场景给贸易伙伴带来的福利改进都大于中国的福利改进,而区域以外的经济体福利存在不同程度的受损,但世界总体福利水平都有一定程度的提高。另一方面,区域规模越大,区域贸易自由化对成员的福利改进越大,区域以外的经济体福利损失也越大。

8.2.2 贸易效应分析

贸易条件(terms of trade)是衡量一国在一定时期内出口盈利能力(相对于进口)或贸易利益的重要指标,定义为一国出口与进口的交换比价。在 GTAP 模型中的表示形式为:

$$Tot(r) = psw(r) - pdw(r) \tag{8.1}$$

其中,$tot(r)$ 表示 r 区域的贸易条件变化,psw 为可贸易品的出口价格指数,pdw 为可贸易品的进口价格指数。从表 8.4 发现,三个不同的模拟场景贸易自由化都使中国的贸易条件出现恶化,其主要原因是从前面的研究可以知道中国从中国台湾、日本和韩国进口的中间产品份额很大,区域贸易自由化导致中国进口中间产品的价格降低,最终导致中国生产成本降低,从而出口价格降低。而进口价格指数是中国从其他区域进口价格的加权平均值,波动很小,因此中国贸易条件恶化。

在海峡两岸区域贸易自由化过程中,由于台湾从大陆的进口份额较小,因此对大陆开放市场,进口中间产品的价格降低对其产品生产成本影响较小,进而出口价格指数变化较小,因此台湾的贸易条件改善。虽然日韩从中国进口的产品份额很大,但主要为最终消费品,而中国从日本、韩国进口的主要为零部件和中间产品,因此中韩自由贸易区的建立对韩国以及中日韩自由贸易区的建立对日韩的

表 8.4　区域贸易自由化对贸易条件的影响(%)

	ECFA	CKFTA	CKJFTA
CHN	−0.22	−0.03	−0.06
JPN	−0.06	−0.09	0.95
KOR	−0.12	1.14	0.75
TWN	1.54	−0.19	−0.61
ASEAN	−0.07	−0.09	−0.27
USA	−0.02	−0.05	−0.13
EU_25	−0.01	−0.01	−0.04

资料来源:模拟结果。

生产成本的影响也较小。因此模拟结果是中韩自由贸易区的建立,韩国的贸易条件出现较大幅度的改善,中日韩自由贸易区的建立让日本和韩国的贸易条件都出现改善。

以上的结论表明,在中国从中国台湾、日本、韩国进口以中间产品为主,出口以最终产品为主的条件下,区域贸易自由化可以促使中国台湾、韩国和日本从中国进口更便宜的消费品,从而提高消费者剩余,同时,在出口价格基本保持不变的条件下扩大对中国的中间产品的出口,从而提高国内生产者剩余。

从总体上来看,海峡两岸实现区域贸易自由化后,中国出口增加 1.02%,进口增加 1.45%,顺差减少 16.45 亿美元。中国台湾出口增加 2.90%,进口增加3.27%,贸易顺差增加 6.38 亿美元。由于中国台湾、日本和韩国等三个经济体对中国的进出口结构相似性较高,所以三个经济体在中国市场上的竞争性较强。海峡两岸实现区域贸易自由化以后,中国台湾的产品获得优于日本和韩国产品进入中国的条件,中国台湾的产品较大程度上替代了日韩产品,因而造成日韩进出口出现下降,而对其他经济体的影响较小。总体而言,海峡两岸实现区域贸易自由化后的贸易创造效应大于贸易转移效应。

中韩自由贸易区建立将促使中国出口增加 1.33%,进口增加 1.70%,贸易顺差减少 10.62 亿美元;韩国出口增加 2.43%,进口增加 3.35%,贸易顺差减少 10.83 亿美元,由于同样的原因,这对日本和中国台湾进出口影响较大。中日韩自由贸易区的建立将使中日韩三国的进出口贸易都较大幅度的增长,其中出口分别增长

3.19％、2.25％和 3.57％，进口分别增长 4.10％、3.39％和 5.11％，进口增长幅度明显高于出口增长幅度，导致中日韩贸易顺差分别减少 26.08 亿美元、35.33 亿美元和 20.67 亿美元，但给中国台湾和东盟进出口带来较大的负面影响。建立中韩自由贸易区或中日韩自由贸易区总体贸易创造效应大于贸易转移效应。

从总进出口量来看，三种模拟场景都能实现进出口贸易扩大，深化区域内分工，优化资源配置，减少中国的贸易顺差（见表 8.5）。

表 8.5　各种模拟场景对世界的进出口变化和贸易差额变化值（％，亿美元）

		CHN	JPN	KOR	TWN	ASEAN	USA	EU_25
ECFA	进　口	1.45	−0.15	−0.14	3.27	−0.03	−0.04	−0.03
	出　口	1.02	−0.10	−0.11	2.90	0.00	−0.04	−0.02
	贸易差额	−16.45	1.75	0.13	6.38	1.82	3.17	3.33
CKTFA	进　口	1.70	−0.22	3.35	−0.36	−0.15	−0.10	−0.04
	出　口	1.33	−0.13	2.43	−0.32	−0.10	−0.08	−0.03
	贸易差额	−10.62	3.27	−10.83	−0.73	1.83	7.94	5.84
CKJFTA	进　口	4.10	3.39	5.11	−1.04	−0.51	−0.39	−0.24
	出　口	3.19	2.25	3.57	−0.91	−0.33	−0.26	−0.17
	贸易差额	−26.08	−35.33	−20.67	−1.71	7.49	35.38	28.42

资料来源：模拟结果。

从中国进出口变化来看，中国参与东亚区域经济一体化的三种不同场景都使中国向东亚经济体的进出口额大幅度增加。海峡两岸实现区域贸易自由化后，中国对外进出口分别增加 76.35 亿美元和 71.60 亿美元，其中对东亚地区进出口分别增加 46.75 亿美元和 43.96 亿美元。

中韩建立自由贸易区，中国出口增加 92.99 亿美元，进口增加 100.33 亿美元，其中对东亚出口增加 98.81 亿美元，进口增加 107.12 亿美元，超过了中国进出口总额的增加量，并且对中国台湾以外的经济体的进出口均减少，表明中韩自由贸易区的签订存在一定的贸易转移效应，但总体而言贸易创造效应明显大于贸易转移效应，自由贸易区的成立使社会总体福利上升。

中日韩自由贸易区的建立，使中国出口增加 223.38 亿美元，进口增加 239.16 亿美元，其中对东亚出口增加 235.21 亿美元，进口增加 253.33 亿美元。对东亚地区的进出口增加额高于中国总体进出口额的增加量,表明中日韩自由贸易区的建立,出现了贸易转移效应,但贸易创造效应明显大于贸易转移效应。

　　三种不同的模拟场景都促使中国对东亚其他经济体进出口额大幅度的增加,中国参与东亚区域贸易自由化有利于中国进一步加强东亚区域内分工和减少中国对欧美国家的贸易顺差(见表 8.6)。

表 8.6　各种模拟场景对中国与贸易伙伴贸易量的影响(变化值)(亿美元)

		JPN	KOR	TWN	ASEAN	USA	EU_25	总额
ECFA	出口	4.09	1.55	33.00	5.32	11.60	7.48	71.60
	进口	4.33	1.61	35.19	5.62	12.44	8.02	76.35
CKFTA	出口	−2.54	102.25	0.19	−1.09	−0.67	−2.75	92.99
	进口	−2.91	111.17	0.16	−1.30	−1.08	−3.03	100.33
CKJFTA	出口	141.16	92.62	1.55	−0.12	0.12	−5.86	223.38
	进口	151.65	100.71	1.54	−0.58	−0.69	−6.62	239.16

资料来源:模拟结果。

　　表 8.7 和表 8.8 显示,2008 年,中国与东亚其他经济体的贸易结构存在一定的差异。中国向日本出口的主要为服装皮革羽绒及其制品业、化学工业与通信设备、计算机及其他电子设备制造业、机电设备制造业和食品制造及烟草加工业产品,进口的主要为化学工业、金属冶炼及压延加工业、交通运输设备制造业以及通信设备、计算机及其他电子设备制造业和机电设备制造业产品。中国出口到日本的产品比较分散,出口份额较大的既包括服装皮革羽绒及其制品业和纺织业等劳动密集型产业以及食品制造及烟草加工业等资源密集型产业的产品,还包括化学工业以及通信设备、计算机及其他电子设备制造业和机电设备制造业等资本密集型和技术密集型产业的产品,而中国从日本进口的产品主要集中在化学工业、金属冶炼及压延加工业以及通信设备、计算机及其他电子设备制造业、机电设备制造业和交通运输设备制造业等资本密集型和技术密集型产业。中日两国在服装皮革羽绒及其制品业、金属冶炼及压延加工业和食品制造及烟草加工业方面以产业间分工为贸易基础,发挥各自的比较优势,在资本密集型和技术密集型产业方面主要是以产业内分工和产品内分工为贸易基础。

中国对韩国、东盟和中国台湾的出口结构比较相似，主要集中在纺织业和服装皮革羽绒及其制品业两类劳动密集型产业，以及化学工业、金属冶炼及压延加工业、交通运输设备制造业与通信设备、计算机及其他电子设备制造业和机电设备制造业等资本密集型和技术密集型产业，这七大类产业的产品分别占中国向韩国、东盟和中国台湾出口的 82.27％、83.06％和 86.54％。中国与韩国和中国台湾的进口结构非常相似，主要集中在石油加工及炼焦业、化学工业、金属冶炼及压延加工业与通信设备、计算机及其他电子设备制造业和机电设备制造业等资本密集型和技术密集型产业上的产品，分别占中国从韩国和中国台湾进口的 91.19％和 94.17％，中国从东盟的进口结构比较分散。

表 8.7　2008 年中国与各贸易伙伴的出口贸易结构（％）

	JPN	KOR	ASEAN	TWN
agr	2.59	2.24	2.12	1.53
coa	2.41	2.96	0.14	3.46
oilgas	0.82	0.62	0.78	0.00
omn	0.61	0.78	0.30	0.45
foodrink	4.22	1.99	1.75	1.27
tex	3.27	2.99	6.07	1.07
waplea	18.17	5.73	4.94	2.68
lum	0.81	0.33	0.31	0.54
ppp	0.69	0.53	0.83	1.03
p_c	0.82	1.24	2.77	0.84
crp	8.33	7.37	9.49	14.40
nmm	1.41	2.10	1.62	1.06
metal	4.12	24.09	9.62	13.49
fmp	3.03	2.78	3.09	0.83
mottran	3.36	2.56	7.14	3.17
ele	15.10	22.85	20.05	33.69
ome	23.89	16.67	25.75	18.05
omf	6.34	2.16	3.09	2.46

资料来源：笔者根据联合国商品贸易统计数据库（UN Comtrade）数据和中国海关数据计算而得。

表 8.8　2008 年中国与各贸易伙伴的进口贸易结构(%)

	JPN	KOR	ASEAN	TWN
agr	0.16	0.17	5.79	0.08
coa	0.00	0.00	2.02	0.00
oilgas	0.00	0.18	2.88	0.00
omn	1.73	0.39	4.06	0.17
foodrink	0.09	0.12	6.00	0.08
tex	2.36	2.49	0.78	2.69
waplea	0.16	0.76	0.70	0.54
lum	0.01	0.01	0.19	0.02
ppp	1.40	0.62	1.23	0.43
p_c	3.40	6.15	5.80	3.02
crp	14.10	18.37	10.23	17.61
nmm	0.75	0.27	0.30	0.73
metal	9.21	6.53	1.16	6.89
fmp	1.91	1.14	0.48	0.42
mottran	6.95	2.03	0.20	0.24
ele	16.58	28.70	44.52	41.04
ome	39.94	31.44	12.05	25.61
omf	1.23	0.63	1.62	0.42

资料来源:同表 8.7。

　　表 8.9—表 8.10 显示了海峡两岸实现区域贸易自由化对中国各产业进出口的影响。从中国的出口区域结构来看,在海峡两岸实现区域贸易自由化之前,中国台湾对中国大陆的农业和食品制造及烟草加工业的产品进口关税分别达 20% 和 8.5%;海峡两岸实现区域贸易自由化后,中国大陆出口至中国台湾的农业和食品制造及烟草加工业的产品成本大幅度降低,使部分原来向区域外出口的农业和食品制造及烟草加工业的产品转向出口到区域内的中国台湾;在纺织业(tex)和服装皮革羽绒及其制品业(waplea)等劳动密集型产业,以及化学工业、金属冶炼及压延加工业、交通运输设备制造业与通信设备、计算机及其他电子设备制造业和机电设备制造业等资本密集型和技术密集型产业方面,中国出口到所有区域的数额都出

现上升。

从我国的进口区域结构来看，在海峡两岸实现区域贸易自由化之前，中国大陆对从中国台湾进口农业产品和食品制造及烟草加工业产品的关税分别达 8.0％和 15.6％，海峡两岸实现区域贸易自由化后，中国大陆从中国台湾进口的农业产品和食品制造及烟草加工业产品分别增加 0.71 亿美元和 2.25 亿美元，从其他区域进口的农业产品和食品制造及烟草加工业产品都减少了，产生了一定程度的贸易转移，但总体上贸易创造效应大于贸易转移效应，海峡两岸从农业产品和食品制造及烟草加工业产品的贸易中获得利益，而在纺织业和服装皮革羽绒及其制品业等劳动密集型产业以及机电设备制造业等资本密集型产业方面，从所有区域的进口额都增加。

表 8.9　海峡两岸区域贸易自由化对中国出口区域结构的影响(百万美元)

	JPN	KOR	TWN	ASEAN	USA	EU_25	总　额
agr	−6.10	−4.12	63.90	−7.76	−2.76	−5.68	31.62
coa	4.35	1.34	18.48	0.80	0.05	0.33	26.18
oilgas	0.37	0.56	0.01	1.12	0.47	0.17	3.19
omn	0.01	0.09	2.85	−0.15	−0.10	−0.24	2.35
foodrink	−11.97	−4.30	206.31	−8.33	−4.87	−5.84	164.00
tex	20.14	4.81	244.81	108.84	95.35	83.64	786.72
waplea	61.94	6.45	329.19	32.01	221.09	184.23	990.26
lum	5.39	−0.15	45.84	−0.09	22.28	5.44	82.78
ppp	0.82	0.01	29.52	2.02	3.58	1.23	38.45
p_c	0.69	−0.31	4.23	2.98	0.78	1.40	11.84
crp	50.65	12.23	396.46	55.25	138.93	106.56	893.84
nmm	1.85	−1.96	55.53	0.87	3.20	1.01	63.57
metal	5.03	−0.42	337.57	14.48	4.06	1.23	368.03
fmp	9.18	0.01	198.71	9.02	66.69	18.41	321.90
mottran	8.36	1.69	133.06	9.80	28.77	23.80	226.34
ele	201.95	126.31	15.36	243.57	371.31	233.26	1 356.80
ome	57.52	17.10	1 115.14	71.90	176.80	124.40	1 692.03
omf	5.32	0.00	81.57	3.89	42.12	20.26	166.64

资料来源：模拟结果。

表 8.10　海峡两岸区域贸易自由化对中国进口区域结构的影响(百万美元)

	JPN	KOR	TWN	ASEAN	USA	EU_25	总　　额
agr	−7.60	−5.14	70.92	−9.69	−3.03	−6.34	32.28
coa	5.13	1.62	20.79	0.92	0.06	0.41	29.94
oilgas	0.38	0.59	0.01	1.17	0.50	0.17	3.33
omn	0.02	0.11	3.35	−0.18	−0.13	−0.27	2.79
foodrink	−13.31	−4.77	225.64	−9.19	−5.44	−6.54	178.71
tex	22.72	5.50	263.54	118.65	104.49	91.31	853.79
waplea	67.74	7.17	351.49	34.59	238.80	199.64	1 067.62
lum	6.44	−0.15	53.26	−0.05	27.39	6.72	98.71
ppp	0.97	0.02	32.83	2.27	4.03	1.39	42.99
p_c	0.76	−0.34	4.76	3.14	0.87	1.56	13.01
crp	56.16	13.75	428.52	62.72	154.54	117.22	978.91
nmm	2.22	−2.36	65.34	1.05	3.91	1.26	75.15
metal	5.30	−0.41	357.83	15.59	4.39	1.33	390.48
fmp	10.09	0.03	215.04	9.85	73.36	20.32	350.46
mottran	9.20	1.84	141.91	10.48	31.53	25.36	242.56
ele	206.72	129.32	15.69	248.84	380.09	239.04	1 387.35
ome	60.83	17.88	1 159.65	75.51	189.92	132.76	1 772.87
omf	5.78	0.01	87.01	4.20	46.26	22.27	180.37

资料来源:模拟结果。

　　表 8.11 和表 8.12 显示中韩自由贸易区建立后中国进出口区域结构的变化。在农业、食品制造及烟草加工业、纺织业和服装皮革羽绒及其制品业等中韩双边关税水平较高的产品方面,在中韩自由贸易区建立以后,中国至韩国出口额大幅度增长,而至区域外的国家或地区的出口额下降,但向区域外国家或地区出口额的减少明显低于中国对韩国出口额的增加;在通信设备、计算机及其他电子设备制造业双边关税很低的产业,中国对所有区域的出口均增加,产业内资源得到重新配置。

　　中国进口方面,所有产业从韩国的进口额均增加,其中农业、食品制造及烟草加工业、纺织业和服装皮革羽绒及其制品业等中国对韩国进口关税较高的产业增幅较大,且对从自贸区的区域外国家或地区进口的负面影响较大。交通运输设备制造业和通信设备、计算机及其他电子设备制造业等资本密集型和技术密集型产业从韩国、中国台湾、日本、欧盟以及美国的进口均增加。中国通过进口对自贸区的区域内外的国家和地区的经济存在拉动效应。

表 8.11　中韩自由贸易区建立对中国出口区域结构的影响（百万美元）

	JPN	KOR	TWN	ASEAN	USA	EU_25	总　　额
agr	−53.23	1 363.22	−4.46	−41.05	−22.52	−36.69	1 163.68
coa	−7.89	45.98	−4.65	−1.18	−0.16	−0.82	29.53
oilgas	−0.32	134.18	0.00	−1.60	−0.49	−0.14	131.07
omn	−0.43	8.86	−0.18	−0.32	−0.33	−1.22	5.82
foodrink	−91.21	1 093.96	−3.75	−39.84	−35.52	−33.35	847.67
tex	−42.82	1 106.35	−5.61	−27.58	−12.62	−13.45	960.83
waplea	−38.10	1 130.04	−4.91	−18.12	−65.52	−38.75	910.59
lum	−29.05	101.88	−2.07	−7.09	−81.33	−34.02	−78.47
ppp	−2.49	19.48	−1.13	−2.04	−7.42	−4.35	−3.60
p_c	−0.31	37.06	−0.14	−2.05	−0.60	−0.60	32.44
crp	5.05	832.03	−3.97	−5.67	15.73	10.93	868.97
nmm	−5.91	278.79	−0.54	−8.76	−13.46	−13.22	220.56
metal	−12.77	698.33	−13.97	−15.84	−14.68	−19.90	601.06
fmp	−0.04	230.19	−2.99	−12.40	−39.23	−41.01	108.27
mottran	0.58	273.89	0.05	6.19	22.64	12.52	344.68
ele	99.86	1 077.28	94.97	134.02	419.39	280.50	2 281.47
ome	−35.22	1 566.96	−18.66	−33.42	−85.05	−86.75	1 247.92
omf	−20.37	207.80	−3.25	−11.92	−112.46	−92.50	−88.42

资料来源：模拟结果。

表 8.12　中韩自由贸易区建立对中国进口区域结构的影响（百万美元）

	JPN	KOR	TWN	ASEAN	USA	EU_25	总　　额
agr	−65.61	1 644.11	−5.03	−51.41	−24.63	−40.87	1 408.48
coa	−9.35	53.77	−5.27	−1.35	−0.20	−1.03	34.42
oilgas	−0.33	140.80	0.00	−1.68	−0.51	−0.14	137.55
omn	−0.59	10.18	−0.23	−0.42	−0.61	−1.66	5.94
foodrink	−101.23	1 200.31	−4.15	−44.02	−39.64	−37.25	927.09
tex	−45.51	1 183.23	−6.01	−29.26	−13.49	−14.12	1 029.77
waplea	−40.23	1 198.60	−5.21	−19.10	−69.42	−40.63	967.92
lum	−34.16	118.53	−2.44	−8.40	−99.27	−40.71	−98.55
ppp	−2.87	21.72	−1.27	−2.29	−8.31	−4.81	−3.97
p_c	−0.34	40.39	−0.15	−2.09	−0.68	−0.66	35.45

续表

	JPN	KOR	TWN	ASEAN	USA	EU_25	总　　额
crp	5.81	907.97	−4.17	−5.47	18.01	12.68	951.92
nmm	−7.15	341.12	−0.66	−10.27	−16.45	−15.67	271.60
metal	−13.50	740.80	−14.88	−17.16	−15.92	−21.16	636.48
fmp	−0.18	251.08	−3.24	−13.49	−43.49	−44.87	117.24
mottran	0.73	291.58	0.07	6.71	24.68	13.48	367.74
ele	102.66	1 103.00	97.04	137.32	430.36	288.73	2 338.99
ome	−37.04	1 628.11	−19.39	−34.84	−91.03	−91.55	1 291.54
omf	−22.08	222.35	−3.48	−12.84	−123.70	−101.00	−101.35

资料来源:模拟结果。

中日韩自由贸易区建立的模拟场景下,中国农业、食品制造及烟草加工业、纺织业和服装皮革羽绒及其制品业对日韩出口大幅度增长,对区域外国家或地区负面影响不大。中国交通运输设备制造业和通信设备、计算机及其他电子设备制造业对所有区域的出口都出现增长。中国机电设备制造业对东亚区域内日本、韩国、中国台湾和东盟四大经济体都表现出增长趋势,中国进口方面各产业呈现出类似的规律(见表8.13和表8.14)。

表 8.13　中日韩自由贸易区建立对中国各产业部门出口的影响(百万美元)

	JPN	KOR	TWN	ASEAN	USA	EU_25	总额
agr	638.47	1 352.71	−10.60	−98.86	−54.04	−94.23	1 631.79
coa	−2.47	44.27	−5.92	−1.42	−0.10	−0.46	32.71
oilgas	0.12	134.42	0.00	−1.44	−0.22	−0.03	132.43
omn	2.65	6.83	−0.52	−0.66	−1.18	−3.42	2.12
foodrink	4 124.60	1 044.95	−8.83	−98.15	−87.89	−85.63	4 786.33
tex	2 038.38	1 017.72	−14.57	−157.38	−71.88	−73.39	2 542.85
waplea	5 370.66	1 089.86	−14.72	−72.02	−268.21	−200.94	5 692.64
lum	88.88	95.53	−4.75	−16.54	−214.32	−90.71	−209.89
ppp	7.93	18.33	−2.65	−5.55	−21.03	−11.84	−31.18
p_c	68.14	35.15	−0.33	−9.34	−2.67	−3.08	83.11
crp	164.34	666.43	2.35	−16.40	18.75	−7.57	817.91
nmm	23.43	201.32	1.34	−16.89	−30.77	−31.67	108.36
metal	138.42	586.48	−23.97	−7.51	−34.21	−47.73	563.00

续表

	JPN	KOR	TWN	ASEAN	USA	EU_25	总额
fmp	53.38	186.11	−1.60	−13.86	−86.30	−101.31	−28.97
mottran	84.34	254.54	8.17	89.12	162.80	95.83	834.12
ele	857.18	1 142.57	200.60	413.79	1 078.54	847.23	4 986.34
ome	412.19	1 191.13	48.35	80.14	−16.27	−150.81	1 515.20
omf	33.05	178.10	−4.22	−29.98	−278.75	−237.10	−470.77

资料来源：模拟结果。

表 8.14　中日韩自由贸易区建立对中国各产业部门进口的影响（百万美元）

	JPN	KOR	TWN	ASEAN	USA	EU_25	总额
agr	750.32	1 627.05	−11.99	−124.21	−59.10	−104.97	1 959.37
coa	−2.29	52.30	−6.46	−1.55	−0.10	−0.48	40.13
oilgas	0.14	141.09	0.00	−1.48	−0.22	−0.03	139.06
omn	3.17	7.88	−0.61	−0.78	−1.58	−4.08	2.17
foodrink	4 490.11	1 145.40	−9.79	−108.58	−97.89	−95.80	5 210.02
tex	2 173.17	1 088.40	−15.65	−169.16	−77.19	−78.68	2 713.04
waplea	5 703.38	1 155.90	−15.69	−76.52	−284.62	−214.22	6 044.56
lum	101.44	110.93	−5.65	−19.72	−259.95	−108.95	−263.50
ppp	8.82	20.42	−2.97	−6.25	−23.37	−13.10	−34.31
p_c	76.24	38.33	−0.37	−9.63	−2.84	−3.23	93.51
crp	179.78	727.43	2.74	−16.98	22.74	−6.71	900.26
nmm	27.00	246.06	1.53	−19.87	−37.10	−37.52	134.61
metal	144.96	621.97	−25.54	−8.42	−36.89	−50.67	593.32
fmp	58.05	202.94	−1.76	−15.18	−95.04	−110.97	−33.10
mottran	91.87	271.17	8.80	94.61	177.87	102.28	894.71
ele	878.92	1 170.31	205.09	424.05	1 108.44	872.03	5 116.34
ome	432.27	1 237.63	50.33	83.90	−16.44	−158.98	1 575.73
omf	35.08	190.50	−4.54	−32.29	−305.50	−258.62	−519.08

资料来源：模拟结果。

　　三种模拟场景对比来看，中国参与东亚区域贸易自由化进出口变化最大的是农业、食品制造及烟草加工业、纺织业和服装皮革羽绒及其制品业等关税较高的产业。而对交通运输设备制造业和通信设备、计算机及其他电子设备制造业等,在建立自由贸易区前就关税壁垒较低的产业在实现区域贸易自由化后贸易创造效应较明显,消费者和生产者都获得了较大的剩余。

8.2.3　产业效应分析

区域贸易自由化导致进出口产品成本降低,实现销售市场的扩大,生产资源的重新配置,从而影响各经济体的行业产出。

海峡两岸实现区域贸易自由化后,中国大陆从中国台湾进口的产品大幅度的增加拉动了化学工业、纺织业和机电设备制造业等中国台湾传统优势产业生产的扩张,而中国大陆在服装皮革羽绒及其制品业和通信设备、计算机及其他电子设备制造业实现生产的扩张。中韩自由贸易区建立对中国农业、服装皮革羽绒及其制品业、非金属矿物制品业和通信设备、计算机及其他电子设备制造业等的生产有积极影响,而对石油加工及炼焦业和化学工业等与韩国存在进口竞争的行业在中国的生产都存在负面影响。中日韩自由贸易区建立使中国的农业、纺织业和服装皮革羽绒及其制品业等具有比较优势的产业的生产实现扩张,而其他产业的产出都出现下降(见表 8.15、表 8.16、表 8.17)。

表 8.15　海峡两岸区域贸易自由化对各产业部门产出的影响(%)

	CHN	JPN	KOR	TWN	ASEAN	USA	EU_25
agr	0.00	0.02	0.04	−0.89	0.02	0.01	0.00
coa	−0.05	0.03	0.07	−0.53	0.11	0.01	0.01
oilgas	−0.04	0.04	0.07	−0.92	0.08	0.02	0.03
omn	−0.05	−0.02	−0.01	0.90	0.09	0.00	0.00
foodrink	0.04	0.00	0.02	−0.91	0.07	0.00	0.00
tex	−0.21	−1.38	−1.23	10.49	−0.46	−0.09	−0.13
waplea	0.84	−0.12	−0.05	−0.53	−0.16	−0.14	−0.11
lum	0.24	0.03	0.11	−5.45	0.11	0.00	0.00
ppp	−0.09	0.01	0.12	−0.15	0.12	0.00	0.00
p_c	−0.16	−0.02	−0.19	3.89	−0.08	−0.01	0.00
crp	−0.57	−0.10	−0.64	9.00	−0.79	−0.05	−0.04
nmm	0.11	−0.06	−0.03	−0.48	−0.07	−0.01	0.00

续表

	CHN	JPN	KOR	TWN	ASEAN	USA	EU_25
metal	−0.15	0.04	0.13	3.05	0.25	0.02	0.01
fmp	0.08	−0.05	0.03	−1.96	0.01	0.06	0.02
mottran	0.08	0.06	0.38	−0.43	0.06	−0.03	−0.02
ele	0.70	0.38	0.75	−9.38	0.59	0.23	0.30
ome	−0.29	−0.26	−0.18	8.81	−0.40	−0.03	−0.09
omf	0.07	0.01	0.21	−4.74	0.12	0.02	0.02

资料来源：模拟结果。

表 8.16　中韩自由贸易区建立对中国各产业部门产出的影响（%）

	CHN	JPN	KOR	TWN	ASEAN	USA	EU_25
agr	0.28	−0.04	−1.57	0.04	−0.01	−0.16	−0.03
coa	−0.08	0.02	−0.91	0.06	0.03	0.00	−0.01
oilgas	−0.11	0.04	−0.58	0.12	0.07	0.01	0.01
omn	−0.11	−0.02	−0.43	0.05	0.09	0.00	−0.01
foodrink	0.38	0.00	0.40	0.05	0.04	−0.02	−0.02
tex	−0.16	−1.24	7.20	−1.54	−0.49	−0.07	−0.14
waplea	0.54	−0.04	0.45	−0.02	0.05	−0.10	−0.11
lum	−0.34	0.03	1.33	0.75	0.24	0.01	−0.02
ppp	−0.27	0.02	−0.68	0.25	0.22	0.01	0.00
p_c	−0.35	−0.03	1.73	−0.35	−0.13	−0.01	0.01
crp	−0.54	−0.09	3.32	−0.86	−0.46	−0.02	−0.03
nmm	0.28	−0.03	−0.45	0.21	−0.01	0.01	−0.01
metal	−0.24	0.04	−0.59	0.16	0.26	0.05	0.01
fmp	−0.13	0.01	−0.75	0.48	0.03	0.04	0.02
mottran	−0.45	0.19	−2.58	0.33	0.17	0.08	0.08
ele	0.73	0.11	−3.17	0.44	0.09	0.07	0.12
ome	−0.37	−0.09	0.50	−0.36	−0.08	0.02	−0.01
omf	−0.34	0.02	−1.28	0.76	0.17	0.07	0.02

资料来源：模拟结果。

表 8.17　中日韩自由贸易区建立对中国各产业部门产出的影响(%)

	CHN	JPN	KOR	TWN	ASEAN	USA	EU_25
agr	0.765	−0.772	−1.346	0.109	0.031	−0.177	−0.040
coa	−0.343	−0.467	−1.027	0.159	0.089	−0.014	−0.012
oilgas	−0.303	−0.516	−0.567	0.314	0.178	0.012	0.011
omn	−0.700	0.294	−1.044	−0.017	0.296	−0.022	−0.034
foodrink	2.679	−0.616	1.271	−0.149	−0.078	−0.092	−0.065
tex	0.846	2.615	6.807	−3.169	−1.644	−0.274	−0.461
waplea	4.391	−5.352	1.904	0.225	−0.672	−0.303	−0.418
lum	−0.913	−0.609	1.569	2.144	1.019	0.011	0.006
ppp	−0.572	−0.084	−0.688	0.680	0.538	0.030	0.010
p_c	−0.672	0.357	1.862	−0.626	−0.178	−0.003	0.045
crp	−1.610	0.938	2.674	−1.600	−0.803	−0.065	−0.018
nmm	−0.009	0.739	−1.353	0.347	−0.135	0.002	−0.027
metal	−1.369	0.435	−1.096	0.298	0.917	0.118	0.042
fmp	−0.864	0.338	−1.139	1.130	0.223	0.104	0.033
mottran	−2.373	−0.686	−2.220	0.409	0.614	0.245	0.188
ele	1.618	−1.353	−0.609	1.395	0.199	0.122	0.190
ome	−1.806	1.667	−0.771	−1.714	−0.036	0.101	−0.010
omf	−1.286	−0.036	−1.071	2.112	0.452	0.213	0.087

资料来源:模拟结果。

8.3　小结

　　本章在完全竞争和规模报酬不变的假设条件下,首先应用 GTAP 第 7 版数据库模拟中国与东盟实现区域贸易自由化,从而得到更新后的数据库,然后利用更新后的数据库作为基础数据库模拟中国参与东亚区域贸易自由化三种模拟场景对各经济体的经济影响。

　　研究结果表明:中国参与东亚区域贸易自由化的三种模拟场景都给贸易伙伴带来的福利改进大于中国的福利改进,通过对比,可以进一步发现,在目前相对稳定的东亚分工网络下,任何两国达成自由贸易区,均会提升双方福利,但会对东亚大部分国家福利造成轻微损害，但如果能实现一个更为全面的东亚区域经济一体化(10+3)，东亚分工网络将更为深化，从而福利水平均全面提高。

需注意的是，这三种模拟场景对中国福利的影响差异较大，由于中国大陆出口到中国台湾的贸易额明显小于中国台湾出口到中国大陆的贸易额，海峡两岸实现区域贸易自由化使中国大陆实际 GDP 下降 0.08％，福利减少 2.97 亿美元；中韩自由贸易区建立使中国实际 GDP 上升 0.15％，福利增加 6.59 亿美元；中日韩自由贸易区建立使中国实际 GDP 上升 0.24％，福利增加 21.86 亿美元。从中国的总体福利效应来看，实现更大区域的贸易自由化对中国的福利效应明显。

由于中国从中国台湾、日本和韩国进口的中间产品份额很大，区域贸易自由化导致中国进口中间产品的价格降低，最终导致中国生产成本降低，从而出口价格降低，而进口价格指数是中国从其他区域进口价格的加权平均值，波动很小，最终导致中国贸易条件恶化，但三个模拟场景都能使中国实现进出口贸易扩大，深化区域内分工，优化资源配置，减少中国的贸易顺差。

第9章
中国参与东亚区域经济一体化的动态一般均衡分析

第8章应用 GTAP 模型从比较静态的视角,研究了中国参与东亚区域经济一体化的福利效应。比较静态分析假设贸易政策对经济的冲击以及结构的调整是在瞬间完成的,对资本的积累和劳动力市场的调整以及由于政策的冲击带来的经济增长路径的影响等都无法反映。为了更进一步研究中国参与东亚区域经济一体化进程中,由于资本市场和劳动力市场的变动以及政策冲击所带来的对各经济主体的影响轨迹,本章拟利用第7章所阐述的拓展的中国动态可计算一般均衡模型(MCHUGE 模型)从动态的视角对中国参与东亚区域经济一体化的贸易和福利效应进行研究。

MCHUGE 模型包含历史模拟、预测模拟和政策模拟三种闭合(赖明勇和祝树金,2008)。在以下的章节中应用不同的模型闭合重新构建 MCHUGE 模型的历史模拟基线和预测模拟基线,以及完成相关的政策模拟。

9.1 中国动态可计算一般均衡模型的模拟基线设计

在动态可计算一般均衡模型中,模拟基线作为进行经济政策效应模拟的水平基准线,是进行政策分析的非常重要的一部分。MCHUGE 模型包含历史模拟基线和预测模拟基线两个部分,本章中历史模拟基线的期间为 1997—2009 年,预测模拟基线期间为 2010—2020 年。

在政策模拟中，投入产出品、居民消费品和进出口产品的价格和数量是典型的内生变量，而生产技术和消费偏好等是典型的外生变量。通过把技术、消费偏好等外生变量和关税削减等政策变量输入模型，从而求得实际 GDP、居民消费、产业产出、就业等内生变量的变化。而在历史模拟和预测模拟中，实际 GDP、消费、行业产出和进出口贸易额等容易观测的变量都被设定为外生变量，而技术和消费偏好等被设定为内生变量。通过把历史时期已知的 GDP、投资、消费和其他可观测变量输入到模型，从而获得技术和消费偏好等变量的变化值。

由于 MCHUGE 模型是一个拥有数十万个方程和变量的模型，为了方便地理解模型模拟结果，应用 Dixon 等（1982）与 Dixon 和 Rimmer（2002）开发的 BOTE（Back-Of-The-Envelope）经济模型来帮助理解 MCHUGE 模型及其结果。BOTE 模型涉及的简单方程体系如下：

$$Y = C + I + G + X - M \tag{9.1}$$

$$Y = \frac{1}{A} \cdot F(K, L) \tag{9.2}$$

其中，Y、C、I、G、X、M、K 和 L 分别表示 GDP、私人消费、投资、政府支出、出口、进口、总资本存量和劳动总量，A 为技术进步。

$$Q/P_g = A \cdot F_k(K/L) \tag{9.3}$$

其中，Q 为单位资本收益、P_g 为 GDP 价格指数、F_k 为 F 对 k 的导数，即资本的边际产出，(9.3)式表明了资本市场达到均衡的条件为单位资本的实际成本等于单位资本的边际产出。

类似的劳动市场的均衡条件为劳动的实际工资等于劳动的边际产出，其表达式为：

$$W/P_g = A \cdot F_l(K/L) \tag{9.4}$$

其中，W 为名义工资，F_l 为 F 对 l 的导数。

最后一个是关于资本变化的方程，当年的资本存量等于上一年的资本存量加上当年的新增投资减去折旧，即：

$$K_t = K_{t-1} + I - D \tag{9.5}$$

其中,K_t 为 t 时期资本存量,K_{t-1} 为 $t-1$ 时期资本存量,I 为 t 时期新增投资,D 为折旧。

下面将在 BOTE 方法的指引下完成对历史模拟基线和预测模拟基线的设计。

9.1.1　MCHUGE 模型的历史模拟基线设计

在 MCHUGE 基础模型中,构建了 1997—2005 年的历史模拟基线,本章立足新的时间点、新的国际国内经济环境,重点研究贸易政策对中国经济的影响。为了重新构建模型 2006—2009 年的历史模拟基线,本章中的单国动态可计算一般模型的历史模拟基线为 1997—2009 年。

2006 年以来,中国经济面临的国际国内环境发生了很大的变化。首先,2006 年是中国加入 WTO 以来过渡期的最后一年,中国对外贸易关税壁垒进一步削减;第二,21 世纪以来,中国积极参与区域贸易自由化。2002 年 11 月 4 日,中国与东盟签署了《中国—东盟全面经济合作框架协议》,2004 年 1 月 1 日,中国—东盟自由贸易区"早期收获计划"顺利实施。2010 年 1 月 1 日中国—东盟自由贸易区全面建成,中国与东盟国家在区域内开启了零关税时代。中国参与东亚区域贸易自由化的进程明显加速。最后,2008 年爆发的全球金融危机对中国 2008 年、2009 年的经济业绩产生了重大影响,同时也改变了中国和世界经济的预期。因此,在构建 2006—2009 年历史模拟基线时将充分考虑 WTO 过渡期、中国参与区域贸易自由化进程和 2008 年全球金融危机爆发对历史模拟基线的影响。

MCHUGE 模型的历史模拟基线主要依据世界银行提供的世界发展指数数据(WB-WDI),本章中 2006—2009 年中国的宏观数据主要来源于中国统计年鉴数据,并根据 GDP 的实际增长率,按照 Mai(2006)的方法对居民消费、固定资产形成、政府支出、出口和进口的增长率进行了调整(见表 9.1)。

从表 9.1 数据来看,2006—2009 年中国出口的实际增长率一直在降低。特别是 2008 年全球性金融危机爆发以来,中国支出法 GDP 各构成部分的增长率变化很大,2009 年居民消费实际增长率为 8.7%。由于 2008 年全球金融危机爆发以来,中国出台一系列的经济政策刺激经济,所以中国的固定资产投资和政府支出大幅度上升,分别增长 20.3% 和 19.3%,而这次全球性金融危机对中国影响最大的是进出口贸易。

表 9.1　2006—2009 年中国宏观经济变量增长率及模型用值(%)

	2006[a]	2007[a]	2008[a]	2009[a]	2006[b]	2007[b]	2008[b]	2009[b]
支出法 GDP	18.8	19.6	18.5	9.6	11.6	11.4	9.0	8.7
居民消费	13.0	16.5	15.7	9.5	8.0	9.6	7.6	8.7
固定资产形成	18.5	18.2	23.2	22.3	11.4	10.6	11.3	20.3
政府支出	19.1	23.2	25.7	21.2	11.8	13.5	12.5	19.3
出　　口	27.2	25.9	17.3	−16.0	16.8	15.1	8.4	−14.6
进　　口	19.9	20.8	18.5	−11.2	12.3	12.1	9.0	−10.2
GDP 平减指数	4.0	7.0	7.2	0.3	4.0	7.0	7.2	0.3
从业人员数	0.8	0.8	0.6	0.7	0.8	0.8	0.6	0.7

注：a 表示名义值，b 表示实际值和模型用值。
资料来源：2006[a]—2009[a] 年的数据来源为中国统计年鉴，GDP 平减指数的数据来源为世界银行世界发展指数数据库(WB-WDI)数据库。

上面对 2006—2009 年 MCHUGE 模型的宏观指标进行了设定，接下来对产业水平上的产出、消费、投资、进出口进行设定。

表 9.2 显示了 2006—2009 年分为三大产业增加值的名义增长率和调整后的符合模型宏观实际变化率的增长率。2008 年全球金融危机爆发后对工业的增加值增长率影响较大，2008 年和 2009 年增长率分别为 9.1% 和 6.8%。

表 9.2　2006—2009 年中国主要产业增加值增长率(%)

	缩写	部门	2006[a]	2007[a]	2008[a]	2009[a]	2006[b]	2007[b]	2008[b]	2009[b]
农　业	aff	1	7.2	19.1	17.7	5.3	4.9	9.5	8.8	6.8
工　业	ind	2—22	18.4	21.3	18.4	5.3	12.6	10.6	9.1	6.8
服务业	srv	23—28	18.2	25.7	18.0	8.8	12.4	12.8	8.9	11.3

注：a 表示名义值，b 表示模型用值。
资料来源：2006—2010 年中国统计年鉴。

表 9.3 显示的各居民消费分类、投资分类和就业分类数据，结合了 MCHUGE 基础模型的数据和 2006—2010 年《中国统计年鉴》的数据进行了调整。

由于这里的研究重点是区域贸易自由化，因此，重点对进出口贸易历史基线进行模拟。首先，将中国 2006—2009 年各产业进出口名义增长率转化为模型用值。

表 9.3　居民消费、投资以及就业的分类

居民消费分类	缩写	部门	投资分类	缩写	部门	就业分类	缩写	部门
食品类	argfood	1、5	农　业	aff	1	农　业	aff	1
衣　着	clothing	6—7	采掘业	mng	2—4	采掘业	mng	2—4
交通运输设备	mvh	15	制造业	mnf	5—18	制造业	mnf	5—18
耐用品	durable	8、16—18	水电气	egw	19—21	水电气	egw	19—21
交通通信类	tsc	24—27	建筑业	cns	22	建筑业	cns	22
其他服务业	othsrv	23、28	运输业	tsc	24—27	服务业	srv	23—28
能　源	fuel	10、19—21	其他服务业	othsrv	23、28			
其他消费	other	2—4、9、11—14、22						

注:水电气为供水、供电和供气业。

表 9.4 和表 9.5 分别显示了中国 2006—2009 年进出口的名义增长率和实际增长率(模型用值增长率)。2008 年和 2009 年的数据显示,2008 年全球金融危机爆发对各产业进出口影响存在很大的差异。其中,中国出口受影响较大的产业是煤炭采选业(coa)、其他矿业开采业(omn)和金属冶炼及压延加工业(metal)等产业,进口受影响较大的产业是石油和天然气开采业(oilgas)、石油加工及炼焦业(p_c)和食品制造及烟草加工业(foodrink)。

表 9.4　中国 2006—2009 年各产业进出口名义增长率(%)

	2006^e	2007^e	2008^e	2009^e	2006^M	2007^M	2008^M	2009^M
总计	27.2	25.9	17.3	−16.0	19.9	20.8	18.5	−11.2
agr	7.1	14.3	5.2	7.4	14.5	20.3	36.0	−10.6
coa	−14.2	11.5	74.9	−76.8	17.1	50.8	52.6	192.2
oilgas	4.9	−27.1	78.8	−23.0	37.3	19.5	58.9	−29.8
omn	−3.5	3.7	45.9	−53.0	20.5	57.0	45.3	−16.2
foodrink	19.3	22.1	11.7	−12.2	18.1	53.1	38.0	−16.6
tex	18.8	15.7	16.8	−8.9	2.7	2.0	−3.5	−6.8
waplea	25.1	19.3	7.8	−10.0	14.5	10.4	3.3	−17.1
lum	38.1	15.4	−1.1	−18.1	−15.4	5.4	−8.1	−20.1
ppp	37.6	35.9	11.9	−4.9	8.9	21.9	18.8	−10.8
p_c	13.0	26.9	49.2	−12.8	49.6	10.0	68.3	−38.0
crp	24.1	30.3	26.1	−18.6	13.3	22.8	11.1	−5.6

续表

	2006^e	2007^e	2008^e	2009^e	2006^M	2007^M	2008^M	2009^M
nmm	27.4	15.2	21.0	−9.9	19.3	15.4	7.4	−10.9
metal	65.0	38.1	23.8	−60.4	1.3	28.9	4.4	9.0
fmp	30.5	30.4	19.7	−21.7	23.5	19.1	16.3	−9.2
mottran	35.7	43.5	28.4	−14.7	49.9	18.0	13.4	7.9
ele	28.4	19.6	11.6	−8.3	24.1	14.0	3.5	−7.3
ome	28.2	33.3	20.9	−16.3	17.7	17.9	10.6	−12.2
omf	20.5	27.9	18.1	−11.8	12.7	35.6	18.8	−12.4

注：e 表示出口值，M 表示进口值。
资料来源：根据联合国商品贸易统计数据库（UN Comtrade）数据整理所得。

表 9.5 中国 2006—2009 年各产业进出口调整后增长率（模型用值％）

	2006^e	2007^e	2008^e	2009^e	2006^M	2007^M	2008^M	2009^M
total	16.8	15.1	8.4	−14.6	12.3	12.1	9.0	−10.2
agr	4.4	8.3	2.5	6.7	9.0	11.8	17.5	−9.6
coa	−8.8	6.7	36.5	−69.8	10.6	29.5	25.7	64.8
oilgas	3.0	−15.8	38.4	−21.0	23.1	11.3	28.7	−27.1
omn	−2.2	2.2	22.4	−48.2	12.7	33.1	22.1	−14.7
foodrink	11.9	12.8	5.7	−11.1	11.2	30.9	18.5	−15.1
tex	11.6	9.1	8.2	−8.1	1.7	1.1	−1.7	−6.2
waplea	15.5	11.2	3.8	−9.1	9.0	6.1	1.6	−15.6
lum	23.5	8.9	−0.5	−16.5	−9.6	3.1	−4.0	−18.3
ppp	23.2	20.9	5.8	−4.4	5.5	12.7	9.2	−9.9
p_c	8.0	15.6	24.0	−11.7	30.7	5.8	33.3	−34.6
crp	14.9	17.6	12.7	−16.9	8.2	13.2	5.4	−5.1
nmm	17.0	8.8	10.2	−9.0	11.9	8.9	3.6	−9.9
metal	40.2	22.2	11.6	−55.0	0.8	16.8	2.2	8.1
fmp	18.9	17.7	9.6	−19.8	14.5	11.1	7.9	−8.4
mottran	22.1	25.3	13.8	−13.3	30.9	10.5	6.6	7.2
ele	17.5	11.4	5.6	−7.5	14.9	8.1	1.7	−6.6
ome	17.4	19.4	10.2	−14.8	10.9	10.4	5.2	−11.1
omf	12.7	16.2	8.8	−10.7	7.8	20.7	9.2	−11.3

注：e 表示出口值，M 表示进口值。
资料来源：笔者计算所得。

其次,2006 年是中国加入 WTO 后过渡期的最后一年,在 2006 年的历史模拟基线中对中国对外关税壁垒进一步削减进行了模拟。

最后,模拟了中国与东盟的区域贸易自由化进程,历史模拟的样本期间为 2004 年中国与东盟实施"早期收获计划"到 2010 年 1 月 1 日中国—东盟自由贸易区全面建成。

9.1.2　MCHUGE 模型的预测模拟基线设计

在预测模拟中的闭合条件与历史模拟中一样,实际 GDP、居民消费、投资和进出口总额等容易观测的变量为外生变量,而技术和消费偏好等不易观测的变量为内生变量。本章预测模拟的样本期间为 2010—2020 年,其中 2010—2015 年保留了 MCHUGE 基础模型对预测模拟基线的基本设置,但由于 2008 年全球金融危机的爆发改变了中国经济的运行轨迹,根据相关较权威的预测报告对预测模拟基线进行调整。在保留 Mai(2006)对中国经济走势的基本假设前提下,重新构建了 2016—2020 年的预测模拟基线。

由于 2008 年以来的全球性金融危机改变了中国经济的国内国际环境,目前虽然全球经济明显复苏,全球进入后金融危机时代,但对中国经济增长预期、进出口贸易预期在相当长的时间内都会产生影响。据此,本章对 MCHUGE 基础模型中的实际 GDP 增长率进行了下调。

在进出口贸易方面,2009 年,中国经历了新世纪以来最为困难的一年。国际货币基金组织(IMF)在 2010 年 10 月期《世界经济展望》(World Economic Outlook)中对世界贸易形势的研究认为,一方面,包括美国和欧洲经济体等在 2008 年以来的全球金融危机中遭受较严重打击的发达国家和地区,近几年内,进口增长率可能低于危机前的水平,这些国家经常账户逆差的缩小可能会是持久的;另一方面,过去高度依赖受危机打击国家和地区需求的经济体今后需要靠促进国内需求以支持增长。在后金融危机时代中国对外贸易将经历一个恢复性增长时期,然而由于受到主要贸易伙伴的经济转型影响,中国进出口增速将明显放缓,而且出口的增长率将小于进口的增长率,从而将延续 2009 年贸易顺差减小的趋势。中国商务部的进出口数据显示,2010 年 1—7 月的全国对外贸易总额为 16 170.5

亿美元,同比增长 40.9%,其中:出口 8 504.9 亿美元,增长 35.6%;进口 7 665.6 亿美元,增长 47.2%,贸易顺差 839.3 亿美元,同比下降 21.2%,上述 IMF 的观点得到部分的印证。因此,本章中的预测模拟基线在遵循 MCHUGE 基础模型的预测模拟基线假设的同时,对经济增长率和进出口增长率往下微调。

9.2 完全竞争假设下动态一般均衡分析

9.2.1 模拟场景设计

本节根据 GTAP 第 7 版数据库得到 2004 年中国与中国台湾、日本和韩国的进出口关税数据(见表 9.6),然后按 2007—2010 年中国海关进出口税对进出口关税进行调整,从而得到模型的冲击值。

表 9.6　2004 年中国与中国台湾、日本和韩国的进出口关税

	中国台湾[a]	日本[a]	韩国[a]	中国台湾[b]	日本[b]	韩国[b]
agr	9.46	8.39	15.89	9.75	8.37	62.28
coa	3.02	3.78	3.34	0.00	0.00	1.00
oilgas	0.00	0.00	0.00	0.00	0.00	4.99
omn	2.70	2.71	2.36	0.21	0.30	2.34
foodrink	17.22	16.12	11.55	28.17	19.18	28.92
tex	13.11	13.85	12.62	9.12	7.66	10.51
waplea	8.91	15.39	9.96	8.46	10.09	10.88
lum	7.73	10.52	9.92	3.56	0.74	5.57
ppp	7.14	5.05	6.54	2.80	0.01	3.48
p_c	6.89	6.51	6.54	1.67	1.48	5.18
crp	9.58	8.56	8.18	3.82	0.18	7.01
nmm	11.83	10.98	10.64	6.31	0.00	7.41
metal	5.82	4.85	5.07	1.63	0.58	2.95
fmp	9.77	8.86	8.98	7.76	0.00	7.33
mottran	18.66	22.36	21.15	7.73	0.00	6.80
ele	0.58	3.41	2.68	0.74	0.00	1.93

续表

	中国台湾[a]	日本[a]	韩国[a]	中国台湾[b]	日本[b]	韩国[b]
ome	7.56	6.85	6.90	3.84	0.00	6.78
omf	16.15	16.85	17.35	4.69	0.12	7.80
平均税率[c]	8.67	9.17	8.87	5.57	2.71	10.18
平均税率[d]	5.52	7.52	6.68	2.91	4.05	9.02

注：a 表示中国对贸易伙伴的进口关税；b 表示贸易伙伴对中国出口的进口关税；c 表示按算术平均计算的平均关税率；d 表示按贸易额加权平均计算的平均关税率。

资料来源：GTAP 第 7 版数据库。

从表 9.6 中按贸易额加权的平均关税率可以发现，在 2004 年，按中国进口关税从高到低排序是日本、韩国和中国台湾，按三大东亚经济体对中国进口关税从高到低排序是韩国、日本和中国台湾。

根据中国参与东亚区域自由化的进程，本节延续了第 8 章的三种模拟场景，具体见表 9.7。在模拟过程中取 2009 年底的中国与东亚其他经济体的各产业双边关税值为冲击量，在模型中主要通过 $t0_{imp}$ 和 $f4p$ 两个变量来实现（见表 9.8）。其中进口方面的实现方程为：

$$P0_{imp} = P0_{cif} \cdot Phi \cdot (1 + t0_{imp}) \tag{9.6}$$

其中，$P0_{imp}$ 为进口价格，$P0_{cif}$ 为到岸价格，Phi 为汇率，$t0_{imp}$ 为实际进口关税率。

由于对于中国出口而言，区域贸易自由化使中国出口成本降低，使中国出口供给增加，所以其实现方程为：

$$x4 = \delta(p4fob - f4p) + f4q \tag{9.7}$$

其中，$x4$ 表示出口量，δ 表示出口价格弹性，$p4fob$ 表示离岸价格，$f4p$ 表示其他价格因素引起的出口供给变动，$f4q$ 表示国外需求引起的出口供给变动。

表 9.7　中国参与东亚区域贸易自由化模拟场景设计（一）

前提假设	模拟场景	方案描述
规模报酬不变、 完全竞争	sim1	海峡两岸实现货物贸易自由化
	sim2	中韩实现双边货物贸易自由化
	sim3	中日韩实现三边货物贸易自由化

表 9.8　各模拟场景各产业双边减让表（%）

	中国台湾[a]	日本[a]	韩国[a]	中国台湾[b]	日本[b]	韩国[b]
agr	0.015	0.037	0.053	0.195	1.279	5.237
coa	0.000	0.000	0.000	0.000	0.000	0.197
oilgas	0.000	0.000	0.000	0.000	0.000	0.566
omn	0.005	0.067	0.009	0.006	0.054	0.343
foodrink	0.086	0.135	0.091	0.445	4.553	2.059
tex	2.035	2.747	1.817	0.037	0.433	0.345
waplea	0.622	0.478	0.992	0.035	1.283	0.278
lum	0.379	0.456	0.146	0.058	0.082	0.160
ppp	0.168	0.566	0.223	0.062	0.001	0.113
p_c	0.636	0.988	1.237	0.023	0.090	0.302
crp	1.362	1.421	1.218	0.134	0.016	0.359
nmm	1.221	1.694	0.403	0.072	0.000	0.475
metal	0.704	1.143	0.584	0.065	0.032	0.603
fmp	0.386	2.316	0.964	0.031	0.000	0.280
mottran	0.116	5.900	1.125	0.091	0.000	0.186
ele	0.117	0.408	0.382	0.020	0.000	0.100
ome	0.734	1.514	0.827	0.053	0.000	0.248
omf	0.462	2.069	0.747	0.031	0.010	0.130

注：同表 9.6。
资料来源：笔者计算所得。

9.2.2　宏观经济效应分析

自由贸易区的动态经济效应体现为自由贸易区的建立可以促使生产率的提高和资本的积累等动态路径方面。对比第 8 章运用 GTAP 模型进行比较静态分析的结果可以发现，单国动态可计算一般均衡模型考虑了资本积累和劳动力市场调整等动态效果，模型测算的经济增长的结果比比较静态分析下的测算结果要大很多。

更值得注意的是在考虑动态经济效应的情况下，海峡两岸实现区域贸易自由化（sim1）对中国大陆的经济增长不再是负面影响，而是使中国大陆的实际 GDP 增长 0.57%（表 9.9），因此，对于中国大陆而言，海峡两岸实现区域贸易自由化短期内可能是负面影响，但从长期动态来看，通过增加资本积累和提高生产率能使中国大陆获益。表 9.9 显示,从总体来看,中国参与东亚区域贸易自由化的三种模拟场景都能促使中国的实际 GDP 大幅度增长,其中,中日韩自由贸易区建立(sim3)对中国的经济增长效应最为明显,中国实际 GDP 增长 1.84%。可见,参与越大范围的区域贸易自由化对中国经济增长的促进作用越大,且短期促进效果比长期促进效果明显,在 2010—2020 年期间内对中国经济增长的促进作用逐渐减弱(见图 9.1)。

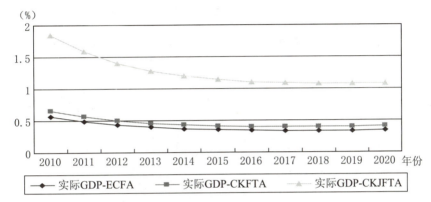

图 9.1　完全竞争条件下区域贸易自由化带来的实际 GDP 动态变化

表 9.9　完全竞争条件下区域贸易自由化的宏观经济效应(相对基期的百分比变化率%)

模拟场景	sim1		sim2		sim3	
	2010 年	2020 年	2010 年	2020 年	2010 年	2020 年
实际 GDP	0.57	0.34	0.65	0.41	1.84	1.08
居民消费	0.42	0.23	0.50	0.29	1.38	0.72
实际投资	0.76	0.80	0.89	0.97	2.50	2.59
出　　口	0.96	0.56	1.18	0.69	3.35	1.92
进　　口	0.91	0.72	1.15	0.93	3.24	2.49
贸易条件	−0.14	−0.07	−0.05	0.03	−0.18	−0.01
实际贬值	0.11	−0.03	−0.06	−0.21	0.02	−0.34
GDP 平减指数	−0.11	0.03	0.06	0.21	−0.02	0.34
CPI	0.04	0.14	0.21	0.32	0.45	0.70
资本存量	0.74	0.81	0.87	0.99	2.45	2.66
就　　业	0.48	0.10	0.54	0.12	1.49	0.28
实际 GNP	0.51	0.49	0.60	0.59	1.68	1.53
实际工资	0.10	0.41	0.11	0.46	0.29	1.21

资料来源:模拟结果。

从支出法 GDP 各构成因素对 GDP 增长的贡献率分解来看,中国参与东亚区域贸易自由化使居民消费、投资和出口等拉动经济增长的"三驾马车"对中国经济增长的贡献率均为正值,其中投资是促使中国经济增长的主要支撑点。对比表 9.10 中 2010 年的分析结果与 2020 年的预测结果可以发现,居民消费和出口对 GDP 增长的贡献率的增长率呈下降趋势,而投资对 GDP 增长的贡献率呈上升趋势,说明从长期来看,投资对经济增长的促进作用进一步加强。

表 9.10　支出法 GDP 各构成因素对 GDP 增长的贡献率(相对基期的百分比变化率％)

支出法 GDP 构成因素	sim1		sim2		sim3	
	2010 年	2020 年	2010 年	2020 年	2010 年	2020 年
居民消费	0.18	0.10	0.21	0.13	0.58	0.32
投　　资	0.35	0.51	0.41	0.57	1.14	1.52
政府消费	0.00	−0.02	0.00	−0.04	0.00	−0.09
出　　口	0.69	0.54	0.84	0.65	2.40	1.94
进　　口	−0.61	−0.77	−0.75	−0.87	−2.13	−2.51

资料来源:模拟结果。

从收入法 GDP 来看,中国参与东亚区域贸易自由化使中国的资本存量和劳动力都出现提高,资本和劳动力都是促进中国经济增长的重要因素。但在预测期间内,劳动力对经济增长的促进作用在逐渐减弱,而资本对经济增长的促进作用在逐渐加强,表明中国参与东亚区域贸易自由化后,短期内由于外部需求的增加,中国厂商可以利用劳动力较充裕的优势,在工资基本不上升的前提条件下雇用更多的劳动力来完成产能的扩张,但长期来看工资上涨将使更多的资本来替代劳动,资本成为促进经济增长的重要因素。

从贸易方面来看,中国参与东亚区域贸易自由化的三种模拟场景,中国进出口额都大幅度增加。图 9.2 显示,短期内中国贸易顺差进一步扩大,但长期来看由于中国经济快速发展导致需求增加,进口增长速度超过出口增长速度,使中国贸易顺差持续减少。短期内,中国参与东亚区域贸易自由化导致中国贸易条件恶化,实际贬值,但这种趋势在减弱,长期来看贸易条件恶化减弱,实际贬值改善。贸易条件指出口价格指数与进口价格指数的比值,表示的是一个单位的出口产品能购买几个单位的进口产品,比值越大表明贸易条件越好。实际贬值是指进口价格指数与国内价格指数的比重。MCHUGE 模型中贸易条件和实际贬值的计算公式分别为:

$$p0toft = p4tot - p0cif\_c \tag{9.8}$$

$$p0realdev = p0cif\_c - p0gdpexp \tag{9.9}$$

其中,$p0toft$ 为贸易条件的百分比变化率,$p4tot$ 为出口价格指数变化率,$p0cif\_c$ 为以进口到岸价格衡量的进口价格变动的百分比变化率,区域贸易自由化模拟中没有变化。因此,区域贸易自由化导致中国厂商进口成本下降,中国厂商生产成本降低,进而导致中国出口价格指数下降,这是贸易条件恶化的重要原因。$p0realdev$ 为实际贬值,其值大于零表示存在实际贬值,即表明国内生产一单位产品能交换更多进口产品,反之不存在实际贬值。$p0gdpexp$ 为支出法 GDP 价格指数的变化率。长期来看,中国参与东亚区域贸易自由化不存在实际贬值,中国总体实际购买力相对上升了。中国参与东亚区域贸易自由化的三种模拟中越大范围对中国进出口的促进作用越明显,这与传统的自由贸易区理论相吻合。

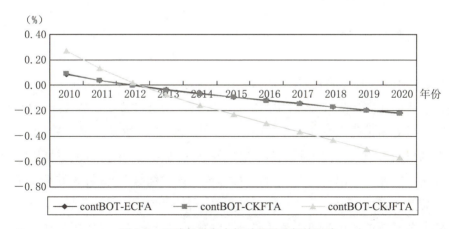

图 9.2　区域贸易自由化对贸易差额的影响

最后,中国参与东亚区域贸易自由化后总体福利上升,实际工资上涨,就业总量上升。表 9.9 显示中国参与东亚区域贸易自由化使中国的实际 GNP 水平上升,在 2010 年分别上升 0.51%（sim1）、0.60%（sim2）和 1.68%（sim3），表示福利水平都出现了上升。就业方面，短期内，中国参与东亚区域贸易自由化使中国就业量大幅度上升，随后由于实际工资上涨，就业量增长速度放缓（见表 9.9）。总体而言，就业量增大，实际工资上涨，居民福利上升。中国参与东亚区域贸易自由化对稳定外需、减少失业有较好的效果。

9.2.3　产业效应分析

第一，中国参与东亚区域贸易自由化对中国的大部分产业产出都产生了正面影响，但拉动产出增加的因素差异较大。表 9.11 显示，中国参与东亚区域贸易自由化使服装皮革羽绒及其制品业（waplea）和纺织业（tex）等中国具有传统比较优势的劳动密集型产业的产出大幅度增加。在比较优势正在上升的通信设备、计算机及其他电子设备制造业（ele）以及机电设备制造业（ome）和其他制造业（omf）等资本密集型和技术密集型产业方面，产出增长也较快。但在交通运输设备制造业（mottran）方面，三个不同的模拟场景对中国此产业的产出影响的差异较大。海峡两岸实现区域贸易自由化（sim1）后，中国大陆交通运输设备制造业的产出出现较大幅度的增长；中韩自由贸易区建立（sim2）使中国在交通运输设备制造业的产出短期内增加（2010 年增长 0.153%），长期内则出现下降（2020 年下降 0.219%）；而中日韩自由贸易区建立（sim3）对中国交通运输设备制造业产出的负面影响较大，造成这种结果的原因是日本和韩国在交通运输设备制造业的比较优势较强，且中国对日本和韩国的进口关税较高，区域贸易自由化以后对中国此产业的负面影响较大。中日韩自由贸易区建立后，另外一个受到负面影响较大的产业是金属冶炼及压延加工业（metal），主要原因一方面在于该产业是中国台湾、日本和韩国等经济体的优势产业，另一方面在于金属冶炼及压延加工业产品是交通运输设备制造业重要的中间产品，中国交通运输设备制造业产出的减少通过产业关联减少了对金属冶炼及压延加工业产品的需求。

表 9.11　完全竞争条件下区域贸易自由化对中国各产业产出的影响(%)

	sim1		sim2		sim3	
	2010 年	2020 年	2010 年	2020 年	2010 年	2020 年
agr	0.357	0.122	0.710	0.396	1.673	0.828
coa	0.220	−0.004	0.311	0.065	0.645	0.007
oilgas	0.020	−0.016	0.014	−0.023	0.046	−0.057
omn	0.306	0.110	0.380	0.178	0.824	0.290
foodrink	0.456	0.220	0.807	0.560	2.827	2.211
tex	0.838	0.675	0.837	0.712	2.935	2.255
waplea	1.762	1.201	1.677	1.113	7.739	6.145
lum	0.444	0.217	0.429	0.185	1.060	0.401
ppp	0.466	0.183	0.423	0.120	1.184	0.310
p_c	0.234	0.003	0.138	−0.131	0.599	−0.160
crp	0.399	0.248	0.491	0.396	1.005	0.468
nmm	0.499	0.399	0.718	0.656	1.743	1.489
metal	0.245	−0.140	0.373	0.033	0.400	−0.597
fmp	0.562	0.257	0.527	0.206	1.097	0.155
mottran	0.821	0.475	0.153	−0.219	−2.105	−3.308
ele	0.606	0.229	0.696	0.342	1.594	0.630
ome	0.514	0.185	0.541	0.233	1.139	0.256
omf	0.735	0.328	0.500	0.076	1.187	0.069

资料来源:模拟结果。

进一步把三个不同模拟场景 2020 年各产业的产出结果进行 Fan 分解来说明产出变化的因素。Fan 分解从需求方面把各产业的产出变化分解为国内市场效应(LocalM)、国内市场份额效应(DomShr)和出口效应(Export),正值表示国内需求增加,对产出的影响为正。其中,国内市场效应是指在保持对国内产品和进口产品的需求结构不变的情况下(国内产品和进口产品需求比例不变),国内市场需求的变化引起产出的变化;国内市场份额效应是指国内产品和进口产品需求结构变化引起的需求的变化,其值为国内产品需求与进口产品需求的比值的变化率,即进口替代效应;出口效应是指出口需求的变化引起的各产业产出的变化。表 9.12 中的Fan 分解结果表明:总体上而言,区域贸易自由化导致的资源配置效率提高促使国内市场需求大幅度上升,国内市场需求的增加成为中国产出增加的重要因素;区域贸易自由化进口成本的降低导致进口产品替代国内产品,国内市场份额效应为负值,进口产品在国内市场的份额扩大,穿透率增强,另外,出口效应方面表现差异较大,在中国的服装皮革羽绒及其制品业(waplea)、纺织业(tex)与通信设备、计算机及其他电子设备制造业(ele)、机电设备制造业(ome)和其他制造业(omf)等重点出口及优势产业方面,出口效应超过国内市场效应成为相应产业产出增长的最重要的因素。

表 9.12　各产业产出的 Fan 分解

	sim1			sim2			sim3		
	LocalM	DomShr	Export	LocalM	DomShr	Export	LocalM	DomShr	Export
agr	0.22	−0.09	0.00	0.44	−0.52	0.49	1.10	−0.82	0.58
coa	0.06	0.10	−0.16	0.14	0.01	−0.08	0.20	0.20	−0.39
oilgas	0.05	−0.03	−0.04	−0.15	0.02	0.11	−0.11	0.02	0.03
omn	0.22	−0.10	0.00	0.38	−0.19	0.00	0.62	−0.31	0.00
foodrink	0.30	−0.17	0.10	0.48	−0.53	0.64	1.70	−1.54	2.15
tex	0.30	−0.49	0.93	0.27	−0.52	1.03	1.45	−1.17	2.23
waplea	0.20	−0.17	1.26	0.20	−0.32	1.32	0.91	−0.96	6.74
lum	0.35	−0.05	−0.07	0.32	−0.04	−0.08	0.79	−0.12	−0.23
ppp	0.28	−0.06	−0.02	0.29	−0.12	−0.04	0.75	−0.31	−0.10
p_c	0.24	−0.22	−0.02	0.30	−0.43	0.00	0.65	−0.78	−0.03
crp	0.15	−0.36	0.49	0.19	−0.37	0.61	0.43	−0.74	0.82
nmm	0.58	−0.12	−0.02	0.74	−0.06	0.04	1.86	−0.20	−0.03
metal	0.17	−0.34	0.02	0.18	−0.44	0.30	0.06	−1.03	0.32
fmp	0.34	−0.02	0.03	0.35	−0.22	0.10	0.75	−0.63	0.06
mottran	0.49	−0.07	0.10	0.37	−0.80	0.19	0.11	−4.67	0.92
ele	0.10	0.01	0.15	0.09	−0.05	0.35	0.23	−0.08	0.57
ome	0.25	−0.28	0.23	0.27	−0.39	0.37	0.62	−0.98	0.64
omf	0.09	−0.04	0.32	0.09	−0.05	0.04	0.21	−0.20	0.08

资料来源:模拟结果。

　　第二,中国参与东亚区域贸易自由化后,各产业在出口方面的表现差异较大,在进口方面则保持了较一致的正向影响(见表 9.13)。由于区域贸易自由化之前中国与东亚其他经济体之间在农业和食品制造及烟草加工业方面的关税贸易壁垒较高,实现区域贸易自由化后,中国在这两类产业方面的产品进出口都出现大幅度的增长,其中海峡两岸实现区域贸易自由化(sim1)使大陆的农业出口增长 0.14%,进口增长 1.36%。相对于韩国和日本而言,中国在农业方面存在一定的比较优势,在与日本和韩国实现区域贸易自由化之后,农业出口的增长明显快于农业进口的增长,其中,中韩自由贸易区建立(sim2)使中国的农业出口增长 11.43%,进口增长 2.52%,中日韩自由贸易区建立(sim3)使中国的农业出口增长 13.69%,进口增长 6.19%,并且在食品制造及烟草加工业的进出口方面也得到了类似的结论。

表 9.13 区域贸易自由化对中国各产业进出口的影响(2020 年数值%)

	sim1		sim2		sim3	
	出口	进口	出口	进口	出口	进口
agr	0.14	1.36	11.43	2.52	13.69	6.19
coa	−0.31	0.92	−0.13	2.34	−0.74	3.38
oilgas	−0.32	0.04	0.85	−0.05	0.22	−0.06
omn	−0.30	0.90	0.25	1.61	−0.23	2.68
foodrink	0.68	0.75	3.92	1.25	13.33	3.47
tex	1.19	1.36	1.29	1.37	3.29	4.33
waplea	1.45	1.02	1.47	1.82	7.66	4.44
lum	−0.16	0.71	−0.23	0.68	−0.62	1.73
ppp	−0.20	0.37	−0.46	0.50	−1.07	1.29
p_c	−0.27	0.52	−0.11	0.85	−0.56	1.64
crp	0.69	0.72	0.92	0.77	1.23	1.63
nmm	−0.12	1.68	0.61	1.24	0.00	3.86
metal	0.01	0.76	1.00	0.83	0.77	1.69
fmp	0.04	0.77	0.28	1.52	0.18	4.31
mottran	0.68	0.63	1.09	1.90	4.92	8.94
ele	0.21	0.31	0.37	0.48	0.65	0.98
ome	0.33	0.86	0.49	1.08	0.78	2.63
omf	0.35	0.67	0.07	1.13	0.09	3.57

资料来源:模拟结果。

工业制成品方面,海峡两岸实现区域贸易自由化(sim1)后,中国大陆的服装皮革羽绒及其制品业(1.45%)、纺织业(1.19%)、食品制造及烟草加工业(0.68%)、交通运输设备制造业(0.68%)和化学工业(0.69%)等产业的出口出现较大幅度的增长;农业(1.36%)、煤炭采选业(0.92%)、纺织业(1.36%)和非金属矿物制品业(1.68%)等产业的进口增长幅度较大。中韩自由贸易区建立(sim2)后,中国农业(11.43%)、食品制造及烟草加工业(3.92%)、服装皮革羽绒及其制品业(1.47%)和纺织业(1.29%)等中国优势产业的出口大幅度增长,进口方面也表现出较一致的增长格局。中日韩自由贸易区建立(sim3)对中国各产业的进出口的影响与中韩自由贸易区建立类似,但效应比中韩自由贸易区建立大很多。

9.3　不完全竞争假设下动态一般均衡分析

上一节,在规模报酬不变、完全竞争的条件下分析了中国参与东亚区域经济一体化的福利效应。但在现实经济中,垄断竞争和寡头竞争的市场结构往往是常态,不完全竞争广泛存在,盛斌(1996)研究认为中国的烟草、石油及炼焦业、医药、化纤、橡胶、钢铁、有色金属、交通设备、电气机械、电子通信和仪器仪表等行业为垄断竞争部门。许多经济学家把规模报酬递增和不完全竞争引入到贸易自由化的研究中,Devarajan 和 Rodrik(1991)把不完全竞争和规模报酬递增引入到 CGE 模型中来研究贸易自由化的福利效应。

在第 7 章中把规模经济、垄断定价和产品多样化引入到 MCHUGE 基础模型中,本节利用此拓展的动态可计算一般均衡模型对中国参与东亚区域贸易自由化进行模拟。

9.3.1　模拟场景设计

经过多年的国内市场化改革和外资企业的进入,中国在大部分行业竞争程度都较高,但在石油加工及炼焦业、交通运输设备制造业和金属冶炼及压延加工业等产业方面仍然处于不完全竞争的市场结构状态。

伴随着中国石油工业管理体制多次调整,中国石油工业经历 20 世纪 80 年代以前的行政垄断;20 世纪 80 年代初期至 1998 年向企业化管理方式过渡,逐步形成专业化分工管理特点,中国石油产业"上下游分割、内外贸分治、海陆分家"的格局逐渐形成;从 1998 年开始,进入了集团化重组阶段,经过对中石油、中石化和中海油等三大中国石油产业巨头的纵向一体化改革,使三大石油企业的产品趋于同质化,具备了竞争的前提条件。

从表 9.14 可以看出,中国石油产业集中度较高,无论是原油生产业还是原油加工业,CR3 都在 70% 以上。中国石油的上游产业和下游产业均应该属于高度集中寡占型市场结构。进一步分析可以发现,随着中国石油产业市场化改革的推进,竞争逐渐加剧,产业集中度正在不断降低。原油生产业的 CR3 从 1997 年的 99.16% 下降到 2009 年的 93.83%。原油加工业的 CR3 从 1997 年的 95.69% 下降到 2005 年的 79.15%,2009 年回升至 82.6%。中国石油产业呈现进入壁垒较高、内部规模经济明显的不完全竞争市场特征。

表 9.14　1997—2009 年中国石油产业总体市场集中度分析(%)

年　份	原油生产业集中度		原油加工业集中度	
	CR1	CR3	CR1	CR3
1997	88.91	99.16	81.24	95.69
2000	65.08	98.62	55.21	94.17
2005	58.42	97.70	45.43	79.15
2009	54.57	93.83	33.40	82.60

资料来源:根据中国三大石油公司网站数据整理。

中国汽车产业经过多年的发展,生产规模不断扩大。2009 年中国首次成为全球最大汽车消费市场,并且这个市场正在以前所未有的速度增长。目前中国汽车产业呈现如下特点:(1)进口品牌、合资品牌、民族品牌在中国汽车市场上争相斗艳,进入 21 世纪,越来越多的国际汽车品牌在中国生产和销售,给中国的汽车工业带来了前所未有的活力和动力。2009 年国内汽车总需求出现第二次井喷,是中国成为全球第一大汽车市场的历史性转折点。(2)中国汽车产业属于中度集中寡占型市场结构,市场由少数几个规模较大的企业垄断,产业进入和退出壁垒较高。2007 年至 2010 年上半年中国汽车市场销售额最大的四家企业(CR4)所占的市场份额从 57.84% 上升至 61.56%。CR8 从 2007 年的 79.36% 上升至 2010 年上半年的 80.31%。根据贝恩的市场结构分类标准，$CR4 \in [50\%, 65\%]$ 或 $CR8 \in [75\%, 85\%]$ 是中度集中寡占型市场结构，据此判断，中国汽车市场属于中度集中寡占型市场结构。(3) 中国汽车企业存在外部规模经济效应，内部规模经济效应较弱。目前，中国的汽车整车生产企业有 130 多家，数量之多名列世界前茅。2009 年前十大汽车企业的销量占到总量的 87%。虽然从市场集中度看，中国汽车产业属于中度集中寡占型市场结构，但是从中美汽车产业对比来看，中国小企业数目多，总体集中度不高，内部规模经济效应不明显，但中国汽车产业规模大，产业链完善，具有较大的外部规模经济效应。(见表 9.15)

表 9.15 2007—2010 年上半年中国汽车产业市场集中度

	2007 年	2008 年	2009 年	2010 年上半年
CR4	57.84%	57.94%	61.57%	61.56%
CR8	79.36%	78.62%	82.04%	80.31%

资料来源：根据中国汽车工业协会数据计算。

据中国钢铁工业协会数据，中国钢铁产业 CR10 的比率由 2003 年的 38% 上升至 2008 年的 42.5%。中国的钢铁产业属于低集中度寡占型市场结构，而且钢铁产业是一个随着产量扩张单位平均成本下降的产业，即具有内部规模经济效应。

考虑到中国石油加工及炼焦业(p_c)、交通运输设备制造业(mottran)和金属冶炼及压延加工业(metal)的不完全竞争特征，下面对这三个产业的特征进行重新刻画，各产业的具体特征见表 9.16，因此在设计三大产业不完全竞争的条件下，模拟表 9.17 的三个场景，从而进一步分析中国参与东亚区域贸易自由化的三种模拟场景对中国经济的影响。

表 9.16 中国三大产业不完全竞争模拟场景设计

产　　业	行业代码	规模经济	垄断定价	厂商数目	产品种类
石油加工及炼焦业	p_c	内部	Harris 定价	固定	固定
交通运输设备制造业	mottran	外部	Harris 定价	固定	产品种类增加
金属冶炼及压延加工业	metal	内部	Lerner 定价	不固定	固定

表 9.17　中国参与东亚区域贸易自由化模拟场景设计(二)

前提假设	模拟场景	方案描述
不完全竞争	imsim1	海峡两岸实现货物贸易自由化,汽车产品种类增加 5%
	imsim2	中韩实现双边货物贸易自由化,汽车产品种类增加 10%
	imsim3	中日韩实现三边货物贸易自由化,汽车产品种类增加 15%

9.3.2　宏观经济效应分析

在假设石油加工及炼焦业(p_c)、交通运输设备制造业(mottran)和金属冶炼及压延加工业(metal)等存在规模报酬递增和不完全竞争的条件下,模拟中国参与东亚区域贸易自由化的三种不同场景下的宏观经济变量的变化情况见表 9.18。

表 9.18　不完全竞争条件下区域贸易自由化的宏观经济效应(相对基期的百分比变化率%)

模拟场景	imsim1		imsim2		imsim3	
	2010 年	2020 年	2010 年	2020 年	2010 年	2020 年
实际 GDP	0.73	0.36	0.99	0.45	2.60	0.93
居民消费	0.55	0.25	0.78	0.36	2.05	0.68
实际投资	0.95	0.95	1.28	1.23	3.46	2.93
出口	1.05	0.47	1.35	0.54	3.72	1.38
进口	0.94	0.65	1.22	0.84	3.45	2.23
贸易条件	−0.15	−0.06	−0.07	0.06	−0.23	0.09
实际贬值	0.14	−0.05	−0.01	−0.25	0.10	−0.51
GDP 平减指数	−0.14	0.04	0.01	0.25	−0.10	0.51
CPI	0.05	0.16	0.22	0.35	0.47	0.76
资本存量	0.92	0.95	1.25	1.23	3.37	2.97
就业	0.59	0.12	0.77	0.14	2.09	0.27
实际 GNP	0.64	0.55	0.87	0.72	2.33	1.67
实际工资	0.12	0.50	0.15	0.62	0.41	1.56

资料来源:模拟结果。

将表 9.18 与规模报酬不变和完全竞争条件下的宏观模拟结果表 9.9 对比来看,在考虑规模经济、垄断定价和产品多样化等不完全竞争因素后,中国参与东亚区域贸易自由化的三种模拟场景对中国实际 GDP 的促进作用明显增大，其中海峡两岸实现区域贸易自由化后，中国实际 GDP 从增长 0.57％上升至增长 0.73％，中韩自由贸易区建立后，中国实际 GDP 从增长 0.65％上升至增长 0.99％，中日韩自由贸易区建立后，中国实际 GDP 从增长 1.84％上升至增长 2.60％。投资仍然是支撑中国经济长期增长的重要支点。中国资本存量进一步增加。但由于在不完全竞争条件下实现区域贸易自由化，促使中国石油加工及炼焦业（p_c）、交通运输设备制造业（mottran）和金属冶炼及压延加工业（metal）等处于不完全竞争中的产业的市场规模扩大，竞争加剧，出口产品价格下降，贸易条件比完全竞争状况下更加恶化。同时，由于规模经济、垄断定价和产品多样化的存在，使企业存在超额利润，所以追逐利润的外资都将加大在这些领域的投资，从而促使在不完全竞争状态下的投资增多。短期内，不完全竞争条件下的就业水平比完全竞争状态下有较大幅度的提升，其中海峡两岸实现区域贸易自由化后的就业增长率从 0.48％上升至0.59％，中韩自由贸易区建立后的就业增长率从 0.54％上升至 0.77％，中日韩自由贸易区建立后的就业增长率从 1.49％上升至 2.09％；长期内，不完全竞争条件下的就业增长率与完全竞争条件下非常接近。

9.3.3　产业效应分析

将表 9.19 与完全竞争条件下中国参与东亚区域贸易自由化的产出效应模拟结果（表 9.11）相比，在石油加工及炼焦业（p_c）、交通运输设备制造业（mottran）和金属冶炼及压延加工业（metal）中，考虑了规模经济、垄断定价和产品多样化等因素后，区域贸易自由化使这三个产业的增长率扩大。以交通运输设备制造业（mottran）为例，2010 年海峡两岸实现区域贸易自由化使该产业的产出由增长 0.821％上升至增长 1.10％，中韩自由贸易区建立使该产业的产出由增长 0.153％上升至增长 1.79％，中日韩自由贸易区建立使该产业的产出由增长－2.105％转为增长4.80％。区域贸易自由化带来的竞争效应导致这三大产业的产出大幅度上升，其他产业则由于受这三大产业的关联带动，产出也较完全竞争时增大。对三大产业2020 年的产出进行 Fan 分解发现，在不完全竞争条件下，中国这三大产业的产出大幅度增加的原因各异（见表 9.20）。对于石油加工及炼焦业（p_c）而言，主要是区域贸易自由化后竞争加剧,产品价格降低,国内市场扩大,国内消费者对本国产品的需求相对于完全竞争市场条件下的需求上升,即主要原因为国内市场效应(localm)和国内市场份额效应(domshr);在金属冶炼及压延加工业(metal)中,由于其内部规模经济效应,所以区域贸易自由化后,市场规模扩大,生产成本降低,国内消费需求增加,同时,出口价格降低,导致出口需求增加,因此,产出增长主要是因为国内市场效应(localm)和出口效应(export);在交通运输设备制造业(mottran)中,由于区域贸易自由化使汽车产品种类增加,所以造成中国交通运输设备制造业产出大幅度上升的主要原因为国内市场份额效应(domshr)和出口效应(export)。

表 9.19　不完全竞争条件下区域贸易自由化对中国各产业产出的影响(%)

	imsim1		imsim2		imsim3	
	2010 年	2020 年	2010 年	2020 年	2010 年	2020 年
agr	0.45	0.13	0.91	0.43	2.12	0.78
coa	0.33	0.01	0.51	0.08	1.12	−0.02
oilgas	0.04	−0.02	0.05	−0.03	0.12	−0.07
omn	0.48	0.19	0.69	0.29	1.58	0.44
foodrink	0.53	0.17	0.95	0.45	3.12	1.75
tex	0.86	0.56	0.89	0.50	2.95	1.57
waplea	1.75	0.92	1.69	0.65	7.61	4.69
lum	0.55	0.20	0.65	0.14	1.56	0.14
ppp	0.57	0.15	0.63	0.05	1.66	−0.01
p_c	0.43	0.14	0.55	0.13	1.46	0.24
crp	0.51	0.23	0.73	0.34	1.54	0.24
nmm	0.65	0.45	1.04	0.77	2.52	1.52
metal	0.65	0.20	0.97	0.40	2.03	0.35
fmp	0.77	0.21	0.90	0.18	2.02	−0.09
mottran	1.10	0.83	1.79	1.28	4.80	2.74
ele	0.69	0.15	0.83	0.17	1.84	0.07
ome	0.72	0.16	0.92	0.18	2.04	−0.10
omf	0.85	0.26	0.69	−0.09	1.55	−0.51

资料来源:模拟结果。

表 9.20　2020 年三大产业产出的 Fan 分解

	imsim1			imsim2			imsim3		
	localm	domshr	export	localm	domshr	export	localm	domshr	export
p_c	0.33	−0.14	−0.02	0.46	−0.29	−0.02	0.87	−0.50	−0.06
metal	0.35	−0.31	0.20	0.44	−0.42	0.48	0.71	−0.96	0.71
mottran	0.29	0.37	0.24	0.35	0.20	0.86	1.73	−2.57	3.88
	sim1			sim2			sim3		
	localm	domshr	export	localm	domshr	export	localm	domshr	export
p_c	0.24	−0.22	−0.02	0.30	−0.43	0	0.65	−0.78	−0.03
metal	0.17	−0.34	0.02	0.18	−0.44	0.30	0.06	−1.03	0.32
mottran	0.49	−0.07	0.10	0.37	−0.80	0.19	0.11	−4.67	0.92

资料来源：模拟结果。

从贸易方面来看，在石油加工及炼焦业（p_c）、交通运输设备制造业（mottran）和金属冶炼及压延加工业（metal）中引入不完全竞争机制后，关于三个产业的进出口得出了不同的结论（见表 9.21）：石油加工及炼焦业的出口下降幅度加大，进口的增幅减小；金属冶炼及压延加工业的进出口增幅都扩大；交通运输设备制造业的出口增大，进口减少，中国交通运输设备制造业的贸易竞争力明显加强。

表 9.21　区域贸易自由化对中国三大产业进出口的影响（2020 年数值）（％）

	imsim1		imsim2		imsim3	
	出口	进口	出口	进口	出口	进口
石油加工及炼焦业	−0.30	0.47	−0.19	0.76	−0.76	1.38
金属冶炼及压延加工业	0.76	0.88	1.76	1.05	2.57	2.21
交通运输设备制造业	1.46	−1.54	4.61	−1.68	19.41	7.56
	sim1		sim2		sim3	
	出口	进口	出口	进口	出口	进口
石油加工及炼焦业	−0.27	0.52	−0.11	0.85	−0.56	1.64
金属冶炼及压延加工业	0.01	0.76	1	0.83	0.77	1.69
交通运输设备制造业	0.68	0.63	1.09	1.90	4.92	8.94

资料来源：模拟结果。

9.4 小结

本章首先利用 2006—2009 年的宏观数据和产业数据重新设计了中国动态可计算一般均衡模型（MCHUGE 模型）的历史模拟基线。由于 2004—2009 年中国与东盟逐步实现了区域贸易自由化，而且 2008 年以来的全球金融危机，造成中国进出口贸易明显放缓，因此，在历史模拟基线中重点考虑了中国与东亚其他经济体之间自由贸易区的建立和 2008 年爆发的全球金融危机对历史模拟基线的影响。其次，本章在保持 MCHUGE 模型原有预测的基础上，考虑 2008 年爆发的全球金融危机对中国经济增长预期和进出口增长预期的影响，重新设计了预测模拟基线。接下来，本章在规模报酬不变和完全竞争的假设条件下，分析了中国参与东亚区域贸易自由化的三种模拟场景对中国产生的宏观经济效应和产业效应，得出以下结论：

第一，在单国动态可计算一般均衡模型中考虑了资本积累和劳动力市场调整等动态效果，中国参与东亚区域贸易自由化促使中国经济增长的幅度明显大于比较静态下的测算结果。特别是海峡两岸实现区域贸易自由化对中国大陆的经济增长的影响，由比较静态分析中的负面影响转变为动态分析中的正面影响。

第二，从支出法 GDP 各构成因素对 GDP 增长的贡献率分解来看，中国参与东亚区域贸易自由化使居民消费、投资和出口等拉动经济增长的"三驾马车"对中国经济增长的贡献率均为正值，其中投资是区域贸易自由化促使中国经济增长的主要支撑点。

第三，中国参与东亚区域贸易自由化使中国资本存量和就业量增加。从短期来看，东亚区域贸易自由化促使中国就业量增加是促进中国经济增长的重要因素。从长期来看，实际工资上涨将使厂商利用更多的资本来替代劳动，资本成为促进经济增长的重要因素。

第四，中国参与东亚区域贸易自由化使服装皮革羽绒及其制品业和纺织业等中国具有传统比较优势的劳动密集型产业的产出大幅度增加。由于交通运输设备制造业（mottran）和金属冶炼及压延加工业是日本和韩国的优势产业，且中国对日本和韩国在这两类产品方面的进口关税较高，所以中日韩自由贸易区建立对中国交通运输设备制造业和金属冶炼及压延加工业产出的负面影响较大，中国交通运输设备制造业产出的减少通过产业关联，减少了对金属冶炼及压延加工业的需求。

　　最后，本章应用拓展后的包含不完全竞争因素的单国动态可计算一般均衡模型（MCHUGE 模型），重点考虑中国石油加工及炼焦业、交通运输设备制造业和金属冶炼及压延加工业三大产业的不完全竞争特征，进一步模拟了中国参与东亚区域贸易自由化的经济效应，结果表明，在考虑了规模经济、垄断定价和产品多样化等不完全竞争因素后，中国参与东亚区域贸易自由化的三种模拟场景对中国实际GDP 的促进作用明显增大，区域贸易自由化带来的竞争效应导致这三大产业的产出大幅度上升，其他产业由于受这三大产业的关联带动，产出也较完全竞争时增大。

第 10 章
结　　语

10.1　主要结论

　　20 世纪 90 年代中期以来,东亚地区面临四大背景:首先,尽管基于东亚地区各经济体要素禀赋差异的互补性产业间贸易不断弱化,且更深层次的产业内贸易逐步加强,但东亚的区域贸易依然是"雁行模式"的延续,日本及"亚洲四小龙"无疑在高端产品上占有比较优势,只是较之以前的东亚经济体之间的贸易,结构更加复杂、关系更加紧密,并逐渐形成了产业间贸易、产业内贸易与产品内贸易并举的态势;其次,区域经济一体化第三次浪潮在全球范围内迅速兴起,中国、日本和韩国等东亚主要经济体也相继提出了自由贸易区战略;第三,中国—东盟自由贸易区虽然与欧盟及北美自由贸易区一样,是在产业结构、贸易结构和资本结构方面具有相对完整性和互补性的区域性自贸区,但其至今仍然是一个相对松散的组织状态,而尚未建立一个有能力与欧美相抗衡的机制化的区域经济一体化组织;最后,2006 年中国商务部提出了"以中国—东盟自贸区为依托,加快建立周边的自贸区平台。同时我们选择一些重点国家,向拉美、向非洲、向欧洲辐射,逐步形成中国全球的自贸区网络"的总体自由贸易区建设战略构想。

　　基于以上背景,本书首先从产业间贸易、产业内贸易、产品内贸易和出口技术结构四个层面系统地研究了中国与东亚其他经济体之间的贸易结构演变。在此基础上,本书进一步利用多国静态可计算一般均衡模型(GTAP 模型)和单国动态可计算一般均衡模型(MCHUGE 模型)就东亚区域经济一体化将对中国的对外贸易结构和经济效应产生的影响进行了实证研究。

为了满足研究需要,在理论研究层面上,本书首先建立了一套测度出口产品国内技术含量的方法,可较为准确地判断中国参与经济全球化以及东亚区域经济分工能否促使中国的相关产业实现升级;其次,为了使东亚区域经济一体化的经济效应评估结果更加贴近经济现实,本书把考虑了规模经济、垄断定价和产品多样化等的新贸易理论引入 MCHUGE 模型中,以便较为真实地刻画当前中国石油加工及炼焦业(p_c)、交通运输设备制造业(mottran)和金属冶炼及压延加工业(metal)等产业处于不完全竞争市场结构的现实状况。在实证研究层面上,本书首先利用联合国贸易统计数据库详实的数据,应用贸易专业化指数、显示性比较优势指数、贸易互补性指数和产业内贸易指数测算了中国与东亚其他经济体的贸易结构变迁;其次,应用按照联合国产品生产阶段的宽泛经济分类(BEC)标准的分类数据来计算垂直专业化指数,实证分析了中国与东亚其他经济体的贸易结构变迁;第三,计算中国、日本、韩国和印度尼西亚等处于不同发展水平的东亚国家(地区)出口产品的国内技术含量及其变迁;最后,利用多国静态 CGE 模型(GTAP 模型)和单国动态 CGE 模型(MCHUGE 模型),从比较静态和动态分析两个角度实证研究了海峡两岸实现区域贸易自由化、中韩自由贸易区建立和中日韩自由贸易区建立等模拟场景的静态和动态经济效应及其变化轨迹,并在改变市场结构的基础上进一步模拟了以上场景的动态经济效应。

主要研究结论包括:

第一,中国与东亚其他经济体的贸易结构实现了两个转变:一方面是由产业间贸易逐渐向产业内贸易转变;另一方面是资源密集型和劳动密集型产品所占份额呈下降趋势,资本密集型和技术密集型产品所占份额呈上升趋势。中国出口与东亚其他经济体进口的产业间互补性较弱,且呈下降趋势,产业内互补性逐渐加强;在纺织服装等劳动密集型产品方面中国与日本、韩国、新加坡等发达经济体仍然以产业间贸易为主,而与东盟五国以产业内贸易为主。因此,就劳动密集型产业而言,与日本、韩国以及新加坡等发达经济体可以通过发挥各自的比较优势,实现资源的有效配置,从而获得利益,与东盟五国等发展中国家通过产业内分工合作,实现规模经济。东亚各经济体具有竞争优势和比较优势的产品有向资本密集型产品和技术密集型产品明显扩散趋势。目前,东亚各经济体在电子电力产品方面都取得了竞争优势和比较优势,进一步研究发现,中国与东亚其他经济体在电子电力产品方面以产业内贸易为主,说明中国与东亚其他经济体在电子电力产品方面实现了差异化发展,总体表现出产业内互补性。

第二,按各生产阶段产品分类,从产品内贸易视角考察国际分工朝产品内分工深化的背景下,中国与东亚其他经济体的贸易结构变化。结果显示,20 世纪 90 年代中期以来,中国与东亚其他经济体的产品内贸易获得快速发展,中国从东亚其他经济体进口中间产品所占的比重均在 60% 以上,而中国对东亚其他经济体的出口以最终产品为主,东亚其他经济体—中国—欧美经济体之间构成了新的"贸易三角"。计算中国出口的垂直专业化指数后发现:中国出口的垂直专业化指数呈上升趋势,来自东盟国家的中间产品对中国出口的垂直专业化指数的贡献率上升,来自日本和中国台湾中间产品的贡献率降低,中国与东盟国家在中国东盟自由贸易区成立后分工进一步深化。在东亚区域分工网络中,表现最突出的是通信设备、计算机及其他电子设备制造业,2007 年中国在此产业的出口垂直专业化指数达42.66%,其中来自东亚其他经济体的中间产品的贡献率高达 67.2%,中国与东亚其他经济体在电子产品方面形成了良好的区域分工网络。

第三,构建测度出口产品的国内技术含量的指标体系,从计算中国、日本、韩国和印度尼西亚等四国的出口产品的国内技术含量来看,中国加入 WTO 的短期内对中国出口产品的国内技术含量有负面影响,长期内出口产品的国内技术含量回升,说明贸易自由化没有导致中国贸易结构低端化。韩国出口产品的国内技术含量稳定上升,而印度尼西亚出口产品的国内技术含量从 2000 年后开始恶化,这两个先于中国采取出口导向型战略国家的出口产品的国内技术含量不同的变化趋势表明,出口导向型战略必须配合国内产业政策才能得到较好的效果。

第四,从一般均衡的角度来考察中国参与东亚区域经济一体化的经济效应,总体结论是三个模拟场景中都是利大于弊,且越大范围内的区域贸易自由化,总体正面效应越明显。具体表现为:

(1)宏观经济效应方面。GTAP 模型比较静态分析的模拟结果表明:由于海峡两岸进出口贸易严重失衡,海峡两岸实现区域贸易自由化后给中国大陆的经济增长带来微弱的负面影响;中韩自由贸易区建立使中国 GDP 增长 0.15%,福利增长 6.59 亿美元；中日韩自由贸易区建立使中国 GDP 增长 0.24％,福利增长 21.86 亿美元。区域贸易自由化的模拟场景下,居民消费、投资和出口等拉动经济增长的"三驾马车"对中国经济增长的贡献率均为正值,其中投资是区域贸易自由化促使中国经济增长的主要支撑点。另一方面,中国参与区域贸易自由化后,中国台湾、韩国和日本从中国进口更便宜的消费品,从而提高消费者剩余,同时,在其出口价格基本保持不变的条件下扩大对中国的中间产品出口,从而提高生产者剩余。

在完全竞争和规模报酬不变的条件下,应用 MCHUGE 模型模拟海峡两岸实现区域贸易自由化、中韩自由贸易区建立以及中日韩自由贸易区建立的场景。结果显示:与比较静态的结果相比,考虑动态经济效应时,区域贸易自由化使中国的经济增长增加幅度扩大。

（2）产业效应方面。首先,多国静态可计算一般均衡模型（GTAP 模型）的模拟结果表明,中国参与东亚区域贸易自由化使服装皮革羽绒及其制品业（Waplea）和纺织业（Tex）等中国具有传统比较优势的劳动密集型产业的产出大幅增加。另外受益较大的产业是中国与中国台湾、日本、韩国在区域贸易自由化之前关税壁垒较高的农业和食品制造及烟草加工业。MCHUGE 模型的模拟结果显示,中国参与东亚区域贸易自由化的三个模拟场景中,中国大部分产业的产出都增加,但三个不同的模拟场景中中国交通运输设备制造业（mottran）的产出受影响的差异较大。海峡两岸实现区域贸易自由化使中国大陆的交通运输设备制造业的产出大幅度增加,中韩自由贸易区建立在短期内使中国的交通运输设备制造业的产出增加,长期会造成负面影响,而中日韩自由贸易区建立则使中国的交通运输设备制造业的产出明显减少。由于钢铁产业是中国台湾、韩国和日本的传统优势产业,所以区域贸易自由化后中国在这方面受到的冲击较大。

（3）在考虑了规模经济、垄断定价和产品多样化等不完全竞争因素后,中国参与东亚区域贸易自由化的三个模拟场景对中国实际 GDP 的促进作用明显增大,交通运输设备制造业（mottran）、金属冶炼及压延加工业（metal）和石油加工及炼焦业（p_c）三大具有不完全市场特征的产业的产出明显上升。服装皮革羽绒及其制品业（waplea）和纺织业（tex）等中国具有传统比较优势的劳动密集型产业的产出都大幅增加。

10.2　政策建议

基于以上结论,本书提出以下政策建议:

第一,以中国—东盟自由贸易区和两岸四地一体化经济圈为依托,加快推进和建立中国在东亚的区域贸易网络。目前,中国—东盟自由贸易区已经建成,中国内地与中国港澳的更紧密经贸关系的安排稳定实施,《海峡两岸经济合作框架协议》已经签署,以中国为中心的东亚自由贸易区网络开始形成。总体来看,中国依然可以与日本和韩国等其他经济体通过在劳动密集型产品方面进行产业间分工,在资本密集型和技术密集型产品方面进行产业内分工甚至产品内分工而进行互补性合作,获得利益。

第二,在推进东亚区域经济一体化的过程中要妥善权衡保护与开放、利益与代价,争取做到有予有取,实现互利双赢。研究结论表明,自 20 世纪 90 年代以来,中国通过多边和双边机制参与全球贸易自由化和区域贸易自由化并没有导致中国出口产品的国内技术含量下降,但日本、韩国和印度尼西亚的出口产品的国内技术含量变化趋势表明,中国在继续实施开放政策的同时,要不断地出台产业政策,培植新兴产业和支柱产业,鼓励自主创新,从而不断地实现产业升级,避免出口产品的国内技术含量恶化。近期国务院出台的《国务院关于加快培育和发展战略性新兴产业的决定》,重点扶持节能环保、新一代信息技术、生物、高端装备制造、新能源、新材料和新能源汽车七个产业,对于推进产业结构升级和转变对外贸易增长方式、提升中国出口产品的国内技术含量以及促进中国产业往技术含量高的环节攀升具有重要意义。

第三,统筹考虑全局的利益和产业利益。研究表明,中国参与东亚区域经济一体化能够促使中国经济增长,然后同时也会给汽车和钢铁等产业带来负面影响。在自由贸易区建设中,统筹考虑整体利益和各产业利益,建立适当的补偿机制。

第四,巩固和推进已签署的自由贸易协定,确定未来自贸区签订的圈层,合理控制一体化进程及深度,积极谋求平等共赢的方案和模式,为中国经济发展创造更有利的外部环境。尽管中国目前已经签署了 10 个自由贸易协定，但由于政治、文化等诸多原因，还不能有效地发挥自由贸易区的积极作用，所以必须推进这些自贸区建设，使得自贸区内的成员国家或地区能够尽享自贸区建设带来的商机和合作机会。根据国内经济与政治发展需要，遵循自贸区建设的全球布局目标，确立未来不同等级、不同类型的自贸区签订的梯级等次，从目标规划、先后秩序、一体化模式及内容等方面制定区域经济一体化的短期、中期和长期进程表，合理控制一体化进程速度，做到形式与机制灵活多样。对于政治、经济背景相似且有着良好合作伙伴关系的经济体，作为一体化的一级梯队，可直接定位于深度一体化，而对于其余经济体则可有步骤、分阶段地逐步推进，设立短期、中期、长期目标，通过多样性对冲机制来化减或避免自贸区建设带来的短期负面效应，在南北型自贸区建设中要充分利用中国开展经济合作的诸多优势，谋求平等地位，防止被牵制。由于中国是一个发展中大国，和主要发达国家短期内签订自由贸易协定的可能性较小，但中国可以在中国—新西兰自由贸易协定的基础上，继续与北方国家中的中小经济体进行谈判。

第五，处理好四大关系，完善内外联动，互利共赢地推进中国自由贸易区建设。2008 年以来的全球金融危机之后，世界分工体系和贸易格局必将经历新一轮的洗牌，中国原有的劳动密集型、数量扩张型的出口增长方式难以继续维持，外需下滑，产业结构遭受"高端挤压"和"低端挤出"效应，经济转型和增长方式转变势在必行。中共十七大报告明确提出了加快转变经济发展方式的战略任务；2009 年底的中央经济工作会议对加快经济发展方式转变作了全面部署，强调加快经济发展方式转变是中国经济领域的一场深刻变革；2010 年政府工作报告中再次强调要着力加快经济发展方式转变和经济结构调整。2008 年爆发的全球金融危机和区域经济一体化的深入为中国的结构调整和发展方式转变提供了一个契机，中国应该处理好自贸区建设和国内结构调整之间的关系，要统筹外部开放和内部转型，区域经济一体化应配合、促进国内经济结构调整和增长方式转变的步伐，应服务于国家战略，服务于国家和地方的经济发展，同时也可以通过外部的条约责任和承诺来促进国内的体制改革。例如目前促进服务业的快速发展是中国产业结构调整的重要一环，深度一体化中的服务贸易条款以及与伙伴国家或地区在投资、政府采购、知识产权、环境和劳动保护等多个领域的合作可以促进服务业的发展。其次是要处理好自由贸易区战略与产业安全之间的关系。自由贸易区战略在拓宽中国企业的境外市场的同时,也大大降低了境外企业进入中国市场的门槛,使中国企业面临更加激烈的市场竞争,对中国的一些弱势产业难免会造成巨大冲击。因此,要处理好自由贸易战略与产业安全之间的关系。可以通过采取财政、税收等政策措施来提高中国弱势产业的竞争力。再次是要处理好自由贸易区战略与资源环境之间的关系。自由贸易区战略有助于中国企业充分利用境外的资源,但是也有可能使中国的一些资源面临过度开发的问题。另外,由于自由贸易区战略使中国企业出口的成本下降,导致那些"两高一低"企业的出口增加,从而增加中国的资源与环境负担。因此,中国在实施自由贸易区战略时应该充分考虑到环境与资源问题,可以通过采取环节税、资源税来平衡自由贸易区战略对环境与资源带来的不利影响。最后是处理好自由贸易区战略与全球自由贸易体系之间的关系,注重与多边贸易体制的协调与平衡。理论和实证研究都表明,自由贸易区具有贸易创造效应(trade creation effect)的同时也具有贸易转移效应(trade diversion effect)。贸易转移效应的存在可能使中国同非成员国之间的贸易减少,对中国对外贸易产生不利影响。因此,可成立专门的政策制定小组,负责国际协定、一体化协定、国内政策的研究与分析,协调与平衡国际协定、一体化协定与国内整体发展战略与政策,处理好自贸区贸易与全球贸易的关系,在建设自由贸易区的同时积极参与、推动全球自由贸易体系建设。

第六,在适配性、互补性和梯度性的原则下寻求新的自贸区合作伙伴,并根据与伙伴国的经贸关系及发展前景确定重点合作领域和深度。中国特有的经济基础及经济转型的关键阶段决定了中国在寻找合作伙伴过程中要注重适配性、互补性与梯度性,只有这样才能在开放中形成符合市场规律与中国国情的分工和专业化新格局。适配性是指在不同的一体化阶段要寻找与中国经济发展背景、发展战略目标相适应的合作伙伴。互补性是指产品、原材料、劳动力与商品市场等要素资源要优势互补,中国应与利益攸关的经济体不断推进一体化进程,为中国优势产品拓展新兴市场、企业实施"走出去"战略创造更宽松的区域准入条件,寻找能提供长期可靠供给的海外资源和能源基地,同时注重软环境的影响,如中印文明差别、日本与中国文化的差异等。梯度性是指中国参与区域经济一体化过程要先从政治、经济、文化元素、地理距离相近的区域着手,减少区域经济一体化成本;然后再寻找背景差异较大但在市场战略、区域战略、政治战略上具有合作可能的伙伴，尤其是发达国家，寻找南北型区域经济一体化合作的突破口，分享经济一体化带来的外溢效应、规模效应和便利化效应；最后争取突破市场体制与文化理念的障碍，与美国、日本等发达国家实行一定层次、一定程度的区域经济一体化，为中国长期和平发展提供良好的外部环境服务。此外要根据不同伙伴国家的资源优势和双边经贸关系确定合作重点和深度。例如新加坡既是世界有名的旅游国家、东南亚地区的金融中心，也是东南亚最大的海港、重要的商业城市和转口贸易中心，服务业是新加坡经济的重要支柱之一，因此，中国—新加坡自由贸易协定在双边教育、投资等方面给予了重点关注。在和拉美及非洲等国签订的自由贸易协定中，应该注重加强投资领域以及能源方面的合作，鼓励中国企业走出去，扩大对这些地区的投资，稳定能源的进口，保障经济安全。

第七，探求不同自贸区合作模式的共性和个性，寻求各模式之间的协同与独立，加强人才培养，应对自贸区战略实施的需求。目前中国签订的自贸区既包括"一国两制"下的自贸区合作模式，也包括与发展中国家合作的南南型模式，还包括与经济规模较小的发达国家的南北型合作模式。这些不同模式的协定在形式和内容上有较大差距，有的只涉及贸易自由化，有的牵涉到要素自由流动，有的还包括敏感领域的开放、服务业准入、贸易争端解决机制、劳工标准、环境、能源、知识产权等领域，甚至还提出要具备共同的民主理念等，维持这些差异化的协定需要相当大的成本，如海关与企业应对不同政策监管的困境、现有知识和人才严重不足、潜在代价很难事前准确评估和预测等，因此一方面中国需要寻求各类模式之间的协同和独立，事先制定不同等级的、既有联系又相互独立的区域经济一体化协定模式，建立梯级式的条款内容，这样才能使众多区域经济一体化协定在统一的基础上相互独立，避免出现多头监管的困境。另一方面，需要培养大量素质全面，同时精通外语、经济、国际法等各领域的人才，适应不同类型自贸区建设的需要。

虽然本书就中国参与东亚区域经济一体化进程中对外贸易结构的变迁和福利影响进行了系统的、模型化的全面分析，得到了一些有益的启示，但本研究还存在局限，有待进一步改进。

第一，在第 2 章中国与东亚其他经济体的产业间和产业内贸易研究以及第 3 章的产品内贸易研究中，由于数据来源的限制没有分析中国大陆对中国台湾的贸易结构变迁。

第二,尽管利用 GTAP 模型或 MCHUGE 模型分析自贸区建设对贸易结构和经济福利的影响具有很大优势,但其局限性也很明显。主要体现在:外部经济环境对政策变动带来的冲击存在应变性,从而可减缓或抵消所设定模拟场景的冲击程度。外部经济环境的这种应变性会使模型结果对模拟场景变动效应的预测精确性受到影响。而要尽量减少误差,采用最新的投入产出表和精准的宏观统计数据就显得尤为重要,但本模型的基础数据库不是基于最新的投入产出表,且部分宏观数据的来源缺失导致个别数据含有经验判断的性质,这些使得模拟结果有一定的偏差。

第三,GTAP 模型和 MCHUGE 模型的数值模拟结果统一。由于 GTAP 模型基于全球视角,在相同的模拟冲击下,其模拟结果往往要小于单国模型。通常,GTAP 模型在区域贸易自由化研究中更有优势,但由于基准价格的设定局限,以及对投资细分不足,难以实现真正的动态化,从而数值模拟结果不太丰富且准确性较差。因此,如何进一步推动动态 GTAP 模型的研究也是未来值得改进的地方。

参 考 文 献

Abayasiri-Silva，K.，M.Horridge，1998，"Economies of Scale and Imperfect Competition in an Applied General Equilibrium Model of the Australian Economy"，*Centre of Policy Studies/IMPACT Centre Preliminarly Working Papers*，No.OP—84.

Aitken，1973，"The Effect of the EEC and EFTA on European Trade：A Temporal Cross-Section Analysis"，*American Economic Review*，63，881—892.

Aksoy，M.A. and F.Ng，2014，"Increased Export Performance and Competitiveness of Developing Countries：Mainly a China Story?"，*RSCAS Policy Paper*，No.2014—07.

Antras，Pol，and Foley，2010，*Regional Trade Integration and Multinational Firm Strategies*，Oxford University Press.

Aquino，A.，1978，"Intra-Industry Trade and Inter-Industry Specialization as Concurrent Sources of International Trade in Manufactures"，*Review of World Economics*，114，275—296.

Arndt，S.W.，1997a，"Globalization and the Open Economy"，*The North American Journal of Economics and Finance*，8，71—79.

Arndt，S.W.，1997b，"Super-specialization and the Gains from Trade"，*The World Economy*，20，695—707.

Arndt，S.W.，K.Henryk，2001，*Fragmentation New Production Patterns in the World Economy*，Oxford University Press.

Athukorala，P.，N.Yamashita，2006，"Production Fragmentation and Trade Integration：East Asia in a Global Context"，*The North American Journal of*

Economics and Finance, 17, 233—256.

Badinger, H., 2005, "Growth Effects of Economic Integration: Evidence from the EU Member States", *Review of World Economics*, 14(1), 50—78.

Baier, S. L., J. H. Bergstrand and M. Feng, 2014, "Economic Integration Agreements and the Margins of International Trade", *Journal of International Economics*, 93(2), 339—350.

Balassa, B., 1965, "Trade Liberalization and 'Revealed' Comparative Advantage", *The Manchester School*, 33, 99—123.

Baldwin, R. E., A. Domino, 1995, *Theory of Regionalism*, Cambridge: Cambridge University Press.

Baldwin, R. E., A. J. Venables, 1995, "Regional Economic Integration", *Handbook of International Economics*, 3(4), 327—342.

Bhagwati, J.M., M. H. Kosters, 1994, *Trade and Wages: Leveling Wages Down?*, Washington: The American Enterprise Institute Press.

Blomstrom, Magnus and Kokko, 1997, "How Foreign Investment Affects Host Countries", World Bank, *International Economics Department*, *International Trade Division*.

Brenton, D. Mauro and Lücke, 1999, "Economic Integration and FDI: An Empirical Analysis of Foreign Investment in the EU and in Central and Eastern Europe", *Empirica*, 26(2), 95—121.

Brodzicki, Tomasz, 2003, "In Search for Accumulative Effects of European Economic Integration", *EconWPA in Its Series International Trade*.

Brodzicki, T., 2005, "New Empirical Insights into the Growth Effects of Economic Integration within EU", *Annual Conference of the EEFS*.

Burfisher, Robinson and Thierfelider, 2003, *Regionalism: Old and New, Theory and Practice*, International Agricultural Trade Research Consortium (IATRC) Conference.

Bustos, P., 2010, "Trade Liberalization, Exports, and Technology Upgrading: Evidence on the Impact of MERCOSUR on Argentinian Firms", *The*

American Economic Review, 101(1), 304—340.

Caliendo, L., F.Parro, 2014. "Estimates of the Trade and Welfare Effects of NAFTA", *The Review of Economic Studies*.

Casetti, E., 1972, "Generating Models by the Expansion Method: Applications to Geographical Research", *Geographical analysis*, 4(1), 81—91.

Chang, Winters, 2002, "How Regional Blocs Affect Excluded Countries: the Price Effects of MERCOSUR", *American Economic Review*.

Cooper, Massell, 1965, "Toward a General Theory of Customs Unions for Development Countries", *Journal of Political Economy*.

Cory, P., M.Horridge, 1985, "A Harris-Style Miniature Version of ORANI", *Impact Project Preliminary Working Paper*, No.OP—54.

Devarajan, S., D.Rodrik, 1991, "Pro-competitive Effects of Trade Reform: Results from a CGE Model of Cameroon", *European Economic Review*, 5, 1157—1184.

Diao, X.S., Eugenio and Sherman, 2002, "Scenarios for Trade Integation in the Americas", *Tmd Discussion paper*, NO.90.

Dixit, A., J.E.Stiglitz, 1977, "Monopolistic Competition and Optimum Product Diversity", *American Economic Review*, 67, 297—308.

Dixon, P.B., M.T.Rimmer, 2002, *Dynamic General Equilibrium Modelling for Forecasting and Policy*, Amsterdam: North-Holland Publishing Company.

Dixon, P.B., B.R.Parmenter, J.Sutton and D.P.Vincent, 1982, *ORANI: A Multisectoral Model of the Australian Economy*, Amsterdam: North-Holland Publishing Company.

Dutt, P., I.Mihov and T.V.Zandt, 2013, "The Effect of WTO on the Extensive and the Intensive Margins of Trade", *Journal of International Economics*, 91(2), 204—219.

Eastman, H.C., S.Stykolt, 1996, *The Tariff and Competition in Canada*, Toronto: University of Toronto Press.

Edwards, Sebastian, 1998, "Openness, Productivity and Growth: What do

We Really Know?", *NBER Working Paper*.

Eicher, Henn and Papageorgiou, 2012, "Trade Creation and Diversion Revisited: Accounting for Model Uncertainty and Natural Trading Partner Effects", *Journal of Applied Econometrics*.

Eicher, Henn, 2011, "In Search of WTO Trade Effects: Preferential Trade Agreements Promote Trade Strongly, but Unevenly", *Journal of International Economics*.

Escaith, H., N. Lindenberg and S. Miroudot, 2010, "International Supply Chains and Trade Elasticity in Times of Global Crisis", *WTO Staff Working Paper*, No. ERSD-2010-08.

Feenstra, R. C., G. H. Hanson, 1997, "Foreign Direct Investment and Relative Wages: Evidence from Mexico's Maquiladoras", *Journal of International Economics*, 42, 371—393.

Feenstra, R. C., 1998, " Integration of Trade and Disintegration of Production in the Global Economy ", *The Journal of Economic Perspectives*, 12, 31—50.

Feenstra, R. C., G. H. Hanson, 1996, "Globalization, Outsourcing, and Wage Inequality", *The American Economic Review*, 186, 240—245.

Francois, J.F., D. W. Roland-Holst, 1997, *Scale Economies and Imperfect Competition. Applied Methods for Trade Policy Analysis: A Handbook*, Cambridge: Cambridge University Press.

Francois, Rombout, 2000, "Preferential Trade Arrangements, Induced Investment and National Income in a H-O-Ramsey Model", *Tinbergen Institute Discussion Paper*.

Frenkel, M., T. Trauth, 1997, "Growth Effects of Integration among Unequal Countries", *Global Finance Journal*, 8(1), 113—128.

Gaulier, G., F. Lemoine and D. Ünal-Kesenci, 2007, "China's Integration in East Asia: Production Sharing, FDI and High-Tech Trade", *Econ Change*, 40, 27—63.

Greenway, R.C.David, Hine and C.Milner, 1994, "Country-Specific Factors and the Pattern of Horizontal and Vertical Trade in the UK", *Review of World Economics*, 130, 77—100.

Grossman, G.M., E.Helpman, 2002, "Integration Versus Outsourcing in Industry Equilibrium", *Quarterly Journal of Economics*, 117, 85—120.

Grubel, H.G., P.J.Lloyd, 1971, "The Empirical Measurement of Intra-Industry Trade", *Economic Record*, 47, 494—517.

Harris, R., 1984, "Applied General Equilibrium Analysis of Small Open Economics with Scale Economics and Imperfect Competition", *American Economics Review*, 74, 1016—1032.

Hausmann, R., H.Jason and D.Rodrik, 2006, "What You Export Matters", *NBER Working Paper*, No.11905.

Hausmann, R., J. Hwang and D. Rodrik, 2007, "What You Export Matters", *Journal of Economic Growth*, 12, 1—25.

Haveman, D.Jon, V.Lei, S.Janet and Netz, 2001, "International Integration and Growth: A Survey and Empirical Investigation", *Review of Development Economics*.

Henrekson, M., J.Torstensson and R.Torstensson, 1997, "Growth Effects of European Integration", *European Economic Review*.

Hertel, T.W., 1997, *Global Trade Analysis: Modeling and Application*, New York: Cambridge Press.

Horridge, M., 1987, "Increasing Returns to Scale and the Long-run Effects of a Tariff Reform, Impact Project Preliminary", *Journal of International Economics*, 26, 345—359.

Hummels, D., J.Ishii and K.M.Yi, 2001, "The Nature and Growth of Vertical Specialization in World Trade", *Journal of International Economics*, 54, 75—96.

Hyun, Won and Bongsik, 2006, "The Effects of the Free Trade Agreement among China, Japan and South Korea", *Joural of Economic Development*, 31 (2), 55—72.

Johnson, 1965, "An Economic Theory of Protectionism: Tariff Barganining and the Formation of Customs Unions", *Journal of Political Economy*, 73(3), 256.

Johnson, R. C., G. Noguera, 2012, "Accounting for Intermediates: Production Sharing and Trade in Value-added", *Journal of International Economics*, 86, 224—236.

Jones, R., H.Kierzkowski and L.R.Chen, 2005, "What does Evidence Tell Us about Fragmentation and Outsourcing", *International Review of Economics and Finance*, 14, 56—78.

Kawai, M., 2005, "East Asian Economic Regionalism: Progress and Challenges", *Journal of Asian Economics*, 16, 29—55.

Kindleberger, 1966, "European Integration and International Corporation", *Columbia Journal of World Business*.

Koopman, R., W.Power, Z.Wang and S.J.Wei, 2014, "Tracing Value-added and Double Counting in Gross Exports", *American Economic Review*, 204, 459—494.

Krugman, 1980, "Scale Economies, Product Differentiation, and the Pattern of Trade", *American Economic Review*, 70(5), 950—959.

Krugman, 1991, "The Move to Free Trade Zones in Policy Implications of Trade and Currency Zones", *Symposium Sponsored by the Federal Reserve Bank of Kansas City*.

Krugman, P., 1995, "Growing World Trade: Causes and Consequences", *Brookings Papers on Economic Activity*.

Kutan, A. M., T. M. Yigit, 2007, "European Integration, Productivity Growth and Real Convergence", *European Economic Review*.

Lafay, G., 1994, "The Measurement of Revealed Comparative Advantages", *International Studies in Economic Modelling*, 12, 1—28.

Lall, S., 2000, "The Technological Structure and Performance of Developing Country Manufactured Exports 1985—1998", *Oxford Development Studies*, 28, 337—368.

Lall, S., J.Weiss and J.K.Zhang, 2006, "The 'Sophistication' of Export: A New Trade Measure", *World Development*, 34, 222—237.

Leamer, E.E., 1996, "Wage Inequality from International Competition and Technological Change: Theory and Country Experience", *American Economic Review*, 86, 309—314.

Lederman, Maloney and Maloney, 2005, *Lessons from NAFTA for Latin America and the Caribbea*, Stanford University Press.

Lee, T., J.H.Zhan, 2006, "Industrial Structure, Regional Trade Bias, and China's FTA with Korea and Japan", *Seoul Journal of Economics*, 4, 381—404.

Lee, J.W., I.Park, 2005, "Innwon Park Free Trade Areas in East Asia: Aiscriminatory or Non-discriminatory?", *The World Economy*.

Levy, Y., Stein and Daude, 2003, "Regional Integration and the Location of FDI", *Inter-American Development Bank (IADB) Working Paper*.

Linden, G., K.L.Kraemer and J.Dedrick, 2007, "Who Captures Value in a Global Innovation System? The Case of Apple's iPod", *Personal Computing Industry Center*.

Lipsey, Lancaster, 1956, "The General Theory of Second Best", *The Review of Economic Studies*, 11—32.

Lipsey, 1957, "The Theory of Customs Unions: Trade Diversion and Welfare", *Economica*, 24(93), 40—46.

Lipsey, 1960, "The Theory of Customs Unions: A General Survey", *The Economic Journal*.

Madani, Dorsati, 2001, "Regional Integration and Industrial Growth among Developing Countries: The Case of Three ASEAN Members", *World Bank Working Paper*.

Mai, Y.H., 2006, "The Chinese Economy from 1997—2015: Developing a Baseline for the MC-HUGE Model", *Centre of Policy Studies/IMPACT Centre General Working Paper*, No.G—161.

Makower, Morton, 1953, "A Contribution towards a Theory of Customs

Unions", *The Economic Journal*, 63(249), 33—49.

Meade, 1955, *The Theory of Customs Unions*, Amsterdam: North-Holland.

Michaely, M., 1984, *Trade Income Levels and Dependence*, Elsevier Science Ltd.

Montout, S., H.Zitouna, 2005, "Does North-South Integration Affect Multinational Firms' Strategies?", *Review of International Economics*, 13, 485—500.

Motta, Norman, 1996, "Does Economic Integration Cause Foreign Direct Investment?", *International economic review*, 37(4), 757—783.

Nguyen, T., R.Wigle, 1989, "Trade Liberalization with Imperfect Competition: The Large and Small of It", *European Economic Review*, 36, 17—35.

Norman, V.D., 1990, "Assessing Trade and Welfare Effects of Trade Liberalization: A Comparison of Alternative Approaches to CGE Modelling with Imperfect Competition", *European Economic Review*, 34, 725—745.

OECD, 2011, "ISIC REV.3 Technology Intensity Definition: Classification of Manufacturing Industries into Categories Based on R&D Intensities", http://oecd.org/dataoecd/43/41/48350231.pdf.

OECD, 1994, "Globalisation and Competitiveness: Relevant Indicators", *OECD Directorate for Science Technology and Industry Working Papers*, 94(19).

Pavitt, K., 1984, "Sectoral Patterns of Technical Change: towards Taxonomy and a Theory?", *Research Police*.

Pula, G., T. A. Peltonen, 2009, "Has Emerging Asia Decoupled? An Analysis of Production and Trade Linkages Using the Asian International Input-Output Table", *European Central Bank Working Paper*, No.993.

Ramakrishnan, Varma, 2014, "Do Free Trade Agreements Promote Intra-industry Trade? The Case of India and Its FTAs", *International Journal of Trade and Global Markets*, 7(2), 129—144.

Raymond Macder-mott, 2007, "Regional Trade Agreement and Foreign Direct Investment", *The North American Journal of Economics and Finance*,

18(12)，107—116.

Rivera-Batiz, L.A., D.Xie, 1993, "Integration among Unequals", *Regional Science and Urban Economics*, 3, 337—354.

Rivera-Batiz, L.A., P.M.Romer, 1991, "International Trade with Endogenous Technological Change", *European Economic Review*, 35(4), 971—1001.

Robson, P., 1998, *The Economics of International Integration*, London: Routledge.

Rodrik, D., 2006, "What is so Special about China's Exports?", *China and the World Economy*, 14, 1—19.

Roson, R., 2006, "Introducing Imperfect Competition in CGE Models", *Technical Aspects and Implications*.

Schiff, Winters, 2003, *Regional Integration and Development*, World Bank Publications.

Schott, P., 2008, "The Relative Sophistication of Chinese Exports", *Economic Policy*, 23(53), 5—49.

Shaikh, F.M., 2009, "Analysis of Bilateral Trade Liberalization and South Asian Free Trade Agreement(SAFTA) on Pakistan's Economy by Using CGE Model", *Journal of International Trade Law and Policy*.

Spence, M.E., 1976, "Product Selection, Fixed Costs and Monopolistic Competition", *Review of Economic Studies*, 43, 217—236.

Subramanian, A., S.J.Wei, 2007, "The WTO Promotes Trade Strongly but Unevenly", *Journal of International Economics*.

Scitovsky, T., 1958, *Economic Theory and Western European Integration*, Calif: Stanford University Press.

Takebeand, M., 2011, "FDI from BRICs to LICs: Emerging Growth Driver?", *IMF Working Papers*.

Tekin, 2010, "North-South Integration and the Location of Foreign Direct Investment", *Review of International Economics*, 18(4), 696—713.

Timmer, M.P., A.A.Erumban, B.Los, R.Stehrer and G.J. de Vries, 2014,

"Slicing Up Global Value Chains", *The Journal of Economic Perspectives*, 28, 99—118.

Tinbergen, 1962, *Shaping the World Economy: Suggestion for an International Economic Policy*, New York: The Twentieth Century Fund.

Vamvakidis, A., 1999, "Regional Trade Agreements or Broad Liberalization: Which Path Leads to Faster Growth?", *IMF Staff Papers*.

Van, A.A., B.Gangnes, 2007, "Electronics Production Upgrading: Is China Exceptional?", *University of Hawaii at Manoa Department of Economics Working Papers*, No.200722.

Velde, D.W., 2008, "Regional Integration, Growth and Convergence Analytical Techniques and Preliminary Results", *JEL Classification*.

Viner, 1950, *The Customs Union Issue*, New York: Carnegie Endowment for International Peace.

Wang, Z., S.J.Wei, 2008, "What Accounts for the Rising Sophistication of China's Exports? ", *NBER Working Paper*, No.13771.

Wang, Z., S.J.Wei and K.F.Zhu, 2014, "Quantifying International Production Sharing at the Bilateral and Sector Levels", *U.S.International Trade Commission Working Paper*, No.2014—04A.

Winters, Chang, 2000, "Regional Integration and Import Prices: An Empirical Investigation", *Journal of International Economics*, 51(2), 363—377.

Wonnacott, Wonnacott, 1981, "Is Unilateral Tariff Reduction Preferable to a Customs Union? The Curious Case of the Missing Foreign Tariffs", *The American Economic Review*, 71(4), 704—714.

WTO and IDE-JETRO, 2011, *Trade Patterns and Global Value Chains in East Asia: from Trade in Goods to Trade in Tasks*, World Trade Organization.

Xu, B., J.Y.Lu, 2009, "Foreign Direct Investment, Processing Trade and the Sophistication of China's Exports ", *China Economic Review*, 20, 425—439.

Yannopoulos, 1990, "Foreign Direct Investment and European Integration: The Evidence from the Formative Years of the European Community", *JCMS*:

Journal of Common Market Studies, 235—259.

Yusuf, S., M. A. Altaf and K. Nabeshima, 2004, *Global Change and East Asian Policy Initiatives*, Washington: A Copublication of the World Bank and Oxford University Press.

北京大学中国经济研究中心课题组：《中国出口贸易中的垂直专门化与中美贸易》，《世界经济》2005 年第 5 期。

曹宏苓：《自由贸易区拉动发展中国家国际直接投资效应的比较研究——以东盟国家与墨西哥为例》，《世界经济研究》2007 年第 6 期。

陈汉林、涂艳：《中国—东盟自由贸易区下中国的静态贸易效应——基于引力模型的实证分析》，《国际贸易问题》2007 年第 5 期。

陈雷、李坤望：《区域经济一体化与经济增长收敛性：实证分析》，《南开经济研究》2005 年第 2 期。

陈淑梅、江倩雯：《中国—欧盟自由贸易区的产业效应研究——基于 GTAP 模型的模拟分析》，《东南大学学报（哲学社会科学版）》2014 年第 6 期。

陈雯：《试析东盟自由贸易区建设对东盟区内贸易的影响》，《世界经济》2002 年第 12 期。

陈雯：《中国—东盟自由贸易区的贸易效应研究——基于引力模型"单国模式"的实证分析》，《国际贸易问题》2009 年第 1 期。

程伟晶、冯帆：《中国—东盟自由贸易区的贸易效应——基于三阶段引力模型的实证分析》，《国际经贸探索》2014 年第 2 期。

丁一兵、刘璐、傅缨捷：《中国在东亚区域贸易中的地位变化及其经济意义》，《吉林师范大学学报（人文社会科学版）》2013 年第 3 期。

东艳：《南南型区域经济一体化能否促进 FDI 流入？——中国—东盟自由贸易区引资效应分析》，《南开经济研究》2006 年第 6 期。

杜修立、王国维：《中国出口贸易的技术结构及其变迁：1980—2003》，《经济研究》2007 年第 7 期。

杜阳群、宋玉华：《中国—东盟自由贸易区的 FDI 效应》，《国际贸易问题》，2004 年第 3 期。

樊纲、关志雄、姚枝仲：《国际贸易结构分析：贸易品的技术分布》，《经济研究》

2006 年第 8 期。

樊明太、郑玉歆、齐舒畅：《中国贸易自由化及其对粮食安全的影响——一个基于中国农业 CGE 模型的应用分析》，《农业经济问题》2008 年第 1 期。

樊明太、郑玉歆：《贸易自由化对中国经济影响的一般均衡分析》，《世界经济》2000 年第 4 期。

关志雄：《从美国市场看"中国制造"的实力——以信息技术产品为中心》，《国际经济评论》2002 年第 4 期。

黄凌云、刘清华：《建立东亚自由贸易区的中国经济效应研究——基于 GTAP 模型的实证分析》，《国际贸易问题》2008 年第 12 期。

黄志瑾：《WTO 第七届部长级会议述评》，《世界贸易组织与研究》2010 年第 1 期。

姜书竹、张旭昆：《东盟贸易效应的引力模型》，《数量经济技术经济研究》2003 年第 10 期。

赖明勇、王昆羽、祝树金：《东盟削减机电产品进口关税对中国经济的影响分析——基于可计算一般均衡模型的研究》，《经济界》2007 年第 1 期。

赖明勇、祝树金：《区域贸易自由化：可计算一般均衡模型及应用》，经济科学出版社 2008 年版。

李坤望、张伯伟：《APEC 贸易自由化行动计划的评估》，《世界经济》1999 年第 7 期。

李猛：《对中国—东盟自由贸易区贸易效应的引力模型分析》，《贵州财经学院学报》2006 年第 4 期。

李淑娟：《东亚区域内贸易发展的特点及成因》，《当代亚太》2006 年第 1 期。

李皖南：《东盟区域经济合作的投资效应研究》，《东南亚研究》2006 年第 3 期。

李向阳：《全球化时代的区域经济合作》，《世界经济》2002 年第 5 期。

李晓、冯永琦：《中日两国在东亚区域内贸易中地位的变化及其影响》，《当代亚太》2009 年第 6 期。

李晓、付竞卉：《中国作为东亚市场提供者的现状与前景》，《吉林大学社会科学学报》2010 年第 2 期。

李晓、张建平：《东亚产业关联的研究方法与现状——一个国际/国家间投入产出模型的综述》,《经济研究》2010 年第 4 期。

李晓:《中日经济关系在东亚经济发展中的地位与作用》,《世界经济与政治》1995 年第 1 期。

林桂军:《未来的全球贸易走向》,《对外经贸》2013 年第 5 期。

林国荣、徐世勳、李秉正:《入会关税减让对台湾经济之影响:考虑规模报酬与市场结构差异性的一般均衡分析》,《经济论文》2003 年。

刘宇、张亚雄:《欧盟—韩国自贸区对我国经济和贸易的影响——基于动态 GTAP 模型》,《国际贸易问题》2011 年第 11 期。

鲁晓东、李荣林:《区域经济一体化,FDI 与国际生产转移:一个自由资本模型》,《经济学季刊》2009 年第 4 期。

吕宏芬、郑亚莉:《对中国—智利自由贸易区贸易效应的引力模型分析》,《国际贸易问题》2013 年第 2 期。

裴长洪:《共和国对外贸易 60 年》,人民出版社 2009 年版。

邱立成、马如静、唐雪松:《欧盟区域经济一体化的投资效应研究》,《南开学报(哲学社会科学版)》2009 年第 1 期。

屈韬:《"新三角贸易"模式下的贸易、投资与创新绩效——基于知识溢出与吸收能力视角的研究》,《亚太经济》2012 年第 1 期。

邵兵家、李丽:《CAFTA 的构建对成员国经济影响的计量研究》,《经济科学》2007 年第 6 期。

《世界银行:2020 年的中国》编写组:《2020 年的中国:新世纪的发展挑战》,中国财政经济出版社 1997 年版。

盛斌:《中国对外贸易政策的政治经济学分析》,上海三联书店 2002 年版,第517—529 页。

盛斌:《中国制造业的市场结构和贸易政策》,《经济研究》1996 年第 8 期。

施晓笑:《RTAs 投资措施的 FDI 效应研究》,《天津财经大学》2013 年。

石柳、张捷:《东亚主要经济体的比较优势、贸易互补性与竞争性研究》,《产经评论》2013 年第 2 期。

苏浩:《东亚区域一体化进程与"10＋1"合作》,《亚非纵横》2007 年第 1 期。

唐海燕、张会清:《中国崛起与东亚生产网络重构》,《中国工业经济》2008 年第

12 期。

汪占熬、陈小倩:《区域经济一体化经济效应研究动态》,《经济纵横》2012 年第
10 期。

汪占熬、陈小倩:《中国—东盟自由贸易区投资效应研究》,《华东经济管理》
2013 年第 6 期。

王岚、李宏艳:《中国制造业融入全球价值链路径研究——嵌入位置和增值能
力的视角》,《中国工业经济》2015 年第 2 期。

王伟:《中国的东亚市场提供者地位研究》,吉林大学 2011 年博士论文。

魏巍、魏超:《中韩 FTA 的预期宏观经济效应》,《山东经济》2009 年第 5 期。

武娜、王群勇:《RTA 对 FDI 影响的第三国效应——挤出还是溢出》,《世界经
济研究》2010 年第 1 期。

谢锐:《东亚区域经济一体化进程中中国贸易结构变迁与经济效应研究》,湖南
大学 2010 年博士论文。

徐婧:《CAFTA 早期收获产品的贸易效应评估》,《国际经贸探索》2009 年第
1 期。

薛敬孝、张伯伟:《东亚经贸合作安排:基于可计算一般均衡模型的比较研究》,
《世界经济》2004 年第 6 期。

杨欢:《中国—东盟自由贸易区中国进口的贸易效应研究——基于巴拉萨模
型》,《对外经贸》2012 年第 9 期。

杨汝岱、朱诗娥:《中国对外贸易结构与竞争力研究:1978—2006》,《财贸经济》
2008 年第 2 期。

杨勇、张彬:《南南型区域经济一体化的增长效应——来自非洲的证据及对中
国的启示》,《国际贸易问题》2011 年第 11 期。

姚洋、张晔:《中国出口品国内技术含量升级的动态研究——来自全国及江苏
省、广东省的证据》,《中国社会科学》2008 年第 2 期。

于津平:《中国与东亚主要国家和地区间的比较优势与贸易互补性》,《世界经
济》2003 年第 5 期。

余振:《东亚区域贸易安排:福利效应与中国的参与战略》,科学出版社 2010 年
版,第 105—123 页。

俞建华:《全球贸易规则已落后于经贸新格局》,《中国对外贸易》2013 年第7 期。

袁永德:《非完全竞争市场假设在 CGE 模型中的引入及应用》,《当代经济科学》2007 年第 1 期。

张伯伟、胡学文:《东亚区域生产网络的动态演变——基于零部件贸易产业链的分析》,《世界经济研究》2011 年第 3 期。

张海燕:《基于附加值贸易测算法对中国出口地位的重新分析》,《国际贸易问题》2013 年第 10 期。

张弘:《对我国贸易自由化的非完全竞争 CGE 模型分析》,《清华大学学报》2006 年第 1 期。

张婕、许振燕:《CEPA 贸易创造与贸易转移效应的实证分析》,《亚太经济》2007 年第 1 期。

张明志、李敏:《国际垂直专业化分工下的中国制造业产业升级及实证分析》,《国际贸易问题》2011 年第 1 期。

赵滨元:《南南区域一体化的贸易效应与投资效应》,《南开大学》2012 年。

郑昭阳、周昕:《中国在东亚地区贸易结构中的地位和作用——基于零部件贸易的研究》,《世界经济研究》2007 年第 8 期。

周济、王旭堂:《加入 WTO 对我国汽车工业的影响——不完全竞争 CGE 模型之分析》,《台湾经济学年会》1995 年。

周毓萍、桑杰尔·拉尔:《中国吸引外资对东南亚国家吸引外资影响的实证研究》,《国际贸易问题》2005 年第 12 期。

朱润东、吴柏林:《CUSTA 与 NAFTA 的贸易增长效应分析——基于时空数列模型的探讨》,《数量经济技术经济研究》2010 年第 12 期。

祝树金、陈艳、谢锐:《"龙象之争"与"龙象共舞"——基于出口技术结构的中印贸易关系分析》,《统计研究》2009 年第 4 期。

后　记

　　基于党的十七大报告提出的"实施自由贸易区战略",十八届三中全会通过的《中共中央关于全面深化改革若干重大问题的决定》,又基于美国主导的跨太平洋伙伴关系协定(TPP)、跨大西洋贸易与投资伙伴关系协定(TTIP)等高水平、高标准的超大自由贸易区正在孕育的情况,进一步提出"以周边为基础加快实施自由贸易区战略",预示着中国"以中国—东盟自贸区为依托,加快建立周边的自贸区平台"是自由贸易区建设的核心路径。在东亚区域生产网络趋于复杂化的背景下,中国在东亚区域生产网络中的作用如何变迁,以及采取不同模式与日本、韩国和东盟等经济体开展自由贸易区建设给中国带来的经济福利的影响都是值得研究的问题。本书正是基于此,从宏观、中观和微观三个层面对东亚区域生产网络的演化进行测度,进一步构建和利用多区域CGE模型和单区域CGE模型,设置采用不同模式研究中国与东亚主要经济体构建自由贸易区对中国的福利影响。最后,对中国与东亚主要经济体进行自由贸易区建设的各个方案进行综合比较分析,进一步得出推进我国自由贸易区建设的政策建议。

　　本书的主要内容由本人的博士毕业论文拓展而来。感谢读博期间的导师赖明勇教授,感谢他把我引入经济学的研究殿堂,感谢他给我实现人生梦想的机会和平台。我有幸于2006年加入可计算一般均衡模型(CGE)团队,在这个团队里,组员之间互相关心、互相帮助和互相协作。我们一起体会从事经济学研究的快乐与苦楚。能在这样一个富有团结合作精神、学术氛围浓厚且具有活力的团队中学习和生活,是我此生最重要的一笔财富。在此,感谢祝树金教授、王腊芳副教授以及肖皓博士,感谢他们几年来对我无微不至的关怀和帮助,是他们渊博的学识、严谨的态度、敏锐的洞察力和不厌其烦的引导和教诲,让我初步领悟到经济学的基本思想以及做研究的基本方法。

在本书的初稿写作过程中,本人的硕士生周丹对第 1 章,郭欢对第 5 章,刘岑婕对第 6 章进行了补充。在书稿完善过程中本人的硕士生周丹、王振国和傅扬承担了部分校对工作。在此,对他们一并表示感谢!

本书的顺利出版得到了格致出版社的大力支持与帮助,特别是责任编辑王梦茜对本书进行了细心的编辑和校对,在此表示衷心的感谢!本书的章节内容主要源于本人及研究团队的前期成果,因为研究时间和写作水平限制,书中内容难免存在缺陷和疏漏之处,敬请各位读者谅解和指正。